本研究得到国家社会科学基金（11BJY145）、
教育部"新世纪优秀人才支持计划"（NCET）和
江苏高校优势学科建设工程（PAPD）的资助

公众学习、通胀预期形成与最优货币政策研究

A Study on Public Learning,
Formation of Inflation Expectations and
Optimal Monetary Policy

卞志村 ◎ 著

人民出版社

前　　言

2008 年国际金融危机爆发以后，我国实施了积极的财政政策和适度宽松的货币政策，2011 年至今我国实施积极的财政政策与稳健的货币政策，政府工作报告也曾多次提及要保证该政策的持续性和连贯性。然而，双松的宏观经济政策不可避免地带来社会需求量的扩大，从而形成通货膨胀压力。通货膨胀问题长期以来一直是社会关注的焦点。近年来，国务院多次强调关注通货膨胀风险和通胀预期压力。在此背景下，研究公众通胀预期的形成规律以及公众学习对其形成的影响迫在眉睫。为此，本人于 2011 年以"公众学习、通胀预期形成与最优货币政策研究"为题申请了国家社科基金项目并获资助（项目批准号：11BJY145），徐筱雯、章莉、徐亚平、张国喜、高艳等同志一起参与了本项目的研究，我的研究生孙俊、张义、高洁超、孙慧智、宗旭姣、孟士清、胡恒强、唐燕举等承担了具体研究任务。经过三年的系统研究，该项目已经顺利结项，本书即在结项报告基础上修改而成。

从中央银行货币政策实践来看，货币政策效应的发挥已越来越借助于货币政策的预期引导功能，稳定和引导公众通胀预期对于确定最优货币政策具有非常重要的意义。本书将从新视角出发，探讨中央银行与公众间不同策略互动如何导致实际经济偏离理性预期均衡水平；在新凯恩斯模型框架背景下，适当放松理性预期假设，并引入适应性学习刻画宏观经济预期形成过程；通过动态数值模拟，计算不同货币政策目标制下实际经济对均衡水平的偏离程度以及相应的均值和波动水平。最后，分析并甄选我国最优货币政策。本书主要内容包括：

第一，基于学习视角，介绍有关预期形成机制的最新进展，回顾西方经济学界有关预期理论的历史沿革及其与货币政策之间的相互关系。

第二，研究信息披露与公众通胀预期形成之间的关系，分别从中央银行的信息披露与大众媒体的信息披露两方面展开，构建理论框架并进行相应的实证分析。

第三，分别从粘性价格和包含粘性价格与粘性信息的双粘性框架入手，深入分析通胀预期在我国通货膨胀短期动态机制中的作用，并据此提出相应的防通胀建议。

第四，构建具有经济金融信息预测能力的金融形势指数，将其分别引入数量型和价格型货币政策调控工具并进行比较分析，依据检验结果进一步剖析非线性价格型工具的作用。

第五，在新凯恩斯框架内，分别从理性预期和适应性学习预期入手，通过动态模拟分析，甄别适合我国国情的最优货币政策框架。

本书的主要学术观点有：

第一，就我国通胀预期的管理而言，在信息披露方面，首先，应加强媒体舆论建设。以《人民日报》为代表的媒体应当积极回应公众的需求，主动积极地追踪报道公众关注的宏观经济热点事件和问题；做好深度报道，加大舆论引导力度，要从多角度、多侧面报道经济事件，使公众能够全方位地了解我国当前宏观经济形势和物价变动情况。与此同时，我国还应该进一步完善央行信息披露制度。当前，我国中央银行在货币政策制定、发布实施等方面还不够完善，货币政策目标是保持币值稳定，尚未明确通货膨胀目标。在货币政策中介目标和工具的选择上，往往是采用相机抉择的方式，致使公众无法明确未来预期。如果采用通胀目标制度，公众充分了解央行行为，那么信息披露的有效性将进一步增强。其次，进一步提高货币政策目标的透明性，增加央行货币政策操作的灵活性；更及时地披露宏观经济运行、金融数据及预测数据，增加公众对央行政策的理解，形成良好的信息沟通机制。再次，央行不能单一地依靠某种货币政策工具，而应综合发挥央行信息披露即时生效、长期内利率调节影响程度较强的优势，稳健地搭配使用信息披露和实际干预工具。在使用法定准备金调节工具时，切忌调节过快，以防止短期内对通胀预期管理产生负作用。我国央行既要加强自身对宏观经济走势的认知能力、判断分析能力，又要减少信息披露中的私人信息，通过提高信息披露的精确性树立央行的威信，以增强信息披露工具管理通胀预期的有效性，从而使通胀预期在短期和长期内都能得到良好的锚定。

第二，就通货膨胀预期在通货膨胀调整中的作用来看，本书认为通胀预期、通胀惯性对通货膨胀均能产生显著影响，并且实际通胀对当前通胀预期冲击的响应路径是一种"锯齿"形状，说明当前我国通胀预期粘性程度可能较大。随着我国市场化机制的不断完善，市场主体的预期正逐步趋于理性化，在诸如4万亿投资刺激计划、各国竞相实施量化宽松政策等大背景下，经济主体会据此形成持久性通胀预期，这种预期具有较强粘性，其更多来自社会公众自身对未来经济走势的理性判断。因此，即使当局暂时控制住通货膨胀，也难以改变公众的持久预期，加上随着通货膨胀的暂时缓解，政府往往会重拾宽松政策，这种相机行为一方面为日后的通货膨胀埋下伏笔，另一方面也将会被公众所逐渐了解并作为一种决策信息纳入通胀预期的形成中去，从而暂时的紧缩政策反而会强化公众的通胀预期。由于通胀预期在实际通货膨胀形成中的影响越来越大，同时预期冲击对实际通胀的影响效果缺乏足够的稳定性，因此在通货膨胀得到暂时遏制的情况下，我国应谨慎使用宽松政策，以免通货膨胀在持久性通胀预期的推动下变得更加严重，转变央行的相机抉择行为，树立坚决的反通胀决心，提高透明度以增强政策可信度等，有效降低预期的粘性程度。

第三，随着各类金融创新快速发展、弹性汇率制度的逐步建立和利率市场化改革的不断推进，资产价格在货币政策传导中将发挥更为重要的作用，价格型工具将成为未来中国货币政策的主要调控手段。FCI 综合反映了金融市场的宽松程度，较包含 FCI 的麦克勒姆规则而言，包含 FCI 的泰勒规则将会在我国未来货币政策实践中发挥重要作用。本书建议：（1）央行可以编制金融形势指数来监测金融市场，通过 FCI 的编制使其更好地察觉金融市场的波动，并能及时采取措施防范和化解可能发生的金融风险。（2）应当继续推进我国利率市场化进程，畅通货币政策的利率传导途径。（3）数量型调控弊端显现，央行货币政策的调控应当尽快向价格型规则转型。货币供应量一直以来是我国的货币政策中介目标，然而数量型调控的问题很多，往往不能很好地达到央行的政策目标，因而在实际操作中，为了达到更好的调控效果，遵循泰勒规则应当成为我国下一步货币政策转型的方向。

第四，为有效减小产出缺口和通货膨胀波动水平，央行应从多方面出发制定符合自身实际需要的货币政策方案。当经济面临对称冲击时，为最有效的减小产出缺口或通货膨胀波动，央行可采取具有平滑特征的前瞻型利率规则，但平滑程度不宜过大。相机抉择型规则对抑制产出缺口波动更为有效，事前承诺型规则对抑制通货膨胀波动更加有效。

第五，本书研究发现，灵活通货膨胀目标制和混合名义收入目标制较其他目标制更优，我国中央银行可考虑采用既重视产出因素也重视通胀因素的目标政策，以促进经济平稳增长。无论在何种目标制下，只要公众预期的理性程度越高，实际经济偏离理性预期均衡水平的程度就越小。因此，货币政策要取得最佳效果，不仅取决于中央银行货币政策工具的使用，同时也取决于社会公众的预期行为，而货币政策在引导公众预期方面应当有所作为。为提高经济运行质量，中央银行应着力降低公众预期中的参数，为此应增强自身声誉机制建设、进一步完善信息披露制度、拓宽与公众沟通的渠道并提高沟通频率，通过及时更新信息披露内容引导公众更新信息并迅速调整预期和决策。从长远角度来看，为提高我国居民的宏观预期水平，政府应着力提高教育质量、提升公众的市场意识，同时为保证信息披露的准确性，还须进一步构建科学的、多层次的宏观数据调查统计体系，努力提高数据的精确性、及时性和有效性。

本书深入分析了公众学习、通胀预期形成机制与最优货币政策问题，为推动预期理论、货币政策规则和操作方法的发展创新提供了重要借鉴，也为长期经济运行中的货币政策调控提供了一些新的思路，为中央银行如何制定合理有效的货币政策执行方案并熨平宏观经济波动提出了一些粗浅建议，故本书具有重要理论意义和现实意义。

在本书研究基础上，本人围绕宏观调控问题正进行深层次的思考和探索，比如我们研究发现不仅货币政策可以影响价格，财政政策亦可以直接或间接决定价格波动。因此，通胀预期除与央行信息披露、实际货币政策干预有关，还可能与财政政策实施有关。如此一来，在研究通胀预期机制形成、通胀预期管理以及最优政策选择时就要将财政政策考虑进来，深入探讨开放经济条件下有利于物价稳定的中国财政货币政策体制类型及其构建。这些内容都是本人作为首席专家正在进行的国家社科基金重大项目"基于物价调控的我国最优财政货币政策体制研究"（项目批准号：12&ZD064）所要研究的重点和难点。

最后，由于本人学术水平有限，恳请各位读者与同行批评指正。

卞志村

2015 年 9 月 10 日

目　录

第一章 导　论

2008 年国际金融危机爆发以后，我国实施了积极的财政政策和适度宽松的货币政策，2011 年至今我国实施的是积极的财政政策和稳健的货币政策，政府工作报告也曾多次提及要保证该政策的持续性和连贯性。然而，双松的宏观经济政策不可避免地带来社会需求量的扩大，从而形成通货膨胀压力。通货膨胀问题长期以来一直是社会关注的焦点。近年来，国务院多次强调关注通货膨胀风险和通胀预期压力。在此背景下，研究公众通胀预期的形成规律以及公众学习对其形成的影响迫在眉睫。

从中央银行货币的政策实践来看，货币政策效应的发挥已越来越借助于货币政策的预期引导功能。在防止经济增长由偏快转为过热、防止价格由结构性上涨演变为明显通货膨胀的大背景下，稳定和引导公众的通胀预期对于确定最优的货币政策具有非常重要的意义。

传统货币政策框架所定义的最优货币政策是围绕中央银行二次型损失函数展开的。近年来有研究表明，货币政策是否最优的重要标准是能否使经济趋于理性预期均衡水平，本书将从这一视角出发，进一步探讨中央银行与公众间不同策略互动如何导致实际经济偏离理性预期均衡水平。在新凯恩斯模型框架背景下，适当放松理性预期假设，并引入适应性学习刻画宏观经济预期形成过程。其次，通过动态数值模拟，计算不同货币政策目标制下实际经济对均衡水平的偏离程度以及相应的均值和波动水平。最后，分析并甄选我国最优货币政策。

本书的研究思路如图 1 - 1 所示。

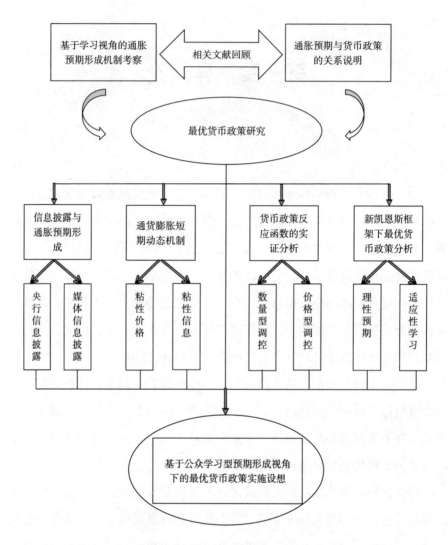

图 1 - 1　本书的研究技术路线图

　　第一，基于学习视角，介绍有关预期形成机制的最新进展，回顾西方经济学界有关预期理论的历史沿革及其与货币政策之间的相互关系。

　　第二，研究信息披露与公众通胀预期形成之间的关系，分别从中央银行的信息披露与大众媒体的信息披露两方面展开，构建理论框架并进行相应的实证分析。

第三，分别从粘性价格和包含粘性价格与粘性信息的双粘性框架入手，深入分析通胀预期在我国通货膨胀短期动态机制中的作用，并据此提出相应的防通胀建议。

第四，构建具有经济金融信息预测能力的金融形势指数，将其分别引入数量型和价格型货币政策调控工具并进行比较分析，依据检验结果进一步剖析非线性价格型工具的作用。

第五，在新凯恩斯框架内，分别从理性预期和适应性学习预期入手，通过动态模拟分析，甄别适合我国国情的最优货币政策框架。

第一节 通胀预期与货币政策

一、预期理论的沿革

早期西方经济学文献中提及的预期，更多地相当于预测的概念，并未涉及经济人的理性与非理性、信息的有限性等因素，但是经济学家已经看到了预期对现实经济运行产生的重要影响。

瑞典学派是预期理论的先驱。首先，瑞典学派的创始人魏克赛尔最早通过阐述"累积过程"[①] 提出预期的概念，价格变动的预期会影响生产者制定生产计划、与劳动者签订协议等，并以此影响整个经济的运行。米尔达尔从静态均衡角度出发，提出了"事前"与"事后"[②] 的概念。由于预期不一定能实现，即计划与现实存在不一致性，因而事前与事后也不一定相同，这样就使得预期成为影响实际经济运行的重要因素。从动态均衡方

---

① "累积过程"：魏克赛尔认为利率变动对价格的影响是不断累积的，并不仅仅体现在当前。
② "事前"与"事后"：米尔达尔认为"事前"关注预期，而"事后"关注现实结果。

面来看，林尔达尔认为预期是不断变化的，并且不同预期主体的预期行为是有差别的，这一思想的提出对后来动态预期理论的发展有着重要的启示作用。

然而，瑞典学派对于预期的理解存在一些缺陷。他们过度地考虑了预期的主观性，未将预期发展成为经济系统的一个内生性决定因素，而且信息问题也没有得到充分认识。因此，还需要将预期理论系统化，规范化。由此，马歇尔、凯恩斯、弗里德曼、穆斯等在此基础上根据时代要求，不断发展预期理论。

1. 马歇尔的预期理论

马歇尔的预期理论注重心理预期，进一步地，他认为人们根据自己的主观感受和心理状况对未来的经济活动进行预期。继承西方经济学的传统观点，马歇尔从需求、供给以及供求均衡这三个方面来阐述预期理论。

从需求方面来说，马歇尔认为需求是由欲望推动的，而欲望是由效用来满足的，人们会因为效用的增加而预期自己将对某物品有更大的需求，就会增加该物品的消费量，但是由于边际效用递减，效用越小则增加的商品也越少。因此，效用是一种心理现象，是对人们心理满足程度的一种度量。从供给方面来说，马歇尔将生产成本分成实际生产成本和货币生产成本，他认为劳动是人们内心的一种感受，这里的劳动指劳动者在生产过程中所感受到的痛苦，是一种"负效用"，是人们的心理预期；同样的，他指出资本是资本家延缓享受的一种牺牲，是一种"等待"。这样，劳动的"负效用"和资本的"等待"组成了马歇尔的实际生产成本，虽然无法计算出来，但是马歇尔将其称为生产费用。换言之，生产费用就是商品的供给价格，而供给价格中包含了与心理相关的预期因素。从均衡价格方面来说，预期理论主要体现在分配理论上。他认为在短期内，需求对均衡价格的影响更大，在长期内，供给对均衡价格的影响更大，也可以说是在短期内需求决定价格，在长期内供给决定价格。不论是短期还是长期，最终决定价格的还是人们的心理预期。

总的来说，马歇尔把瑞典学派的预期理论发展为影响人类行为的动机，从而将供求理论建立在这些心理范畴上。马歇尔的心理预期理论属于唯心主义的范畴。

2. 凯恩斯的预期理论

凯恩斯在其经济学理论体系中将预期置于极其重要的地位，主要是在于预期强调未来的不确定性对于人们经济行为的决定性影响。他对预期的认识经过《货币改革论》中预期思想的萌芽，到《货币论》中的进一步研究，再到《就业利息和货币通论》的充分发挥，其预期理论逐步走向成熟，建立起他丰富的无理性预期理论。

凯恩斯认为人们持有货币现金的动机有三种，即交易动机、预防动机和投机动机，当人们在对未来事态的变化感到难以预测的情况下，都倾向于持有货币，这种心理状态是流动性偏好赖以存在的一个重要依据。在《就业利息和货币通论》中，凯恩斯认为预期存在长期与短期之分，并且心理因素扮演着重要角色。在凯恩斯看来，"我们据以推测未来收益的一点知识，其基础异常脆弱"①。他认为人们在形成自身的长久预期时，缺乏关键信息，而且随着经济或政治状况的变化而变化，预期还需要不断加以调整。在调整的过程中，心理因素是极为重要的，同马歇尔一样，凯恩斯也特别注重信心的作用。在《就业利息和货币通论》中，凯恩斯认为，产出水平取决于居民部门的消费支出和厂商的投资支出两个部分。其中，居民的消费支出是内生的且基本是消极的，它取决于收入而非利率，加上居民的长期边际消费倾向基本是稳定的，因此国民收入主要由投资决定，凯恩斯认为投资决策具有变动性，在计算收益与成本时，必须要将人们的希望、恐惧以及"信心"状态考虑进去。

3. 适应性预期理论

适应性预期假说由卡甘（1956）、弗里德曼（1957）、纳洛夫（1958）

---

① 摘自凯恩斯：《就业利息和货币通论》，商务印书馆1994年版。

在 20 世纪 50 年代正式提出。所谓适应性预期，指人们根据以前的通货膨胀率来预期未来的通货膨胀率，而没有考虑到未来的信息。适应性预期假设价格水平采取以下形式：

$$p_t^e = p_{t-1}^e + \lambda(p_{t-1} - p_{t-1}^e) \tag{1.1}$$

其中，p_{t-1}^e 为上期的预期价格水平，p_{t-1} 为上期的实际价格水平。

在 20 世纪六七十年代，适应性预期在宏观经济中发挥了重要作用。其中，新西兰经济学家菲利普斯提出失业率与工资变动率之间存在着反向变动关系，被称为"菲利普斯曲线"。此外，弗里德曼在凯恩斯流动性偏好理论的基础上，用多个不同形式的财富预期收益来替代利率因素，这样就形成了一个多元函数表达的货币需求函数。在函数表达式中，主要有三个因素与预期相关：首先，弗里德曼通过阐述永久性收入理论来引出永久性收入对货币需求的主导作用，并且二者是同方向变化的；其次，他将货币、债券、股票等有形财富统称为非人力财富，并且这些因素对货币需求的影响各不相同，总体来说对货币需求的影响不容忽视；最后，通货膨胀预期尤其重要，当人们预期通胀率会上升时，就会减少货币持有量，以实物取代货币来保值。

现代货币主义学派虽然提出了适应性预期理论，但是由于其固有的缺陷，其理论仅仅具有过渡作用，直到理性预期学派把预期作为内生变量加入经济模型时，才使预期真正进入经济分析的主流。

4. 理性预期理论

在适应性预期以及其他一些分布滞后模型预测不准确的情况下，理性预期革命真正开始了。理性预期学派提出的理性预期是指能够与实际相符的理性预期，它的准确性更高，能够发挥的作用更大、效果更显著。理性预期概念最早是由美国经济学家约翰·穆斯在《理性预期与价格变动理论》一文中提出的。所谓理性预期，是指经济主体在充分掌握可能获得的有用信息的情况下，按理性原则处理他们所形成的预期。其假设价格水平采取以下形式：

$$p_t^e = E_{t-1}p_t \qquad\qquad (1.2)$$

理性预期在发展的过程中，其内容不断被丰富，限用条件也不断被提出。首先，卢卡斯提出理性预期只有在有"风险"的场合才有效。其次，由于理性预期纳入经济模型后，其作为内生或外生变量所带来的结果是截然不同的，因此，有必要考虑其内外生性质。再次，理性预期假设追求利益最大化的经济人会利用一切可以得到的信息进行预期。最后，对于理性预期的检验，关键就是检验理性预期是否现实的问题，这就提出了现代经济学家如何通过模型或者其他方法来得到理性预期的难题。

理性预期的前提是经济主体有大量的经济知识，但是在现实中并不是所有人都能像经济学家那样理性，由此得出经济主体的理性是有限理性，更确切地说，即经济主体随着时间的推移调整预测的规则，从而获得新的信息。理性预期理论经过完全理性到有限理性的发展，更容易被接受。因为现实中人们通常只把一部分精力放在信息性的决策上，而更多的决策依赖于习俗、惯例、模仿等形式。在实践中，货币当局实施的货币政策对于公众预期的形成具有重要影响，并且借助对通胀目标的显性承诺及与公众之间的良好沟通，构造预期的名义锚和透明的政策评价标准，简化公众的决策过程并减小决策成本，从而降低通胀持续性和增强通胀预期的稳定性。既然通胀预期如此重要，因此对公众预期的测度成为难题，经济学家依据数据来源的差异，将通胀预期的测度方法大体分为三类：统计调查法、金融市场提取法和计量建模法。上述方法虽然可以从局部均衡的角度分析通胀预期的形成，但在预期的测度上稳定性较差，而当前主流的新凯恩斯动态随机一般均衡模型（New Keynesian Dynamic Stochastic General Equilibrium）从一般均衡角度出发，能较好的识别模型误差和结构性参数，同时避免卢卡斯批判和政策的动态不一致性，使预期的测度具有更好稳定性。无论是理论还是实践，预期理论经过一百多年的发展，已经成为一个完整的体系，在第三节，将介绍预期理论在货币政策中所扮演的角色及其重要性。

二、货币政策的发展

货币政策是国家宏观经济政策的重要组成部分，也是为促进经济稳定发展服务的。货币政策的基本架构通常由政策目标、政策工具和操作规则三个方面构成。

1. 货币政策目标

货币政策目标也称作政策的最终目标，是指货币政策调节最终要达到的目的。货币政策目标的形成历经了很长的时间，由最初的稳定物价发展到今天为世界各国所普遍认同的四大目标：稳定物价、充分就业、适度经济增长与国际收支平衡。

20 世纪 50 年代以来，各国的货币政策最终目标从包括低通胀目标在内的多重目标逐渐转化为以实现低通胀为首要任务或唯一任务的目标（见表 1-1）。

表 1-1　20 世纪 50 年代以来各主要国家货币政策最终目标

国别	20 世纪 50—60 年代	20 世纪 70—80 年代	20 世纪 90 年代以来
美国	以充分就业为主	以货币稳定为主	以反通胀为首要任务
英国	以充分就业兼顾国际收支平衡为主	以货币稳定为主	以反通胀为唯一目标
加拿大	以充分就业、经济增长为主	以货币稳定为主	以反通胀为唯一目标
日本	以对外收支平衡、物价稳定为主	以货币稳定、对外收支平衡为主	以物价稳定、对外收支平衡为主
意大利	以经济增长、充分就业为主	以货币稳定兼顾国际收支平衡为主	以货币稳定兼顾国际收支平衡为主
德国	以稳定通货兼顾对外收支平衡为主	以稳定通货兼顾对外收支平衡为主	以稳定通货兼顾对外收支平衡为主
中国	财政政策为主	信贷信息计划管理为主	保持币值稳定，促进经济增长

由于各国历史及战后经济状况不同，因而货币政策最终目标的选择也

不同。但共同点是：对货币政策的多目标约束显然是"过高要求"，它迫使中央银行在多目标之间寻找平衡。一个正确的货币政策最终目标的选择需要确定是选择单一目标还是多重目标及其目标的量化方案。

我国计划经济时期，国家财政是国民收入分配主体，财政政策在经济运行中占据主导地位，发挥着巨大的调控作用。那时的银行是财政的附庸，无足轻重，甚至连相对独立的中央银行和货币政策也不存在。改革开放，特别是1984年二级银行体制建立以后，我国货币政策开始登上历史舞台，在宏观调控中扮演重要角色。

总体来说，改革开放以来，我国货币政策目标的发展经历了以下几个阶段：

第一阶段是1979—1983年。在这一时期，货币政策仍然是实行集中统一的计划管理体制。因为国家处于高度集中统一计划经济模式下，货币和银行的作用被削弱了，直到1984年我国才成立中央银行并开始执行货币政策。因此，此阶段的各项经济指标处于计划体制之下，价格的制定、货币投放量以及经济增长完全由政府控制，货币政策的作用无法充分表现出来。但由经济指标可以看出，政府对货币的政策是以稳定币值为主兼顾经济发展。

第二阶段是1984—1992年。这一时期的货币政策有了很大发展，最突出的是从1984年起，中国人民银行集中履行中央银行职能，集中统一的计划管理体制逐步转变为以国家调控为主的宏观管理体制。间接的货币政策工具开始使用，但信贷现金计划管理仍是主要的调控手段。1988年发生了较为严重的通货膨胀。从1989年下半年开始，中央银行采取了严厉的紧缩性货币政策。

第三阶段是1993—1997年，这一时期实施的是以反通货膨胀为主要目标的货币政策。我国的经济经历了1990—1992年的低通货膨胀期，在当时经济过热的情况下，货币政策的主要目标是抑制日益严重的通货膨胀，实行适度从紧的货币政策。

第四阶段是1998—2008年初。中国人民银行自1998年1月起取消了信贷规模管理，货币政策的作用范围和影响力度得到空前提高。1998年在中国宏观经济出现通货紧缩的情况下，人民银行加大了对经济的支持力度。货币政策的提法经历了"稳健的""努力发挥作用""进一步发挥作用"等阶段，促进经济增长的政策意图相当明显。

2. 货币政策的中间目标

货币政策对经济运行的调控是一种间接调控，它不能直接作用于实际经济活动，而必须经由一定的中间目标才能实现其最终目标。因此，必须选取一定的中间目标作为货币政策的直接调节目的，同时还可将这些中间变量作为反映货币政策操作效果的指示器。中间目标在整个货币政策的实施过程中是一个非常重要的传导环节。

选取货币政策的中间目标必须坚持一定的原则，即一个合适的中间目标必须与货币政策的最终目标——国民收入稳定密切联系，又能为中央银行所控制，且能很快地起到宣示货币政策意向的作用。目前，各国提出的较有影响的中间目标有利率、货币供给量、贷款总额、货币基数、股票价格等，但是，能够被普遍认可的只有利率、货币供给量、贷款总额三项。

建立货币政策的中间目标和操作目标是为了及时测定和控制货币政策的实施程度，使之朝着正确的方向发展，以此保证货币政策最终目标的实现。由于各国经济发展的历史和现实条件的差异，不同国家在不同时期对货币政策各项目标的选择及制定有很大区别，但是20世纪50年代以后各国的货币政策的发展、变化轨迹大致是相似的（见表1-2和表1-3）。最终目标与中间目标的相关性、中间目标与操作目标的相关性会随着经济金融的发展而变化，并不是一成不变的。

表 1 - 2 20 世纪 50 年代以来货币政策目标的演变

	20 世纪 50—60 年代	20 世纪 70—80 年代	20 世纪 90 年代以来
经济环境	经济大危机以后，失业问题严重	经济停滞与通货膨胀并存	经济从停滞到复苏
货币政策理论依据	凯恩斯主义理论，财政政策占据主导	货币主义理论，倚重货币主义	强调货币政策与财政政策的协调
货币政策最终目标	以充分就业、经济增长为主要目标	以稳定通货为主要目标	以反通货膨胀为唯一目标
货币政策中间目标	以利率为主要中间目标	以货币供应量为主要中间目标	放弃以货币供应量为中间指标的做法，改为以利率为主要中间目标
操作目标	以短期利率、同业市场拆借利率、储备水平为主要操作目标		

表 1 - 3 20 世纪 50 年代以来各主要国家货币政策中间目标

国别	20 世纪 50—60 年代	20 世纪 70—80 年代	20 世纪 90 年代以来
美国	以利率为主	先以 M_1 后改为以 M_2 为主	放弃以货币供应量为中间指标，在政策实施上监测更多的变量，但主要以利率、汇率等价格型变量为主
英国	以利率为主	以英镑 M_3 为主并参考 DCE，后改为以 M_0 为主	
加拿大	先以信用总额为主，后改为以信用条件为主	先以 M_1 后以一系列"信息变量"为主（主要是 M_2 和 $M_2 + CD$）	
德国	商业银行的自由流动准备	先以中央银行货币量 CBM 为主，后改为以 M_3 为主	
日本	民间的贷款增加额	$M_2 + CD$	
意大利	以利率为主	国内信用总量	
中国	计划经济体制	信贷规模	货币供应量、信用总量、同业拆借利率和银行备付金率

1979 年以前，我国实行的是完全的计划经济体制，强调的是"钱随物走"，资源分配主要通过国家行政命令决定，人民银行的职责是根据国民经济计划供应资金，即"守计划，把口子"，货币政策的目标则是便利计划的贯彻，经济计划的执行结果与计划要求非常接近。货币政策的传导几乎是在人为地进行控制，中间经济变量简单而且变动很小。也就是说，这一阶段，货币政策中介目标的作用并不大，人民银行并不重视中介目标的控制。

1979 年之后，在我国经济体制发生深刻变革之后，货币政策对国民经济的影响作用逐步上升，特别是 1984 年人民银行行使了中央银行职能，1985 年信贷管理体制改为"实贷实存"以后，货币政策传导中，又有许多新的经济变量发挥了重要作用，设置中介目标被提到了议事日程，而且，选择哪种经济变量作为中介目标也成为理论界争论的焦点。在改革之初，我国货币政策中介目标主要是控制现金量，之后，转向控制广义货币供应量，但当中央银行对基础货币吞吐不能自主操作时，为了货币、金融的稳定，就不得不将贷款规模也作为货币政策的中介目标。

在这之后的十几年里，贷款规模对于抑制信贷需求、控制货币供应量确实发挥了重要作用，但随着市场经济的发展，贷款规模的作用在逐步削弱，其弊端也日渐暴露出来。于是 1998 年，中央银行取消了实行近五十年的贷款规模限制。这一传统调控手段的寿终正寝，标志着我国货币政策当局认识到"信用总量"这一中介目标现实意义的局限性，并已淡化其在货币政策中的调控地位。

1993 年，央行首次向社会公布货币供应量指标。1994 年 9 月，中国人民银行首次根据流动性的高低定义并公布了中国的，M_0、M_1 和 M_2 三个层次的货币供应指标。M_0 即流通中的现金；M_1 包括 M_0、企业活期存款、机关团体部队活期存款、农村活期存款以及个人持有信用卡类存款；M_2 包括 M_1 及城市居民储蓄存款、各种单位和个人的定期存款以及各类信托存款。1996 年，央行采用货币供应量 M_1 和 M_2 作为货币政策的调控目标，标志着我国开始引入货币政策中介目标。1998 年，随着信贷规模控制的取消，货币供应量作为中介目标的地位更是无可争议。目前，我国的货币供应量指标已受到政府的重视，被看作是货币政策取向的风向标。

在1994年《国务院关于金融体制改革的决定》以及1995年通过的《中央银行法》中，货币政策的目标被表述为"保持币值的稳定，并以此促进经济增长"。同时《国务院关于金融体制改革的决定》明确规定："货币政策的中介目标和操作目标是货币供应量、信用总量、同业拆借利率和银行备付金率。"同美联储相比较，我国货币政策也有"中性"货币政策和"泰勒"规则的影响，比如"保持币值稳定规则"目标和中介目标中的"两量"和"两率"。

3. 货币政策工具

为了实现货币政策的中间目标，并最终实现货币政策的终极目标，中央银行必须采取适当的货币政策工具来实施货币政策。所谓货币政策工具就是指为达到直接调节目标所采取的工具和手段。通常可分为两类：一类是一般性的数量型间接控制工具，包括再贴现率、公开市场业务和法定准备金比率，它们通过银行系统管制整个经济的总信贷水平；另一类是选择性的质量型直接控制工具，包括改变法定保证金、消费信贷等，主要用以对特殊信贷领域和证券市场进行控制。这两种类型的划分并非绝对，它们都是通过改变货币供给、货币成本和信贷可获得性而影响总需求水平。

国际金融危机爆发之后我国实行适度宽松的货币政策，货币政策由"从紧"转为"适度宽松"，这是货币政策性质和货币政策调控方向的重大转变。这种转变，是应对国际经济环境变化对我国经济冲击的明智之举，是有效提振内需、充分发挥金融支持实体经济作用的重要举措，是防止经济大幅下滑、确保经济持续稳定增长的有力保证。

中央银行通过运用政策实现对中间目标和最终目标的影响。一般情况下，发达国家实施货币政策一般是通过三大常规政策工具①来实现的，其

---

① 三大常规政策工具：存款准备金制度、再贴现政策和公开市场业务。

中国债买卖的重要性越来越突出，如美国通过公开市场操作影响联邦利率，英国也以国债为主要贴现对象，相对而言，准备金制度一直保持着稳定状态，因此，发达国家主要通过买卖国债和实施再贴现政策调节货币供应量和利率，以实现预期的政策目标。这主要是因为发达国家拥有发达的金融市场，能够消化和吞吐大量国债，将货币数量的变动对利率的影响传导到经济运行中去。

4. 操作规则

20 世纪 90 年代以来，许多国家开始实行通货膨胀目标制①，由于通货膨胀预期对通货膨胀的影响越来越大，货币供应量已不能很好的发挥作用了，因此许多国家开始使用政策利率②进行引导，但是政策利率并非始终有效，当政策利率需下调至接近零下界时，货币政策就不再有效，甚至可能出现流动性陷阱，这时就需要选择其他货币政策工具。如果单个货币政策工具不能很好的发挥作用，那么就需要多个货币政策工具搭配使用。

20 世纪 70 年代中期，理性预期概念的引入对宏观经济研究和政策建议的方向及思考方法产生了革命性影响。基于对时间非一致性问题的认识，基德兰德和普雷斯科特（Kydland 和 Prescott）认为规则优于相机抉择。他们的理由是相机抉择的结果不是一致的次优计划就是使经济陷入不稳定的状态。规则与相机抉择已经成为众多学者争论的热点，两者之间的对比主要集中在货币政策操作领域，主要是权衡哪种决策机制更有利于经济发展。在不同的历史背景下，规则和相机抉择的主导地位交替出现，或相互融合，其主要经历了五个阶段：

第一阶段：18 世纪末到 1914 年，这个时期主要是通货学派与银行学派的争论。通货学派认为货币政策的操作应遵循严格的规则，银行券的发

---

① 通货膨胀目标制是指中央银行直接以通货膨胀为目标并对外公布该目标的货币政策制度。国外 Giannoni、Woodford、Svensson 等和国内卞志村等学者都对此有重大贡献。

② 发达国家主要以利率、汇率等价格型变量为主，我国主要以同业拆借利率和银行备付金率为主。

行应有完全的货币保证；银行学派则认为银行会根据货币经济实际需要自行限制贷款规模，不可能出现超额货币供给。

第二阶段：1914 年至 1929 年，相机抉择占据主导地位。20 世纪初，相机抉择在各国实践中取得了良好的运用效果，尤其是在凯恩斯经济学思想的影响下，相机抉择在争论中占据绝对主导地位。

第三阶段：20 世纪 30—70 年代，规则对相机抉择的重新挑战。这是由于 20 世纪 30 年代大萧条以后，"逆经济风向行事"的相机抉择的局限性逐步暴露。弗里德曼（1959）认为相机抉择在短期内有效，但从长期来看，其本身就是经济不稳定的一个根源。理性预期学派也全盘否定了相机抉择，他们认为只要公众预期是理性的，实际工资和实际利率就不会发生变化，相机抉择的扩张性政策将无法增加产出和就业，只会导致通货膨胀。

第四阶段：20 世纪七八十年代，规则占据主导地位。基德兰德和普雷斯科特（1977）提出了动态不一致性会导致相机抉择相比规则产生次优结果，这使规则与相机抉择争论的天平倾向了规则。巴罗和戈登（1983）在此基础上构造了以附加预期的菲利普斯线为特征的货币政策博弈模型，认为规则是"最优解"或"事先承诺解"，相机抉择是"不一致解"或"欺骗解"，在相机抉择下存在通胀偏差和稳定性偏差。

第五阶段：20 世纪 80 年代末以来，规则和相机抉择相互调和的时期。在多变的社会经济金融环境中，越来越多的实践证明，既不存在纯粹的单一规则，也不存在纯粹的相机抉择，规则和相机抉择最好是合理地相互补充。

三、通胀预期在货币政策中扮演的角色

1. 预期行为对中间目标——货币供给量与实际利率的影响

自改革开放以来，我国经济得到了迅速发展，但是，经济的内部结构差异较大，且又正经历着深层次的转型调整，因此，我国的货币政策需要

盯住多重目标。目前，我国货币政策的中间目标主要是利率、货币供应量、超额准备金以及汇率等。考虑到我国国情的特殊性，这里主要考虑预期对货币供给量和实际利率的影响。

预期行为对货币供给量的影响主要表现在存量与流量两方面，即公众预期行为不仅会通过货币需求的高低及其稳定性影响货币供给的存量，而且会通过货币流通速度影响货币供给的流量，增强了货币供给的内生性。预期行为对实际利率的影响是由预期实际利率等于预期名义利率减去预期通胀率这一机制实现的，而事实上预期通货膨胀率在绝大多数情况下不为零，总是上下波动，影响到货币政策的制订。

夏斌和廖强（2001）认为，我国货币供给量与产出增长率之间的相关性不高，已不再适合作为我国货币政策的中间目标。谢平和袁沁敔（2003）认为，我国利率调整属于滞后调整，名义利率对通货膨胀的影响不显著，实际利率对名义产出和实际产出的预测能力优于其他变量。凯恩斯在最初的理论中强调利率对企业的投资支出有影响，但没有把利率放入消费函数中，而后来的经济学家则认识到消费者对房产和耐用消费品（如汽车）的支出也受到利率的影响，尤其是在消费信贷十分发达的欧美国家。

2. 预期对货币政策传导机制的影响

经济主体对投资收益率和投资风险的预期将对信贷与利率两方面产生影响。预期对信贷渠道的影响应包括银行信贷效应、资产负债表效应，二者分别通过改变商业银行向经济活动提供的贷款数量与借款人的资产负债状况影响经济主体的投资决策；预期对利率的影响，即央行通过改变利率水平影响公众的投资行为以实现央行的政策意图。由于投资在很大程度上受收益与风险预期的影响，从而信贷渠道与利率渠道可能因此受阻。

货币政策"信贷渠道"是基于价格传导机制的放大效应，不能将其与"信贷配给"相混淆，而应理解为直接通过信贷供给的变动作用于实体经济的数量传导机制。在对信贷渠道传导途径的定性上，伯南克和加特勒

（Bernanke & Gertler，1995）明确指出，"信贷渠道"并不是完全独立于传统的"利率渠道"之外的传导机制，它的传导途径一方面是通过信贷供给的变动，造成贷款利率和债券利率的相对变动，从而影响 CC 曲线（Commodity and Credit Markets Curve，商品与信用市场曲线）的移动；另一方面是基于"外部融资溢价"作用于企业融资决策，从而放大了传统"利率渠道"下的货币政策效果。

预期与货币政策的关系自 20 世纪 70 年代理性预期学派提出之后一直是宏观经济学研究的重要问题。卢卡斯建立了著名的"卢卡斯孤岛模型"，提出附加预期的卢卡斯总供给曲线，其假设所有的预期都符合理性预期假设，从而将预期形成机制内生化到宏观经济模型中，由此形成了与传统凯恩斯主义理论截然不同的理性预期学派。在经济主体是理性的条件下，他们会利用有关政府政策规则的知识来形成对未来价格的预期，因此不管政府选择什么样的经济政策，它都不可能欺骗经济当事人从而使其产生错误的价格预测，所以需求管理政策无用且不会对真实产出产生影响。

3. 预期对货币政策有效性的影响

预期理论认为，在适应性预期下货币政策有效，而在理性预期下货币政策无效。由于理性预期假设难以完全符合现实，因此货币政策的效应不可能完全被预期所抵消。但预期行为对货币政策中间目标与传导机制均有影响，且预期一旦形成，在短期内难以改变，并具有顺经济周期的倾向和在群体之中逐步蔓延的倾向，因而容易延长政策时滞，削弱货币政策效应，加剧经济波动。不过，如果政府和央行能采取有效的政策措施积极引导公众预期，则会缩短政策时滞，增强货币政策效果，并有助于减缓经济波动。

具体来说，在假定货币政策有效的前提下，当政府实施扩张性货币政策时，货币供应量增加，引起社会总需求扩大，从而导致物价总水平上升。当新的通胀预期还未形成时，企业可能误认为市场对自身产品需求旺盛，从而扩大生产，居民则误把由于通货膨胀所造成的名义工资的增加当成是实际工资的增加，从而增加自身的储蓄。在这种情况下，扩张性的货币政策带来产量和储蓄的同时增加。

然而，实际情况是，当货币供应量不断增加、物价不断上涨时，企业和居民就会形成通货膨胀预期。企业部门预期原材料等价格会上涨，因此会提高价格，这样，通胀并未提高产量，反而将物价抬高了。而对居民来说，当居民预期名义利率低于预期通货膨胀率时，会倾向于减少手中持有的货币，降低储蓄，增加对住房等实物资产的投资，以此来减少由于货币贬值而给自身带来的经济损失。

因此，扩张性货币政策并没有带来产量的提高，而只是提高了物价水平，通胀预期对货币政策的效应产生了冲销作用，使得货币政策的效果有所减弱。通胀预期形成之后，短期内难以发生改变，并且还会逐步在社会群体之间蔓延，这将会增加货币政策的时滞，加剧经济波动，特别是导致通货膨胀和产出水平的持续波动，对货币政策的实施效果产生更大的冲销作用。所以，如果中央银行能够采取有效措施对通胀预期进行积极引导，将有利于增强货币政策效果，促进经济平稳发展。

第二节　公众学习视角下的通胀预期形成机制

通胀预期是公众对通货膨胀未来变动方向与幅度的事前估计，其波动可能会给宏观经济带来严重冲击。早期西方经济学家谈到的预期多定义为预测，并未涉及经济主体的理性和非理性。凯恩斯在《就业利息和货币通论》中强调预期未来投资收益率和资产价格预期的重要性，同时也强调预期对于投资、产出和就业决策的关键作用。在 20 世纪五六十年代，预期几乎被引入到宏观经济学的每一个领域，包括消费、投资、货币需求和通货膨胀等。如生命周期理论和永久收入理论强调预期收入的作用；投资决策中，现值的计算基于预期的未来价格和销售量；资产价格如股票价格取决于预期的未来价格等。但是，早期的分析均侧重于经济主体的主观因素，并没有给出预期形成的具体模型。

卡甘于 1956 年第一次提出"适应性预期"的概念，根据适应性预期理论，经济主体对未来通胀水平的预期主要基于过去的经验，且利用过去预期与过去实际间的差距来矫正对未来的预期。例如，如果过去的通货膨胀是高的，那么人们就会预期它在将来仍然会高。但是，适应性预期也存在不足和缺陷：经济主体对通胀的预测完全受制于过去的通胀水平和货币当局过去发布的货币政策影响。不管是早期的静态预期还是适应性预期，其实都是非理性的，静态或适应性预期只有在特定的情况下才是"理性的"。

理性预期假说形成于 20 世纪七八十年代，也是宏观经济理论长期发展的成果。在 20 世纪 90 年代，越来越多的学者开始深入研究理性预期的形成机制。穆思（Muth，1961）最早提出"理性预期"这一概念，他对实际预期数据的研究表明，企业获得的实际预期比建模所作的预测要准确，人们的预期本质上同相关理论的预期一致，都是对未来事件有根据的预期。从 20 世纪 70 年代后期开始，理性预期学派将理性决策方法逐步应用于货币政策行为的研究，例如巴罗（Barro & Gordon，1983a）等学者利用该方法讨论相机抉择或单一规则货币政策的适用性。

一、通胀预期形成机理

西方经济学家对于通胀预期的形成机制主要有两种观点：一种观点认为人们形成预期时是后顾性的，主要依据以往的数据和经验来形成对未来的预期，这种观点被称为适应性预期假说（Adaptive Expectations Hypothesis）。适应性预期假设通胀预期采取以下形式：

$$p_t^e = p_{t-1}^e + \lambda (p_{t-1} - p_{t-1}^e) \tag{1.3}$$

其中，p_{t-1}^e 为上期的预期通货膨胀，p_{t-1} 为上期的实际通货膨胀。经济主体本期的通胀预期取决于上期的通胀预期，并且根据上一期的预期误差程度来加以修正。如果过去的通胀是高的，那么人们就会预测未来通胀仍然较高。也就是说，当前对于将来通货膨胀的预期反映了过去的预期以及前期的预期与当前真实数据的差距的调整项，这个调整项被称为是"部分调整的"。与其说这反映了对通货膨胀预期的更正，可能更体现出人们对于他们预期的反应能力的缓慢变化。

另一种观点则认为，人们在形成预期时是前瞻性的，现期根据各方面信息来分析相关变量发展变化的可能，从而形成对未来的预期，这种观点称之为合理预期假说或理性预期假说（Rational Expectation Hypothesis）。理性预期假说最初是由美国经济学家 J. F. 穆思在《合理预期和价格变动理论》一文中针对适应性预期中的非最优特性而提出的，20 世纪 70 年代由芝加哥大学的 R. E. 卢卡斯和明尼苏达大学的 T. J. 萨金特和 N. 华莱士等人进一步发展，并逐渐形成理性预期学派。理性预期假设通胀预期采取以下形式：

$$p_t^e = E_{t-1} p_t \qquad (1.4)$$

理性预期[1]是指公众通过学习，能够掌握相应的模型和信息资料，尤为重要的是，公众能通过学习不断纠正错误，努力形成与经济系统相一致的、无偏的估计。因此，他们会最大限度地充分利用所得信息来改善对未来的通胀预期。实际上，理性预期包含以下三个含义：（1）作出经济决策的经济主体是有理性的，为了追求最大利益，他们总是力求对未来作出正确的预期；（2）为了作出正确的预期，经济主体在作出预期时会力图得到有关的一切信息，其中包括对经济变量之间因果关系的系统了解和有关的资料与数据；（3）经济主体在预期时不会犯系统性的错误。理性预期是相对"适应性预期"而言的，所谓适应性预期就是运用某经济变量的过去记录去预测未来，反复检验和修订，采取错了再试的方式，使预期逐渐符合

---

① 徐亚平：《通货膨胀预期形成的模型刻画及其与货币政策的关联性》，《金融研究》2010 第 9 期，第 25 页。

客观的过程。而理性预期与这种适应性预期根本不同，它是指人们预先充分掌握了一切可以利用的信息做出的预期。这种预期之所以称为"理性的"，因为它是人们参照过去历史提供的所有知识，对这种知识加以最有效利用，并经过周密的思考之后，才做出的一种预期。正因为如此，这种预期能与有关的经济理论的预期相一致。

实际上，现实中的经济主体在形成自己的通胀预期时是二者兼而有之的。在物价持续上升时，人们在各种经济活动中就会将预期的通胀因素考虑进去，政府也会相应调整货币政策和财政政策。预期通胀会随着市场供求关系的变化和政府调控力度而做出调整。由于预期通胀而持续存在的通胀称之为"惯性通胀"或"粘性通胀"，其惯性力的大小主要取决于预期形成的方式。在受到随机扰动的冲击之后，如果人们形成预期时是后顾性的，通胀预期就会有较大的惯性；如果人们形成预期时是前瞻性的，通胀预期就会有较小的惯性。

传统的预期理论认为，通胀预期主要受信息、不确定性、知识、学习等因素的影响。信息主要包括信息不完全、信息不对称、信息成本的存在、对新信息的敏感性不同。通胀具有不可预见性，经济主体一般会事先预测通胀，等到实际通胀发生后，他们根据自己的判断和观察，调整自身的经济行为，但预测的水平和实际水平往往不一致，这就是不确定性。预期的形成还要受到经济主体所具备的知识影响，知识越充分，经济主体面对的不确定性就越小，信心也就越坚定。通胀预期的知识主要包括货币当局所提供的关于经济状况的信息，如货币当局所使用的经济模型、宏观经济数据和货币政策等；经济主体所掌握的有关其他人看法的信息，比如其他人持看涨态度的时候，个体可能会改变之前的预测。学习主要指经济主体运用的学习规则不同或者对学习规则更新的频率不同，在信息不完全条件下，经济主体会借助一定的计量模型不断估计和更新相应的参数，进而不断修正通胀预期。

现代预期理论认为，通胀预期的高低受多重因素影响，包括实际通胀高低、以往通胀的高低、通胀惯性、当前宏观经济环境、央行信息披露以及媒体信息披露等。实际通胀率越高，通胀预期值就越高；通货膨胀的持续时间越长，通胀惯性越强，通胀的预期也就越高，并且高通胀还会导致通胀预期的不确定性增加；央行信息披露和媒体的新闻报道也可以有效地影响通胀预期。

二、公众学习与通胀预期形成

受制于信息不完全和经济的动态变化，人们对宏观经济的有限认知决定了其处于一种动态学习过程之中，对于少数具备专门经济学知识的经济主体而言，他们是根据某种计量方法自我学习，但对于大部分经济主体而言，更多的是通过人们之间的信息传播相互学习（徐亚平，2009）。公众既包括住户又包括企业，他们的预期随知识结构、文化背景和心理承受能力的不同而不同，住户和企业的个体预期共同作用形成了社会公众的总体预期。王兆昕、刘文娟（2010）将公众学习定义为微观主体的学习过程。李成、马文涛（2011）认为学习是公众对经济结构的认识并逐步形成对经济变量尤其是通货膨胀较为准确的预期，但对于微观主体如何形成这些预期则没有明确阐述。

程均丽（2009）在研究学习过程时，将公众学习分为演绎性学习、进化学习（社会学习）和适应性学习。演绎性学习描述推理过程，由于该过程可能是瞬间的，因此产生了能否向理性预期均衡收敛的问题。社会学习是经济主体使用基因因子模仿周围的人和其他主体，对信念更新，产生低效用的信念被高效用信念取代的过程。适应性学习是经济主体通过过去的经历不断学习、完善知识，纠正过去对经济活动预期中所犯的错误。

公众学习还有卡尔曼滤波式（Kalman Filter）学习以及递归最小二乘式学习等。卡尔曼滤波式学习（Erceg & Levin，2003）假定公众无法直接观测到相关变量（如通货膨胀目标），但是，可通过其他能直接观测变量（如中央银行的货币政策）对此进行推断；最小二乘式学习（Orphanides &

Williams，2005）通常假设公众的学习通过两步完成，第一步是公众求解刻画实际经济系统的 DSGE 模型，得到最小状态变量解，第二步是公众以获取的最小状态变量解作为学习规则（Learning Rule），不断更新数据集合，采用最小二乘法更新学习规则的参数。相比较而言，卡尔曼滤波式学习能够产生更高效的学习速度，保证经过足够的时间之后模型最终收敛到理性预期均衡[①]，而最小二乘式学习对模型的动态特征影响较大，难以确保模型均衡时的唯一性（李成、马文涛，2011）。

在实际生活中，人们的学习是内生性和外生性的综合作用，既依靠自身知识，又通过外界资源不断更新已有信息。内生性学习即利用自身拥有的关于经济体系结构的知识，依靠以往的判断与经验；外生性学习可以理解为人们的行为出现相互影响的现象。

1. 理性预期理论中公众预期的形成

理性预期是指公众在有效利用一切信息的前提下，能够对经济变量做出准确的预期。按照理性预期理论，人们的主观概率分布能够同支配经济系统的真实客观概率分布相一致，人们根据经济系统的真实概率分布来计算主要变量的期望值。

宏观经济的动态变化以及对宏观经济运行的有限认知，决定了人们必然处于一种动态的学习过程之中。但具体的学习和预测方式并不必然类似于模型化的数学计算，不同经济主体的学习和预测方式也不一定相同。对于少数具备专门经济学知识的经济主体而言，他们对于经济运行的变量关系及模型结构可能会有一定程度的认识。但对于大部分的经济主体而言，他们利用相关信息作预测时所依据的模型可能仅仅是黑箱模型，即只考虑模型输入和输出的关系，而不会太多考虑模型的具体结构。并且，他们不仅是根据某种计量方法或自身经验自我学习，有时更多的也是通过人们之间的信息传播相互学习（徐亚平，2009）。

———————————

① 限于篇幅，具体可见 Erceg & Levin（2003），Orphanides & Williams（2005）。

穆思（1961）认为，理性的经济主体会运用相关经济知识来形成预期，预期的形成方式取决于描述经济运行的结构化模型。卡塞雷斯·波维达和贾尼特萨若（Carceles-Poveda & Giannitsarou, 2006）假定 t 期的实际通胀率主要取决于预期通胀率、滞后一期的实际通胀率和外生冲击，产出缺口服从 AR（1）过程，即

$$\pi_t = a_1 E_t \pi_{t+1} + a_2 \pi_{t-1} + by_t \qquad (1.5)$$

$$y_t = \rho y_{t-1} + \varepsilon_t \qquad (1.6)$$

其中 π_t 为实际通胀值，$E_t\pi_{t+1}$ 为预期通胀值，π_{t-1} 为滞后一期的实际通胀值，y_t 为实际产出缺口。

麦卡勒姆（McCallum, 1983）、坎贝尔（Campbell, 1994）、乌利格（Uhlig, 1999）等假定理性预期下通胀均衡条件为：

$$\pi_t = \eta_\pi \pi_{t-1} + \eta_y y_t \qquad (1.7)$$

将（1.6）式代入（1.7）式，得 $\pi_t = \varphi_\pi \pi_{t-1} + \varphi_y y_{t-1} + \eta_t$，其中 $\varphi_\pi = \eta_\pi, \varphi_y = \eta_y\rho, \eta_t = \varphi_\varepsilon \varepsilon_t/\rho$。在理性预期下，预期通胀率可表示为根据前一期可获得的全部信息而形成的数学期望，根据（1.7）式得 $E_t\pi_{t+1} = \varphi_\pi \pi_t + \varphi_y y_t$，代入（1.5）式，求解得理性预期下通胀均衡条件表达式为：

$$\pi_t = \varphi_\pi \pi_{t-1} + \varphi_y y_{t-1} + \varphi_\varepsilon \varepsilon_t \qquad (1.8)$$

其中，$\varphi_\pi = \dfrac{a_2}{1 - a_1\varphi_\pi}, \varphi_y = \dfrac{(a_1\varphi_y + b)\rho}{1 - a_1\varphi_\pi}, \varphi_\varepsilon = \dfrac{a_1\varphi_y + b}{1 - a_1\varphi_\pi}$。

理性预期学说蕴含着公众的自我学习机制，公众通过学习，能够利用相应的模型和信息资料，根据经济系统的条件概率分布计算主要变量的期望值；尤为重要的是，公众能够通过学习不断纠正错误，最终形成与经济系统相一致的、无偏的估计，即公众不会犯系统性的错误。对于理性预期理论，它一方面告诉我们，公众会利用相关信息主动地、不断地进行学习，努力做出最优选择；但同时也应看到，理性预期理论的假设条件太强，由于学习过程存在着诸多约束，因此公众预期并不必然会不断收敛于稳态的理性预期均衡点，同时不同经济主体的预期也不一定都是同质的。

但对于公众如何经过学习了解和认识了经济结构模型，如何通过学习发现了客观世界的真实概率分布，如何通过学习了解并掌握了连经济学家们也感到非常因难并且在数学上难以处理的计算等等，理性预期学说则没有明确阐明，致使理性预期的理论架构还缺乏足够的严密性，也使得公众预期与货币政策效应的关系成为一个争论不休的问题，因此该理论存在一定的局限性（徐亚平，2009）。

2. 适应性学习中公众预期的形成

适应性学习作为公众理性学习的代表，被广泛运用于对经济动态的分析。传统的理性预期理论认为公众学习具有自我实现机制，会充分利用信息不断地进行学习，并做出最优选择（Muth，1961），但对于公众如何通过学习获得信息做出最优选择，理性预期理论则没有详细阐述。最近十多年来逐步兴起的"适应性学习"理论在研究这一问题上具有重要意义。埃文斯（Evans，1985）放松理性预期假定，提出了适应性学习的概念，认为经济主体对宏观经济运行的认知是有限的，但随着时间的推移和数据的不断更新，他们会通过学习不断更新知识、纠正错误来修正每一时期的预期。

波维达和贾尼特萨若（Poveda & Giannitsarou，2006）认为在适应性学习过程中，公众会像经济学家那样认为通胀变化最终收敛于理性预期均衡水平（Rational Expectation Equilibrium，简称 REE），只是不知道模型中具体的参数值，他们首先会使用现有数据通过学习形成自己的通胀预期值：$E_t^* \pi_{t+1} = \varphi_{\pi,t-1} \pi_t + \varphi_{y,t-1} y_t$，代入（1.7）式，得：

$$\pi_t = T_1(\varphi_{t-1}) \pi_{t-1} + T_2(\varphi_{t-2}) y_{t-1} + V(\varphi_{t-1}) \varepsilon_t \qquad (1.9)$$

其中，$T_1(\varphi_{t-1}) = \dfrac{a_2}{1 - a_1 \varphi_{\pi,t-1}}$，$T_2(\varphi_{t-2}) = \dfrac{(a_1 \varphi_{y,t-1} + b)\rho}{1 - a_1 \varphi_{\pi,t-1}}$，$V(\varphi_{t-1}) = \dfrac{a_1 \varphi_{y,t-1} + b}{1 - a_1 \varphi_{\pi,t-1}}$。

（1.9）式即为真实通胀值的实际运转法则（Actual Law of Motion，简称 ALM），此时，问题的关键在于随着时间的推移和数据资料的累积，公众如何通过学习方法得出（1.9）式中的参数估计值。本书借鉴波维达和贾尼特萨若（Poveda & Giannitsarou，2006）所提出的递归最小二乘学习（Recursive Least Square，简称 RLS）方法，解释公众如何通过 RLS 法不断更新知识修正每一时期的预期，学习过程如下：

第一步假定公众利用最小二乘法估计（1.8）式，得：

$$\varphi_t = \begin{pmatrix} \varphi_\pi \\ \varphi_y \end{pmatrix} = \left(\sum_{i=1}^{t} x_{i-1} x_{i-1}' \right)^{-1} \sum_{i=1}^{t} x_{i-1} \pi_i，\ 其中\ x_t = \begin{pmatrix} \pi_t \\ y_t \end{pmatrix}；$$

第二步使用 RLS 算法：$\begin{cases} R_t = R_{t-1} + \dfrac{1}{t}(x_{t-1}x_{t-1}' - R_{t-1}) \\ \varphi_t = \varphi_{t-1} + \dfrac{1}{t}R_t^{-1}x_{t-1}(\pi_t - x_{t-1}'\varphi_{t-1}) \end{cases}$，并通过

随机生成的数据（Random Generated Data，简称 RGD）来赋初值，通过（1.9）式求得 π_t 的数值；

第三步通过 $E_t^* \pi_{t+1} = \varphi_{\pi,t-1}\pi_t + \varphi_{y,t-1}y_t$，求得公众在适应性学习下形成的通胀预期值。

"适应性学习"理论广泛应用于宏观经济学领域，如通货膨胀问题（Sargent，1999；Marcet 等，2003）、货币政策的制定（Orphanides & Williams，2005）、资产定价问题（Carceles，2006）、汇率问题（Mark，2009；Kin，2009）。早期关于适应性学习研究的一个重要内容是如何制定货币政策，确保公众预期在长期中向理性预期收敛，而目前对适应性学习研究的关注点转向了对通胀预期变化的影响。稳定物价是货币政策制定的首要目标，而要稳定物价，就必须了解通胀预期的变化。因此，运用适应性学习来分析通胀预期形成问题和实际通胀的动态变化成为了一个重要研究内容。

国外学者的一些经验研究支持了适应性学习方法。萨金特（1993）在研究东欧国家转轨体制时，假定经济主体是有限理性的，经济中各种结构

参数还不稳定，经济主体不可能形成稳定的理性预期，只能通过"学习"来逐步了解和预测模型的结构分布。欧菲尼德斯和威廉姆斯（Orphanides & Williams，2004）、米兰妮（Milani，2005）认为可以从实证观察中运用适应性学习模型研究通胀预期的重要特征。米兰妮（2005）论证了收益不变的适应性学习是通胀持久性的一个重要来源，并且与采取理性预期假设的模型相比，能够更好地拟合实际数据。

在国内，李成等（2011）在研究我国的通胀目标过程中引入适应性学习，假定公众仅有有限信息，但能"理性地"使用信息，借助于不断更新的数据和持续的学习，形成通胀预期。谭旭东（2012）在解释通胀持久性时用适应性学习假定来代替理性预期假定，这种解释采用永久性学习方法，对过去的通胀数据进行贴现，使得估计的参数对于经济结构的变化更为敏感。程均丽（2009）的实证研究表明，在适应性学习下，经济都会向理性预期均衡收敛，如 Cagan 通货膨胀模型。

三、信息披露与通胀预期形成

对于少数具备经济学知识的公众而言，他们通常会使用计量式学习方法形成预期，对于大部分公众而言，更多的是通过外部的信息传播来形成预期，比如央行信息披露、媒体信息披露等等。本书不局限于理性学习法如适应性学习的讨论，还从感性学习渠道的角度来阐述公众是如何通过外部信息渠道来进行学习，并形成自己的预期。一方面，公众能够较充分地利用央行所披露的关于宏观经济的信息来形成自己的通胀预期；另一方面，主流媒体所报道的关于物价的信息也能够引起公众关注，提高公众自身的通胀预期感受。为此，本书将深入研究这两种感性学习渠道，探讨其与通胀预期的关系，从而进一步完善通胀预期形成机制理论。

1. 央行信息披露与预期引导

在外部的信息传播中，央行对公众预期和决策起到了举足轻重的作用。央行能够通过相关措施，例如信息披露制度、货币政策规则、承诺机制等，影响公众的感性学习，引导公众通胀预期的形成。

中央银行信息披露是指中央银行除了定期公布相关金融统计数据外，还通过举行新闻发布会和公开央行负责人相关讲话来披露货币政策目标、货币政策策略、经济前景及未来货币政策意向等相关信息的过程（Blinder 等，2008）。它起因于货币政策制定部门与私人部门或公众之间存在着信息不对称，并影响着公众通胀预期的形成和货币政策的执行效果。中央银行作为专业机构，有着经济主体无可比拟的优势，况且其本身就是许多信息的最终来源，因此，中央银行便可通过对信息量、信息内容、信息的传播时间和强度等方面进行必要的调控，以达到引导公众预期的目的。

在公众预期的形成过程中，中央银行并非被动坐视公众预期的形成甚至坐等公众预期抵消货币政策效应，中央银行可以通过相关措施，主动引导公众预期的形成，加强货币政策的调控效果。如果公众普遍接受和认可中央银行的引导，经济主体就会倾向于采取与央行调控目标相一致的行动，从而有利于提高货币政策的有效性。中央银行的可信性和权威性越强，就越能够减少公众学习的时间和其他成本，也越有利于公众预期向中央银行所引导的预期收敛，从而易于形成一种合力，起到"四两拨千斤"的引导效果（徐亚平，2009）。

货币政策效应的发挥主要借助于两方面的作用机制，一是货币政策的直接调节功能，通过动用利率、存款准备金率等来实现货币政策调控目标；二是货币政策的引导功能，就是将货币政策调整的信号清晰、完整地传递给各经济主体，通过诱导的方式，调整各经济主体的行为，达到货币政策调控的目的。随着金融机构的不断发展、个人所持金融资产的不断增加与中央银行资产所占比重的逐渐减小，货币政策效应的发挥在很大程度上取决于经济主体能否采取与中央银行调控政策相一致的行动。因此，从近年来中央银行货币政策的国际实践来看，货币政策效应的发挥已越来越借助于货币政策的预期引导功能（徐亚平，2009）。

从近年来我国货币政策的实践来看，由于经济运行态势复杂多变，通缩与通胀之间往往仅是"一线天"，不仅加大了货币政策调控的难度，有时也使得公众难以形成稳定的预期，而公众预期的不稳定本身就有可能成为经济扰动的因素之一。当前，在我国经济发展面临偏快和过热的势头下，央行的调控往往面临两难抉择，调控幅度小了政策效果可能不明显，幅度大了又担心矫枉过正，对经济增长造成损害。在这种经济运行态势之下，如果中央银行能够较好地稳定和引导公众的通胀预期，那么用小的政策变化就有望实现调控经济运行的宏观目标，同时也可以降低政策调整本身对市场的冲击程度，减缓经济波动，引导经济运行平滑过渡到中央银行所期望的状态（徐亚平，2009）。

目前，国外已有诸多学者实证研究了央行信息披露对通胀预期的影响，大多数研究结果均显示信息披露工具可以作为通胀预期管理的有效手段。央行的信息披露工具不仅能够比较有效地引导公众通胀预期，解释预期的形成，而且与传统的实际干预工具比较，信息披露工具在引导公众预期时更具有优势。

从央行信息披露的内容来看，央行除了通过预测当前及未来通胀水平以直接影响公众的通胀预期外，还可以直接向公众披露央行的货币政策规则函数，通过"授之以渔"的方式达到更好地稳定通胀预期的效果。Eusepi（2005）发现中央银行公布其货币政策规则（货币政策反应函数）有助于改进经济主体对于经济运行的理解，稳定居民的通胀预期，保持整体经济的稳定运行，进而带来社会福利增进。相反，如果信息披露程度较低，经济主体的预期容易产生波动，宏观经济可能卷入由预期驱动的周期波动。许多西方国家采用的通胀目标制可以通过央行信息披露的方式将央行的信念传递给公众，以稳定公众预期。除了通胀目标制规则，央行披露出的泰勒规则对通胀预期也有很好的引导效果。

综合国内外的相关研究来看，多数研究结果表明央行信息披露在引导、管理公众通胀预期方面是有积极效果的，与央行实际干预工具相比可能存在一定的优势。但由于央行信息披露的度量方式各不相同，有关央行信息披露有效性的实证结果亦不尽相同。本书认为央行信息披露的有效性不仅取决于某一期央行信息披露的精准度，而且取决于历史各期披露精准度及其形成的对信息披露的信任程度。比如，央行在信息披露中表达出了低通胀的偏好，但在随后的行动中未加以贯彻落实，抑或央行总是喜欢"轻描淡写"通胀波动的实际情况。当这些行为屡次发生时，公众会逐渐丧失对央行信息披露内容的信任程度。公众形成思维定势之后，即使央行发布精准度较高的公共信息，公众也不会相信并采纳。届时，央行的信息披露对公众预期的引导将趋于无效。

2. 媒体披露与通胀预期形成

通胀预期的形成过程除了受客观因素影响，也会受到主流媒体（广播电视、网络、报纸等）的舆论引导。媒体信息报道对公众学习的影响可以解释为羊群效应，当出现大量关于物价上升的新闻时，一部分公众会感受到通胀上升压力，致使通胀预期形成。因此，媒体的报道大多被当作是对公众通胀预期形成的一种客观描述，但公众没有充分、主动的舆论话语权，媒体报道只是帮助塑造了公众预期的形成。

关于媒体报道的信息传递以及对公众通胀预期的影响方面，西方国家着手研究的时间比较早。布林德和克鲁格（Blinder & Krueger, 2004）假设消费者是通过媒体获取宏观经济信息的，在对美国居民的一个随机样本采访中发现，电视和报纸是获取经济信息最重要的两种途径。卡罗尔（Carroll, 2003）发现当媒体加大对关于通货膨胀消息的报道时，消费者会更加关注这些报告，使用最新的通胀预期更新自身的信息，从而提高消费预期，因此，媒体关于通胀报道的数量越多，消费者读到这些内容的可能性就会越大，并且他们通过全面的信息更新理性预期的可能性也就越大。

大量研究表明，消费者预期感受除了受经济基本面影响之外，还与媒体对经济报道的数量和质量有关。消费者不仅从相关基本面（包括失业、通胀、GDP、金融市场就业率、石油价格等）获得信息，还通过与他人的交流和媒体渠道获得新信息。而媒体影响公众通胀预期有两个渠道，一个是媒体报告的数量（音量渠道），高频率的报告使消费者更关注通胀预期的信息，从而更新自己的预期值，使其更接近于完全信息条件下的理性预期；另一个是媒体报告的质量（音调渠道），夸大信息的媒体报告存在通胀偏差，将降低消费者通胀预期的准确性。越多的媒体报道会为消费者提供越多的信息，他们会更加注意并不断改变通胀的预期。如果消费者面临获取信息、吸收信息、处理信息的成本，消费者一般会理性地选择，间断地通过更新信息改变预期。伯格等（Berger 等，2006）也认为决策者与私人机构实现沟通的渠道是新闻媒体，他们实证分析了媒体报道对欧洲央行货币政策决策的重要性，发现有效媒体报道能够传达有效信息，但是媒体在现实中报道的更多的是关于通货膨胀偏离目标值的消息，从而影响私人决策者的预期行为。

国内关于这方面的研究比较少，薛万祥（1995）在《预期、博弈与货币政策》一文中提到，由于行为主体的背景各不相同，他们并不是都能有效地利用其所能得到的信息，对消费者来说，他们的信息大多是从媒体和传言获得，其预期的形成则是从活生生的市场中感受到消费品价格的上涨和工资的增加。作为信息重要来源的舆论媒体，所传输的信息有一定的倾向性，但是应该指出，舆论导向仍然是影响公众预期的重要手段。唐唯、胡蕴真（2011）选取《人民日报》作为媒体的代表，按季度统计所有关于物价报道的篇数，使用最近十年的数据进行实证分析，得到了媒体有关物价的报道频率对公众通胀预期存在正向影响的结论。通胀除了受到客观条件影响外，也受到媒体的舆论引导。闫力、刘克宫（2010）分析了我国实际情况，研究发现公众对经济常识的掌握程度较低，对一些经济指标的理解和分析存在误解，盲目"追随"和"跟风"的抢购现象时有发生，从而使我国公众通货膨胀预期基础薄弱，稳定性较差。

本书综合考虑数据的可得性和媒体报道的影响力，选择《人民日报》作为媒体披露的代表进行研究。《人民日报》是最有影响力的主流媒体，具有一般新闻媒体所不能达到的权威地位和特殊影响。媒体对未来物价走势的预测通过《人民日报》向公众传达，能够较为真实地反映出我国媒体对物价相关报道的信息。越多的媒体报道会为消费者提供越多的信息，他们会不断更新信息，提高通胀预期的准确度。因此，其相关报道对于公众具有很高的舆论引导作用。

第三节　不同框架下的最优货币政策研究

一、粘性价格、粘性信息与我国最优货币政策

2010 年中央经济工作会议上，温家宝总理首次提出"通胀预期管理"一词，同时该词出现在当年的《政府工作报告》中。通胀预期不仅与未来的工资、价格水平以及经济主体的投资、消费决策密切相关，而且还会直接影响到央行的货币政策效果。只有弄清通胀预期与实际通胀之间的关系才能得出正确的管理通胀预期的方法，才能真正服务于防通胀任务。

而能够直接反映出通胀预期与通胀之间关系的便是菲利普斯曲线。菲利普斯曲线与总供给曲线其实是一枚硬币的两个方面。它的形式是多样的，但现阶段应用最广泛的则是新凯恩斯菲利普斯曲线（NKPC）。此外，曼昆和瑞斯（Mankiw & Reis，2002）从粘性信息的假设出发提出了粘性信息菲利普斯曲线以替代 NKPC。虽然两者在不同程度上都取得了成功，但也都或多或少存在一些缺点。Dupor、Kitamura & Tsuruga（2010）则结合了粘性价格与粘性信息的假设，推导出了所谓的双粘性曲线。当然，这些研究多是针对欧美等西方国家的，而针对中国的菲利普斯曲线，国内外学者也有较多的研究。范从来（2000）、刘斌和张怀清（2001）、赵博和雍家胜（2004）等就菲利普斯曲线在中国的适用性问题进行了探讨，他们分别基于适应性预期的研究表明中国的菲利普斯曲线是存在的。沙伊贝和瓦因斯（Scheibe & Vines，2005）的研究表明，基于理性预期的新凯恩斯菲利

普斯曲线对中国的通胀动态特性有更强的解释力。陈彦斌（2008）建立了四因素的混合新凯恩斯菲利普斯曲线，从通胀预期、通胀惯性、需求拉动、成本推动四个角度讨论了中国的通胀问题。杨继生（2009）、张成思（2012）、卞志村和高洁超（2013）等从不同角度拓展了 NKPC 模型及其在中国的应用。其中卞志村和高洁超（2013）的研究成果也是本书的一部分，对应第四章的第一节。但国内外学者针对我国粘性信息菲利普斯曲线的研究相对较少，仅有的几篇也多是概述性的文献。而就双粘性模型方面而言，国内的研究则几乎为空白。因此，我们也试图在前人研究的基础上，具体探讨粘性信息模型、双粘性模型在中国的适应性问题。

本书第四章分别从粘性价格和粘性信息的假设条件出发检验了新凯恩斯菲利普斯曲线（NKPC）、混合新凯恩斯菲利普斯曲线（混合 NKPC）、粘性信息菲利普斯曲线（SIPC）以及双粘性菲利普斯曲线（DSPC）在中国的适用性问题，对我国通货膨胀的短期动态机制进行了详细的探讨，为我国货币当局就防通胀问题提供了一些政策建议。

第四章第一节具体分析了 NKPC 框架下的通货膨胀动态机制。该部分首先在汉密尔顿（Hamilton，1985）的基础上设定状态空间模型，通过卡尔曼（Kalman）滤波估计出我国公众的通胀预期，然后在此基础上考察了具有时变系数的新凯恩斯菲利普斯曲线，最后基于 SVAR 模型分析了通货膨胀对通胀惯性、通胀预期、产出缺口冲击的脉冲响应。实证结果显示，在通货膨胀调整中，通胀预期、通胀惯性和产出缺口对通货膨胀均能产生显著影响，通胀预期和通胀惯性的影响力自 2008 年国际金融危机以来是不断提高的，产出缺口影响的时变特征则不够明显。此外，通胀对通胀预期的脉冲响应图呈现出"锯齿形"特征，这表明当前我国通胀预期粘性程度可能较大。这样，即使货币当局暂时控制住通货膨胀，也难以改变公众的持久预期。由于通胀预期在实际通货膨胀形成中的影响越来越大，同时预期冲击对实际通胀的影响效果缺乏足够的稳定性，因此在通货膨胀得到暂时遏制的情况下，我国应谨慎使用宽松政策，以免通货膨胀在持久性通胀预期的推动下变得更加严重。而转变央行的相机抉择行为，树立坚决的反通胀决心，提高透明度以增强政策可信度等可有效降低预期的粘性程度。

第四章第二节则具体分析了双粘性框架下的通货膨胀动态机制。该部分首先从粘性信息的假设出发推导出 SIPC，又结合粘性价格的假设推导出 DSPC。然而，无论是 SIPC 还是 DSPC 都包含了前瞻性预期项和过去对当前情况的预期。与第四章第一节类似，第四章第二节同样构造了状态空间模型，并运用了卡尔曼滤波估计方法。但由于后者的模型除了有对通胀预期的要求外，还有对产出缺口增长率预期的要求，这样就对第四章第二节的状态空间模型提出了新的要求。该部分在引入预期和平滑机制的泰勒规则基础上建立状态空间模型，通过卡尔曼滤波估计出不同时期对当期通货膨胀率和产出缺口增长率的预期，进而对曼昆和瑞斯（2002）模型中的 SIPC 及 Dupor、Kitamura & Tsuruga（2010）模型中的 DSPC 和 NKPC、混合 NKPC 进行参数估计，并进一步分析比较它们的拟合效果。实证结果显示，我国企业平均每 4—8 个季度更新一次信息，较美国慢一些，这与我国转型期经济体制有一定关系。除此之外，实证结果还显示 SIPC 的拟合效果最差，DSPC 的拟合效果最好，但 DSPC 的参数估值可能存在失真的问题，NKPC 与混合 NKPC 的拟合效果也很好，并估计得出我国企业平均每三个季度更新一次价格。

二、引入金融形势指数的我国最优货币政策

20 世纪末以来，金融自由化、金融创新和金融全球化促进了各国资本市场的发展，全球金融体系之间的联系愈发紧密。而经济危机的频发，尤其是由美国金融资产引发的次贷危机最终演变成了全球性危机，不仅对世界各国的实体经济产生了巨大的影响，也使得货币当局在制定政策时面临更大的不确定性，凸显了资产价格因素对宏观经济运行的重大影响。在经济金融形势日益复杂的情况下，各国学者纷纷就央行是否盯住其他经济变量进行研究，具体来说就是是否应将资产价格、利率、汇率、金融市场波

动、MCI（货币状况指数）、FCI（金融形势指数）等因素加入货币政策规则中，多数研究结果表明央行在制定货币政策时会考虑除通胀和产出外的其他因素。尽管理论界对于"资产价格是否应当加入货币政策"和"制定货币政策时是否应当关注资产价格的变动"还存在争议，但是资产价格和通货膨胀之间的相互关系已经被多数学者接受。

自 1996 年 6 月 1 日人民银行放开了银行间同业拆借利率起，我国利率市场化进程有序发展。利率变化影响未来实际产出并且引导通胀预期的变动。2005 年 7 月 21 日起，我国开始实行以市场供求为基础、参考一篮子货币进行调节、有管理的浮动汇率制度。几年来，人民币汇率形成机制改革有序推进并取得了预期的效果。随着人民币汇率形成机制的进一步完善，实际有效汇率的变动能够引起国际收支和产出的变化，并通过汇率传递效应影响国内价格水平，汇率指数将成为更为有效的传递实际经济运行水平的重要信息。1998 年房改后，我国房价连年上涨，并一直维持高位运行，房地产行业作为推动经济发展重要力量的同时，也加剧了通胀风险。房地产预期收益与通货膨胀率预期之间存在长期稳定关系（王维安等，2005），长期内，房地产价格对通货膨胀和产出产生重要影响（段忠东，2007）。我国资本市场是政府主导的体制改革和市场自身逐步发展共同推动的。股票资产价格的变化受多方面因素的影响，虽然股票价格的变化是否充分反映实体经济的变化仍存争论，但不可否认的是我国股票市场经历二十多年的发展，正在逐步走向有效的市场，股票市场在整个国民经济和金融体系中的地位越来越突出，股票价格变化即使不能对实体经济产生重要影响，也仍可能包含重要信息。对于我国现在所处的特殊时期，转轨时期的经济现状决定了货币供应量在宏观经济运行中扮演着重要的角色。货币供应量的调整可以直接影响我国的货币市场和资本市场的资金供求关系，进而对证券市场和房地产市场产生影响，同时货币供应量也能影响我国的通胀水平，因此我国金融形势松紧很大程度上是由货币供应量决定的。总体来看，我国资本市场快速发展，金融体系、金融结构逐步健全和优化都为资产价格波动影响宏观经济创造了更为有利的条件。

一国在执行货币政策时，政策的松紧往往会根据利率、汇率、信贷总量、货币供应量等传统政策变量进行调整，货币政策的最终目标实际产出和物价水平也会发生变化。因此，许多经济学家对此进行了探究，阿尔钦和克莱因（Alchian & Klein，1973）构造了包含金融市场价格的物价指数；埃里克松等（Ericsson 等，1988）构造了反映资产价格信息的货币状况指数；古德哈特和霍夫曼（Goodhart & Hofmann，2000）在 MCI 的基础上构建了反映股市和房地产价格的金融形势指数。鉴于资产价格中包含了一定量关于通胀和产出的信息（Goodhart，1999），本书将首先利用包括利率、汇率、股价和房价在内的资产价格因素，通过状态空间模型构建可以反映我国整体金融宽松程度的金融形势指数，检验其宏观经济预测能力，并将其作为货币政策的参考指标纳入到货币政策反应函数，实证检验包含金融形势指数的货币政策反应函数在中国的适用性问题。其后，通过 VAR 方法构建一个包含利率、汇率、房价、股价和货币供应量的金融形势指数，并对 FCI 的预测能力进行检验，实证检验 FCI 以不同方式加入到货币政策反应函数的效果。最后，构建我国非线性泰勒规则。本书尝试以不同方式构建 FCI 指数，在不同的货币政策规则下进行实证检验，以得出适合我国国情的最优货币政策。这对于货币当局来说，一方面有利于完善我国货币政策体系，另一方面也有利于指导我国货币政策实践。对于金融机构和公众来说，有利于其把握和判断当前经济金融形势，揣摩货币当局可能采取的政策，防患于未然，避免未预期到的政策波动对其造成负面影响。

着眼长远，我们认为，随着各类金融创新的快速发展、弹性汇率制度的逐步建立和利率市场化改革的不断推进，资产价格在货币政策传导中会发挥更为重要的作用。因而，制定我国最优货币政策规则时应当密切关注资产价格。FCI 作为未来宏观经济的重要信息载体，综合反映了金融市场的宽松程度，对于货币政策当局把握未来宏观经济形势具有重要指引作用。赞成货币政策应当关注资产价格的学者认为，如果货币当局仅仅关注通货膨胀可能会错失发现金融结构失衡的机会，而企业资产负债情况的变化将反过来加剧金融结构失衡；反对货币政策应当关注资产价格的学者认为，货币当局难以识别资产价格飙升是泡沫还是由经济基本面因素引起的，政策操作目标的增加会加大货币政策的难度和不确定性。货币政策的最终目标之一是保持物价稳定，因而，对于短期的、临时的资产价格变动可以不予关注，但是，如果资产价格出现非偶然的较大波动时，货币当局应当及时采取相应的应对措施。此外，我国的利率管制使市场利率长期偏离均衡水平，这使得国内的资金需求始终无法达到均衡水平，长此以往，金融个体的行为将会扭曲，给金融市场甚至整体经济运行带来风险，货币政策的实施无法收获较好的效果。从发达国家的经验看来，价格型工具势必在未来成为货币政策的主要调控手段。因而应当继续推进我国利率市场化进程，减小行政干预的力度，加快经济金融体制改革，疏通货币政策的利率传导途径，为货币政策由数量型调控方式向价格型调控方式转变创造条件，使我国最优货币政策规则的效果更完美。

三、公众学习、通胀预期形成与我国最优货币政策

为较好的克服卢卡斯批判，新凯恩斯主义经济学吸收了理性预期假设，即假定公众学习具有完美特性，公众对现实经济具有完全的认知能力，平均来说，公众能够准确预期到除随机冲击以外的宏观变量基本走势。完美学习蕴含了公众的自我学习机制，即公众通过学习能够利用正确的模型和信息资料，计算经济中主要变量的期望值，并且公众能够通过学习不断纠正错误，最终形成与经济系统相一致的、无偏的估计，即在长期中公众不会犯系统性错误。在完美学习下公众可以充分利用一切所需信息以及分析工具来准确预测未来通货膨胀和产出缺口，并且预期值与真实值之间没有随机冲击引发的预测误差，此时，公众的宏观经济预期值就等于将来的实现值。在新凯恩斯框架内，中央银行的调控动机被简化为追求某种形式的效用损失函数最小化。将完美学习引入基于新凯恩斯模型的一般

均衡框架可以将中央银行的货币政策操作范式、政策偏好以及利率平滑、经济冲击等众多关键因素纳入一个统一的框架内，综合考量货币政策效应，进而制定最优货币政策。

虽然理性预期假设为货币政策分析提供了一个理想框架，但其一系列严格的假设条件难以在现实中得到有效贯彻，因而脱离了分析现实经济的需要。更关键的是，理性预期假设并没有对公众的预期形成机制进行具体描述，而只注重对预期结果的一系列规定。近年来，基于公众不完美认知视角下的预期研究为放松理性预期假设提供了可能，从而使货币政策分析能够在更为接近现实的条件下展开。

适应性学习放松了理性预期假设暗含的一系列严格条件，认为现实中的预期不可能具有完全理性性质，公众会基于自身对实际经济的不完全认知，在每期不断获取并更新决策所需的信息，通过运用某种计量手段不断更新自身预期。同样，可以通过参数设定使预期的理性程度定量化，从而将适应性学习引入基于新凯恩斯模型的一般均衡分析框架分析学习能力、预期的理性程度以及最优货币政策三者之间的动态传递关系。适应性学习理论对公众的具体学习过程和收敛机制进行了开创性的探索，从而大大深化了我们对公众预期形成机制的认识。但适应性学习理论也存在很多不完善的地方，依然不能很好解释现实经济生活中公众预期的形成机制。首先该理论假设公众会首先使用感知运转模型，这事实上就假定公众对经济结构模型是了解的，只是不知道相关的参数。其次该理论假设经济主体都如同计量经济学家那样，能够不断使用新的数据更新相关参数，都能够进行复杂的数学运算，这似乎也不太切合实际。

货币政策效应的发挥主要借助于两方面的作用机制：一是货币政策的直接调节功能，如动用利率、存款准备金率等来实现货币政策调控目标；二是货币政策的引导功能，即将货币政策调整的信号清晰、完整地传递给各经济主体，通过诱导的方式，调整各经济主体的行为，达到货币政策调控的目的。随着金融机构的不断发展、个人所持金融资产的不断增加与中央银行资产所占比重的逐渐减小，货币政策效应的发挥在很大程度上取决于经济主体能否采取与中央银行调控政策相一致的行动。货币政策效果受到公众预期的理性程度影响，货币政策效应的发挥越来越借助于货币政策的预期引导功能。在公众预期的形成过程中，公众处于一种永久的学习之中。但信息的处理是有成本的，现代货币政策操作日益依靠繁多的信息处理、复杂的模型分析和深入的经济政策研究。中央银行作为专业机构，有着个人经济主体无可比拟的优势，况且中央银行本身就是许多信息的最终来源。这样，中央银行便可以通过对信息量、信息内容、信息的传播时间和强度等方面进行必要的调控，达到引导公众预期的目的。中央银行的可信性和权威性越强，中央银行货币政策的引导功能也就越强。货币政策的示范效应甚至能够大于政策本身所能够引起的数量变动效应，这正是提高货币政策有效性的关键所在。如果货币政策在这种反复的实践中能够逐步建立起一种信誉和权威，就能够起到"事半功倍"之效。

第二章 公众学习、央行信息披露 与通胀预期形成

近年来，中央银行的预期引导功能逐渐受到广泛关注，相比传统的实际干预手段，预期引导功能可以在大大降低对实体经济损害的基础上，实现稳定和降低通货膨胀的目标。具体机理是：中央银行通过央行行长、副行长等高层领导在公开场合对未来经济走势的看法做出表态、发布相关宏观经济分析报告等信息披露措施来影响社会公众的通胀预期形成。这一引导功能得以发挥作用的基础在于：中央银行在整个宏观经济运行中具有特殊地位，其对外做出的信息披露将成为公众形成通胀预期所依赖的信息集的重要组成部分，也就是说中央银行可以利用其在经济中的特殊地位通过披露信息来影响社会公众的信息集，从而间接影响公众的通胀预期。本章的主要任务就是在量化央行信息披露和通胀预期的基础上，实证分析央行信息披露对公众通胀预期的影响。

第一节 研究概述

一、研究背景

2009 年 10 月 21 日，国务院召开常务会议，提出把正确处理好保持经

济平稳较快发展、调整经济结构和管理好通货膨胀预期的关系作为宏观调控的重点。2010 年 3 月，温家宝总理在《政府工作报告》中再次提出了"管理好通胀预期"的要求。然而，通胀预期是人们的心理活动，具有不易观测性，通胀预期的形成机制也很神秘，所以解决预期的衡量和形成问题是管理好通胀预期的必要前提。正如前美联储主席伯南克在《通货膨胀分析中的突出问题》一文中所言，"大多数经济学家将通货膨胀预期视为理解通货膨胀动态的关键因素，但对通货膨胀预期由什么因素决定和它们如何影响通货膨胀预期，都知之甚少"（闫力、刘克宫、张次兰，2010）。因此，本章在考虑各相关宏观经济变量对通胀预期具有影响的背景下，结合央行信息披露和实际干预这两种货币政策工具，对比分析其引导和管理通胀预期的效果，以期从中获得有益的启示。

对于通胀预期的管理而言，使用传统货币政策工具的作用是不言而喻的。我国当前的货币政策操作采取的是货币数量调控为主，利率调控为辅的方式。央行适时对准备金和利率进行调整（具体操作见下表 2 - 1 和表 2 -2），调控银行体系的部分流动性，控制货币数量的增长速度，进而稳定经济主体的通胀预期。从我国通胀预期管理的实践来看，法定准备金调节经常被使用。2011 年 6 月 20 日，中国人民银行上调存款类金融机构人民币存款准备金率 0.5 个百分点，大型金融机构存款准备金率达到 21.5% 的历史高位，目的就是控制通胀和通胀预期。随后，为防止国际经济可能出现的衰退对国内的不利影响，出于稳增长、防止国内经济下滑的目的，央行又于 2011 年 12 月 5 日、2012 年 2 月 24 日、2012 年 5 月 18 日，三次下调存款类金融机构人民币存款准备金率 0.5 个百分点。在通货膨胀和通胀预期严重时，央行多采取加息政策，防止经济过热催生经济泡沫。例如，一年期基准存款利率从 2007 年 3 月 18 日的 2.79% 一直上升到 2007 年 12 月 21 日的 4.14%，就是为了应对这一情况。近年来，人们对利率工具进行了新的改进，利率平滑机制已成为西方发达国家央行货币政策的主流操作模式，其涵义为央行在同一方向上连续微幅渐进调整市场基准利率，给市场传达明确的政策信号,引导市场自动进行调整。利率平滑机制较好地表现出了利率调整的规则性、方向性和连续性,可以使基准利率的未来变化更具有可测性,有利于市场形成一致预期(徐亚平,2009)。此外,直接确定、调节名义利率可能不够准确和科学。因为我国货币政策是以名义利率扣除公众中长期通胀预期后的实际利率稳定为目标,以控制通胀预期,促进经济平稳发展(姚余栋、谭海鸥,2011)。所以,央行要合理运用利率等价格调控手段,调节资金需求和投资储蓄行为,管理通胀预期(《2011年第二季度货币政策执行报告》)。

表2-1　中国人民银行存款准备金率调整一览表

次数	时间	调整前	调整后	调整幅度 (单位:百分点)
1	1984 年	央行按存款种类规定法定存款准备金率,企业存款 20%,农村存款 25%,储蓄存款 40%		
2	1985 年	央行将法定存款准备金率统一调整为 10%		
3	1987 年	10.00%	12.00%	2.0
4	1988 年 9 月 1 日	12.00%	13.00%	1.0
5	1998 年 3 月 21 日	13.00%	8.00%	-5.0
6	1999 年 11 月 21 日	8.00%	6.00%	-2.0
7	2003 年 9 月 21 日	6.00%	7.00%	1.0
8	2004 年 4 月 25 日	7.00%	7.50%	0.5
9	2006 年 7 月 5 日	7.50%	8.00%	0.5
10	2006 年 8 月 15 日	8.00%	8.50%	0.5
11	2006 年 11 月 15 日	8.50%	9.00%	0.5
12	2007 年 1 月 15 日	9.00%	9.50%	0.5
13	2007 年 2 月 25 日	9.50%	10.00%	0.5
14	2007 年 4 月 16 日	10.00%	10.50%	0.5
15	2007 年 5 月 15 日	10.50%	11.00%	0.5
16	2007 年 6 月 5 日	11.00%	11.50%	0.5

续表 2-1

次数	时间	调整前	调整后	调整幅度（单位：百分点）
17	2007 年 8 月 15 日	11.50%	12.00%	0.5
18	2007 年 9 月 25 日	12.00%	12.50%	0.5
19	2007 年 10 月 25 日	12.50%	13.00%	0.5
20	2007 年 11 月 26 日	13.00%	13.50%	0.5
21	2007 年 12 月 25 日	13.50%	14.50%	1.0
22	2008 年 1 月 25 日	14.50%	15.00%	0.5
23	2008 年 3 月 18 日	15%	15.50%	0.5
24	2008 年 4 月 25 日	15.50%	16%	0.5
25	2008 年 5 月 20 日	16%	16.50%	0.5
26	2008 年 6 月 7 日	16.50%	17.50%	1
27	2008 年 9 月 25 日	（大型金融机构）17.50%	17.50%	—
		（中小金融机构）17.50%	16.50%	-1
28	2008 年 10 月 15 日	（大型金融机构）17.50%	17.00%	-0.5
		（中小金融机构）16.50%	16.00%	-0.5
29	2008 年 12 月 5 日	（大型金融机构）17.00%	16.00%	-1
		（中小金融机构）16.00%	14.00%	-2
30	2008 年 12 月 25 日	（大型金融机构）16.00%	15.50%	-0.5
		（中小金融机构）14.00%	13.50%	-0.5
31	2010 年 1 月 18 日	（大型金融机构）15.50%	16.00%	0.5
		（中小金融机构）13.50%	不调整	—
32	2010 年 2 月 25 日	（大型金融机构）16.00%	16.50%	0.5
		（中小金融机构）13.50%	不调整	—
33	2010 年 5 月 10 日	（大型金融机构）16.50%	17.00%	0.5
		（中小金融机构）13.50%	不调整	—
34	2010 年 11 月 16 日	（大型金融机构）17.00%	17.50%	0.5
		（中小金融机构）13.50%	14.00%	0.5
35	2010 年 11 月 29 日	（大型金融机构）17.50%	18.00%	0.5
		（中小金融机构）14.00%	14.50%	0.5

续表 2 - 1

次数	时间	调整前		调整后	调整幅度 （单位：百分点）
36	2010 年 12 月 20 日	（大型金融机构）18.00%		18.50%	0.5
		（中小金融机构）14.50%		15.00%	0.5
37	2011 年 1 月 20 日	（大型金融机构）18.50%		19.00%	0.5
		（中小金融机构）15.00%		15.50%	0.5
38	2011 年 2 月 24 日	（大型金融机构）19.00%		19.50%	0.5
		（中小金融机构）15.50%		16.00%	0.5
39	2011 年 3 月 25 日	（大型金融机构）19.50%		20.00%	0.5
		（中小金融机构）16.00%		16.50%	0.5
40	2011 年 4 月 21 日	（大型金融机构）20.00%		20.50%	0.5
		（中小金融机构）16.50%		17.00%	0.5
41	2011 年 5 月 18 日	（大型金融机构）20.50%		21.00%	0.5
		（中小金融机构）17.00%		17.50%	0.5
42	2011 年 6 月 20 日	（大型金融机构）21.00%		21.50%	0.5
		（中小金融机构）17.50%		18.00%	0.5
43	2011 年 12 月 5 日	（大型金融机构）21.50%		21.00%	- 0.5
		（中小金融机构）18.00%		17.50%	- 0.5
44	2012 年 2 月 24 日	（大型金融机构）21.00%		20.50%	- 0.5
		（中小金融机构）17.50%		17.00%	- 0.5
45	2012 年 5 月 18 日	（大型金融机构）20.50%		20.00%	- 0.5
		（中小金融机构）17.00%		16.50%	- 0.5
46	2014 年 4 月 25 日	下调县域农村商业银行人民币存款准备金率 2 个百分点，下调县域农村合作银行人民币存款准备金率 0.5 个百分点。调整后县域农商行、农合行分别执行 16% 和 14% 的准备金率，其中一定比例存款投放当地考核达标的县域农商行、农合行分别执行 15% 和 13% 的准备金率			
47	2014 年 6 月 16 日	对符合审慎经营要求且"三农"和小微企业贷款达到一定比例的商业银行（不含 2014 年 4 月 25 日已下调过准备金率的机构）下调人民币存款准备金率 0.5 个百分点。下调后的存款准备金率为 20%。此外，为鼓励财务公司、金融租赁公司和汽车金融公司发挥好提高企业资金运用效率及扩大消费等作用，下调其人民币存款准备金率 0.5 个百分点			

对表 2-2 中五次关键节点调整的说明：（1）从 2004 年 10 月 29 日起上调金融机构存贷款基准利率并放宽人民币贷款利率浮动区间和允许人民币存款利率下浮以推进利率市场化。金融机构（不含城乡信用社）的贷款利率原则上不再设定上限，贷款利率下浮幅度不变，贷款利率下限仍为基准利率的 0.9 倍。对金融竞争环境尚不完善的城乡信用社贷款利率仍实行上限管理，最高上浮系数为贷款基准利率的 2.3 倍，贷款利率下浮幅度不变。推进商业性个人住房贷款利率市场化。（2）自 2006 年 8 月 19 日起商业性个人住房贷款利率的下限由贷款基准利率的 0.9 倍扩大为 0.85 倍，其他商业性贷款利率下限保持 0.9 倍不变。（3）自 2012 年 6 月 8 日起将金融机构存款利率浮动区间的上限调整为基准利率的 1.1 倍；将金融机构贷款利率浮动区间的下限调整为基准利率的 0.8 倍。（4）自 2012 年 7 月 6 日起将金融机构贷款利率浮动区间的下限调整为基准利率的 0.7 倍。个人住房贷款利率浮动区间不作调整，金融机构要继续严格执行差别化的各项住房信贷政策，继续抑制投机投资性购房。（5）为进一步推进利率市场化改革，自 2013 年 7 月 20 日起全面放开金融机构贷款利率管制。取消金融机构贷款利率 0.7 倍的下限，由金融机构根据商业原则自主确定贷款利率水平。个人住房贷款利率浮动区间不作调整，仍保持原区间不变，继续严格执行差别化的住房信贷政策。取消票据贴现利率管制，改变贴现利率在再贴现利率基础上加点确定的方式，由金融机构自主确定。取消农村信用社贷款利率 2.3 倍的上限，由农村信用社根据商业原则自主确定对客户的贷款利率。

表 2-2　中国人民银行利率调整一览表

调整时间	活期存款利率（％）	活存调整幅度（百分点）	一年期存款基准利率（％）	一年期定存调整幅度（百分点）	一年期贷款基准利率（％）	一年期贷款调整幅度（百分点）
1990.04.15	2.88		10.08		10.08	

调整时间	活期存款利率（%）	活存调整幅度（百分点）	一年期存款基准利率（%）	一年期定存调整幅度（百分点）	一年期贷款基准利率（%）	一年期贷款调整幅度（百分点）
1990. 08. 21	2. 16	- 0. 72	8. 64	- 1. 44	10. 08	0. 00
1991. 04. 21	1. 80	- 0. 36	7. 56	- 1. 08	8. 64	- 1. 44
1993. 05. 15	2. 16	0. 36	9. 18	1. 62	9. 36	0. 72
1993. 07. 11	3. 15	0. 99	10. 98	1. 80	10. 08	0. 72
1995. 01. 01	3. 15	0. 00	10. 98	0. 00	10. 98	0. 90
1995. 07. 01	3. 15	0. 00	10. 98	0. 00	12. 06	1. 08
1996. 05. 01	2. 97	- 0. 18	9. 18	- 1. 80	10. 08	- 1. 98
1996. 08. 23	1. 98	- 0. 99	7. 47	- 1. 71	10. 08	0. 00
1997. 10. 23	1. 71	- 0. 27	5. 67	- 1. 80	8. 64	- 1. 44
1998. 03. 25	1. 71	0. 00	5. 22	- 0. 45	7. 92	- 0. 72
1998. 07. 01	1. 44	- 0. 27	4. 77	- 0. 45	6. 93	- 0. 99
1998. 12. 07	1. 44	0. 00	3. 78	- 0. 99	6. 39	- 0. 54
1999. 06. 10	0. 99	- 0. 45	2. 25	- 1. 53	5. 85	- 0. 54
2002. 02. 21	0. 72	- 0. 27	1. 98	- 0. 27	5. 31	- 0. 54
2004. 10. 29	0. 72	0. 00	2. 25	0. 27	5. 58	0. 27
2006. 04. 28	0. 72	0. 00	2. 25	0. 00	5. 85	0. 27
2006. 08. 19	0. 72	0. 00	2. 52	0. 27	6. 12	0. 27
2007. 03. 18	0. 72	0. 00	2. 79	0. 27	6. 39	0. 27
2007. 05. 19	0. 72	0. 00	3. 06	0. 27	6. 57	0. 18
2007. 07. 21	0. 81	0. 09	3. 33	0. 27	6. 84	0. 27
2007. 08. 22	0. 81	0. 00	3. 60	0. 27	7. 02	0. 18
2007. 09. 15	0. 81	0. 00	3. 87	0. 27	7. 29	0. 27
2007. 12. 21	0. 72	- 0. 09	4. 14	0. 27	7. 47	0. 18
2008. 09. 16	0. 72	0. 00	4. 14	0. 00	7. 20	- 0. 27
2008. 10. 09	0. 72	0. 00	3. 87	- 0. 27	6. 93	- 0. 27
2008. 10. 30	0. 72	0. 00	3. 60	- 0. 27	6. 66	- 0. 27
2008. 11. 27	0. 36	- 0. 36	2. 52	- 1. 08	5. 58	- 1. 08
2008. 12. 23	0. 36	0. 00	2. 25	- 0. 27	5. 31	- 0. 27

续表 2 - 2

调整时间	活期存款利率（%）	活存调整幅度（百分点）	一年期存款基准利率（%）	一年期定存调整幅度（百分点）	一年期贷款基准利率（%）	一年期贷款调整幅度（百分点）
2010. 10. 20	0. 36	0. 00	2. 50	0. 25	5. 56	0. 25
2010. 12. 26	0. 36	0. 00	2. 75	0. 25	5. 81	0. 25
2011. 02. 09	0. 40	0. 04	3. 00	0. 25	6. 06	0. 25
2011. 04. 06	0. 50	0. 10	3. 25	0. 25	6. 31	0. 25
2011. 07. 07	0. 50	0. 00	3. 50	0. 25	6. 56	0. 25
2012. 06. 08	0. 40	- 0. 10	3. 25	- 0. 25	6. 31	- 0. 25
2012. 07. 06	0. 35	- 0. 05	3. 00	- 0. 25	6. 00	- 0. 31
2013. 07. 20	0. 35	0. 00	3. 00	0. 00	6. 00	0. 00

但是，仅仅使用传统货币政策工具是不够的，因为传统货币政策在传导过程中可能会有较长的时滞。弗里德曼经过大量的实证研究认为，从货币增长率的变化到名义收入的变化需要6—9个月的时间，对物价产生影响要在此后6—9个月，而索洛和托宾等人认为时滞有6—10个月（伍海华，2002）。国内关于货币政策时滞的文献也是汗牛充栋，这里就不一一列举了。总之，由于传统的货币政策调控工具（利率、准备金）对经济变量的影响难以立竿见影，因此需要探寻时滞更短的工具搭配使用。另外，我国央行通过实际干预影响通胀预期的理论路径是：提高利率/准备金→紧缩货币量→降低通胀和通胀预期。但在开放经济背景下，单纯的加息政策可能会引起国际热钱的套利行为，而银行的超额准备金有可能削弱法定准备金的调节效果。因此，央行通过实际干预控制通胀预期的效果可能受到限制。近年来，各国央行普遍意识到央行信息披露亦即央行沟通日益成为一种新的货币政策调控工具（李云峰，2011；李相栋，2011）。中央银行借助信息披露可以消减经济主体所面临的不确定性，减少通胀预期以及实际通胀的波动（谢杰斌，2009）。西方发达国家使用货币政策公告操作，通过媒体或其他正式渠道向公众传达政策意图，修正经济主体的预期、影响

经济主体的决策，取得了良好的货币政策调控效果。那么，就我国当前的经济金融环境而言，管理、引导通胀预期到底是继续以传统的实际干预工具（存款准备金率调节、利率调节等）为主，还是将央行信息披露工具作为管理预期的工作重点，亦或将两者有机结合起来？本章将进行探索性的研究。

二、文献综述

中央银行信息披露是指中央银行向公众披露货币政策目标、货币政策策略、经济前景及未来货币政策意向等相关信息的过程（Blinder 等，2008）。它起因于货币政策制定部门与私人部门或公众之间存在着信息不对称，影响着公众通胀预期的形成和货币政策的执行效果。目前，国外已有诸多学者实证研究了央行信息披露对通胀预期的影响，大多数研究结果均显示信息披露工具可以作为通胀预期管理的有效手段。库特和珀森（Kutter & Posen，1999）使用面板数据方法研究了新西兰、英国、加拿大等采用通货膨胀目标制国家的中央银行信息披露程度与通货膨胀预期的关系，发现这些国家央行的信息披露工具都能够比较有效地引导公众通胀预期。类似地，乌尔里奇（Ullrich，2008）运用时间序列分析方法研究了欧洲央行信息披露对公众通货膨胀预期的影响，认为央行信息披露因素能够解释预期的形成。Lange、Sack & Whitesell（2003）研究发现自 20 世纪 80 年代末以来，金融市场能够更好地预测到 FOMC（联邦公开市场委员会）的货币政策变动及通胀走势，究其原因，除了利率变动的渐进特性外，美联储的信息披露也是极为重要的因素。也有学者将央行信息披露工具与传统的实际干预工具进行对比研究，发现信息披露工具在引导公众预期时具有优势。如克莱森和施密德（Kliesen & Schmid，2004）研究了美联储信息披露对主要宏观经济变量（包括公众预期）的冲击，结果发现虽然比预期更紧（更松）的货币政策出台会降低（抬升）居民的通胀预期，但是出乎意料的实际政策干预也会增加预期的不确定性，容易引起经济波动，而增加央行信息披露可以减小预期的不确定性。就这一点而言，央行信息披露工具的重要性不亚于传统货币政策工具。

从央行信息披露的内容来看，除了以上文献所述的央行通过预测当前及未来通胀水平以直接影响公众的通胀预期外，还可以直接向公众披露央行的货币政策规则函数，通过"授之以渔"的方式达到更好地稳定通胀预期的效果。这个领域的研究见于 Eusepi（2005），他发现中央银行公布其货币政策规则（货币政策反应函数）有助于改进经济主体对于经济运行的理解，稳定居民的通胀预期，保持整体经济的稳定运行，进而带来社会福利增进。相反，如果信息披露程度较低，经济主体的预期容易产生波动，宏观经济可能卷入由预期驱动的周期波动。随后，Eusepi（2008）将他的研究扩展到一个简单非线性经济系统，发现在非线性系统中，央行信息披露更为重要，央行缺乏信息披露可能导致经济陷入"经济萧条且通货紧缩"与"经济过热且通货膨胀"交替出现的"学习均衡困境"当中，而充分的央行信息披露可使经济紧密围绕在理性均衡附近。许多西方国家采用的通胀目标制可以通过央行信息披露的方式将央行的信念传递给公众，以稳定公众预期。研究通胀目标制对预期锚定的文献还有 Demertzis & Hoeberichts（2007）的研究，他们发现央行所披露并设定的通货膨胀目标作为一个名义锚，可以协调经济主体行为。只要经济系统的外生冲击不是太大或其他公共信息的精确度不高，都可以锚定通货膨胀预期。例如，澳大利亚、加拿大、新西兰和瑞典等国披露通货膨胀目标后，其通胀预期水平降低（Johnson，2003），说明央行披露的通胀目标作为公众的"聚点"，可以使经济主体之间的信息结构更趋向于"信息同质"状态，进而协调经济主体预期。除了通胀目标制规则，央行披露出的泰勒规则对通胀预期也有很好的引导效果。Poole & Rasche（2003）的研究发现，自从美联储1994年2月开始即时公布联邦基金利率目标后，经济主体的预期被央行更好地引导和管理，金融市场行为与 FOMC 的意图能更好地协调同步。

相对国外研究央行信息披露对通胀预期影响的大量文献，国内有关这方面的研究起步较晚，数量也不多。首先，是对于央行信息披露工具能否作用于通胀预期的研究。李相栋（2011）从中央银行管理预期的角度深入论证了央行信息披露的作用机制和披露兴起的内在原因，研究发现央行信息披露可以通过影响预期的方式调控经济。其次，已有的文献大多对央行信息披露在管理通胀预期时的作用持肯定态度。彭芸（2011）认为，成功的央行信息披露对于有效引导市场预期、促进币值稳定和金融稳定富有积极的意义。冀志斌、周先平（2011）认为央行信息披露可以作为我国货币政策的一种新工具，与传统工具的配合使用有利于提高货币政策的有效性。此外，国内也出现了相关的实证文献。李云峰（2012）采用2003—2009年的月度数据，利用 SVAR 模型对中央银行信息披露及实际干预在稳定通胀中的作用进行了实证研究，发现正的央行信息披露（声明未来将执行偏紧货币政策的消息）能有效降低通胀预期及实际通胀；而正的实际干预在短期内反而会抬升通胀预期和实际通胀。李云峰、李仲飞（2010）在现有文献研究的基础上，对美联储、英格兰银行和欧洲中央银行的信息披露内容、披露方式、披露时机和披露效果四个方面进行了比较分析，结果表明，尽管各国中央银行披露策略不一样，但都取得了很好的沟通效果。当然，也有部分学者认为我国央行信息披露在引导、管理通胀预期的效果方面可能存在一定的不足。虽然央行信息披露工具能够比较有效地引导公众预期，但央行的信息披露对公众通货膨胀预期及通货膨胀预期偏差的影响存在着一定的滞后（肖曼君、周平，2009）。陆蓓、胡海鸥（2009）针对中国人民银行信息沟通引导市场预期作用有限的现象，构建博弈模型，分析中央银行信息沟通的精确度和市场反应的特征及其相互关系，其研究表明，货币政策可信度越高，货币政策效果越好。而当央行信息披露精度不高，抑或公众对央行的信任度较低时，央行信息披露的通胀预期管理效果欠佳。

综合国外和国内的相关文献来看，多数文献的研究结果表明央行信息披露在引导、管理公众通胀预期方面是有积极效果的，与央行实际干预工具相比可能存在一定的优势。但由于央行信息披露的度量方式各不相同，有关央行信息披露有效性的实证结果亦不尽相同。

本章接下来的内容结构安排如下：第二节主要是央行信息披露对通胀预期影响的理论分析；第三节主要是对通胀预期和央行信息披露分别使用C-P概率转换法和措辞提取法进行量化分析；第四节主要在SVAR模型框架下研究央行信息披露、实际干预与其他各个宏观经济变量对通胀预期的影响；第五节是本章的结论与启示。

第二节　央行信息披露对通胀预期
影响的理论分析

莫里斯和辛（Morris & Shin，2002）借用凯恩斯的选美竞赛思想，深入研究了央行信息披露对经济人行为的引导作用。他们发现当央行信息披露这一公共信息不是很精确，而公众的个人信息较为精确时①，由于公共信息的"共性知识"特性，提高公共信息精准度不利于正确有效地引导居民预期，反而会使经济主体反应过度，造成福利损失；当公共信息较个人信息更准确时，进一步提高公共信息精准度更能使公众行动所参照的"聚焦点"得以明确，这样就有利于将公众预期往正确的方向上引导。

本章认为央行信息披露的有效性不仅取决于某一期央行信息披露的精准度，而且取决于历史各期披露的精准度及其形成的对信息披露的信任程度。比如，央行在信息披露中表达出了低通胀的偏好，但在随后的行动中未加以贯彻落实，抑或央行总是喜欢不符合实际地"轻描淡写"通胀波动的实际情况。当这些行为屡次发生时，公众会逐渐丧失对央行信息披露内

---

① 这里的个人信息是指市场参与者拥有的具有独占性质的市场知识，与央行存在隐瞒真实信息行为的"私人信息"相区别。

容的信任程度。公众形成思维定势之后，即使央行发布精准度较高的公共信息，公众也不会相信并采纳。届时，央行的信息披露对公众预期的引导将趋于无效。

莫里斯和辛（Morris & Shin，2002）的 M – S 模型假设行为人具有不同的个人信息，对有关经济基本面的看法不同，同时他们均可以观察到一个相同的噪声信号（即公共信息），这样每个行为人就会根据公共信息和个人信息做出通胀预期。我们基于 M – S 模型，添加了一个公众对央行信息披露的信任度函数，用以衡量央行信息披露对经济主体具体行为的影响程度。一般而言，央行信息披露的精度越高（包括央行对客观经济情况的认知精确、信息披露时不存在央行私人信息等），公众对信息披露越信任，信息披露的引导作用越明显。这样每个行为人就会根据公共信息、个人信息以及对信息披露的可信度做出通胀预期。我们假设经济主体均匀分布在 $[0,1]$ 之间，经济主体 i 选择一个具体行为 $a_i \in R$，用 a 代表所有参与者的行动，则参与者 i 的效用函数为：

$$u_i(a,\theta) = -(1-r)(a_i - \theta)^2 - r(L_i - \overline{L}) \qquad (2.1)$$

（2.1）式中，θ 为经济的基本状态参数；r 为外部性对效用影响的权重，$0 \leqslant r \leqslant 1$，$L_i = \int_0^1 (a_j - a_i)^2 \mathrm{d}j$，$\overline{L} = \int_0^1 L_j \mathrm{d}j$。这个效用函数由两部分构成，第一部分度量由经济主体行为 a_i，与经济基本状态 θ 之间差异所引起的福利损失，而第二部分则是度量由经济主体行为 a_i，与所有参与者平均行为 $\overline{a}$ 之间差异所引起的福利损失，即参与者都有着一种试图推测其他个体的行动并尽量与大众保持一致的动机，经济主体 i 越不合群，其所遭受的这项福利损失越大。因此，r 度量的即是这种协调群体行为、追随大众风潮的从众动机，r 越大表明经济个体越看重与大众协调一致，r 越小则表明经济个体更为看重与经济基本面保持一致（谢杰斌，2009）。整个社会福利函数定义为个人效用的平均值，因此有（经标准化处理）：

$$W(a,\theta) = \frac{1}{1-r}\int_0^1 u_i(a,\theta)\mathrm{d}i = -\int_0^1 (a_i - \theta)^2 \mathrm{d}i \qquad (2.2)$$

从（2.2）式可以发现，经济个体试图推测其他个体行为的举动不会引起社会福利的变化，决定社会福利的只是个体行动与经济基本状态的逼近程度。根据上述社会福利函数，只有所有经济主体 i 都选择行为 $a_i = \theta$ 时才会实现社会最优。但从经济主体 i 自身来看，其最优行为由下式决定：

$$a_i = (1 - r)E_i(\theta) + rE_i(\bar{a}) \qquad (2.3)$$

（2.3）式由对（2.1）式求一阶导数所得，其中 $\bar{a}$ 为所有经济主体的平均行动，即 $\bar{a} = \int_0^1 a_j \mathrm{d}j$，$E_i(\cdot)$ 为经济主体 i 根据其信息集所得出的期望。显然，当基本状态 θ 的取值是确定时，个人均衡行为与社会最优行为并不冲突；而当 θ 的取值不确定时，两者一般来讲并不相等，个人的理性行动最终将导致社会福利损失（谢杰斌，2009）。中央银行沟通通过作用于经济主体的信息结构而影响到经济主体行为。具体来说，中央银行与经济主体进行沟通时，经济主体面临着两种信息：一是公共信息 y。与莫里斯和辛（2002）以及陆蓓、胡海鸥（2009）不同的是，本书认为公共信息为：$y = \theta + \eta, \eta = \eta_1 + \eta_2$，其中 $\eta_1 \sim N(0, \sigma_{\eta_1}^2)$ 表示由于央行自身认识能力不足造成的对经济基本面的理解偏差，$\eta_2 \sim N(0, \sigma_{\eta_2}^2)$ 表示央行对通胀"轻描淡写"的偏好而向行为人隐瞒的私人信息，记 $\sigma_\eta^2 = \sigma_{\eta_1}^2 + \sigma_{\eta_2}^2$，则 $\eta \sim N(0, \sigma_\eta^2), \alpha = \dfrac{1}{\sigma_\eta^2}$。二是个人信息 x_i。$x_i = \theta + \varepsilon_i$，$\varepsilon_i = N(0, \sigma_\varepsilon^2)$，$\beta = \dfrac{1}{\sigma_\varepsilon^2}$。$\alpha$ 和 β 分别表示公共信息和个人信息的精准度。对于接受公共信息 y 且拥有个人信息 x_i 的行为人而言，经济状态的预期值为 $E(\theta \mid y, x_i) = \dfrac{\beta x_i + \alpha y}{\alpha + \beta}$，预期其他行为人的信号为 $E(x_j \mid y, x_i) = E(\theta \mid y, x_i) = \dfrac{\beta x_i + \alpha y}{\alpha + \beta}$。公众和央行的博弈过程分为两步，一是央行先确定公共信息的精确度，以获取社会福利最大化；二是行为人根据个人信息、观察到的公共信息以及央行信息披露信任度进行决策，以获取个人效用最大化。

基于上述分析，可以进一步求得均衡解。一个简单的方法是假设决策行动是基于公共信息和个人信息的线性函数，并且线性均衡解是唯一均衡解。假设行为人的决策函数是：

$$a_j = \kappa x_j + (1 - \kappa)f(\sigma_\eta^2)y \tag{2.4}$$

（2.4）式中，κ 为常数，σ_η^2 是公共信息的不精确程度，央行信息披露信任度 $f(\sigma_\eta^2)$ 是披露误差 $\sigma_{i,\eta}^2$ 的单调递减函数，定义 $0 \leqslant f(\sigma_\eta^2) \leqslant 1$。M - S 模型描述的是未加 $f(\sigma_\eta^2)$ 项的情况，而本书考虑了央行信息披露不完全被公众所信任的情况。全体行为人平均行动的条件均值为：

$$E_i(\bar{a} \mid x_i, f(\sigma_\eta^2)y) = \kappa E(x_j \mid x_i, f(\sigma_\eta^2)y) + (1 - \kappa)f(\sigma_\eta^2)y$$

$$= (1 - \kappa)f(\sigma_\eta^2)y + \kappa \frac{\beta x_i + \alpha f(\sigma_\eta^2)y}{\alpha + \beta} \tag{2.5}$$

将（2.5）式代入（2.3）式，行为人 i 的最优决策行动为：

$$a_i = \frac{\beta[1 - r(1 - \kappa)]}{\alpha + \beta}x_i + \frac{\alpha + \beta r(1 - \kappa)}{\alpha + \beta}f(\sigma_\eta^2)y \tag{2.6}$$

比较（2.4）式和（2.6）式的系数，可得 $\kappa = \dfrac{\beta(1 - r)}{\alpha + \beta(1 - r)}$，因此：

$$a_i = \frac{\beta(1 - r)}{\alpha + \beta(1 - r)}x_i + \frac{\alpha}{\alpha + \beta(1 - r)}f(\sigma_\eta^2)y \tag{2.7}$$

从（2.7）式可以看出，当 $\alpha \to 0$，$f(\sigma_\eta^2) \to 0$ 或者 $\beta \to \infty$ 时，$a_i = x_i$，表明当央行信息披露极不精确、披露可信度极差或个人信息非常精确时，央行信息披露丧失预期引导功能且被忽略；当 $\alpha \to \infty$，$f(\sigma_\eta^2) \to 1$ 并且 $\beta \to 0$ 时，$a_i = y$，表明当央行信息披露非常精确且披露可信度很高、个人信息非常不精确时，那些接受央行信息披露的行为人将不考虑个人信息，亦即公众会听信央行的信息披露，中央银行可以通过信息披露工具实现对居民通胀预期的引导和管理。

第三节　通胀预期和央行信息披露的量化

一、通胀预期的量化

中国人民银行为了准确把握居民通胀预期变动，以此调控宏观经济金融运行，从 1995 年开始，每年的 2 月、5 月、8 月、11 月进行"城镇储户问卷调查"。该调查在全国 58 个（大、中、小）调查城市中选定 464 个储蓄网点，在每个调查网点随机抽取 50 名储户作为调查对象。自 2009 年开始，调查城市数量改为 50 个，储蓄网点数量改为 400 个。"城镇储户问卷调查"中关于物价预期的问题为"您对近期市场物价趋势的看法"（1995—1999 年）、"您预计未来 3 个月物价水平将比现在"（2000 年以来），候选回答分别为"会迅速上升；会基本稳定；会略有下降""上升；基本不变；下降"。2009 年 2 季度以前，央行把认为未来物价会迅速上升的人数比例减认为物价会下降的人数比例作为未来物价预期指数。由于这种方法忽略了"基本不变"的人数比例，因此从 2009 年 3 季度开始，央行调整了未来物价预期指数的构建方法，通过分别赋予"上升""基本不变""下降"选项"1""0.5""0"三种权数，将加权求和的结果作为未来物价预期指数。

通过上述调查方法，可以得到关于通胀预期的趋势化数据。但由于这一调查属于定性调查，居民只被问及预期通胀率的"上升""持平""下降"，而没有被问及具体预期通胀率的数值大小，因此要通过一定的数学方法将定性数据转为定量数据，以便进行深入分析和研究。本章参考 Carlson & Pakin（1975）的概率法对居民预期通货膨胀率进行定量估计。这种方法有如下假定：（1）被调查者的预期通胀率服从某种概率分布，并且这种分布会决定其问卷作答；（2）如果被调查者的预期通胀率在以 0 为中心

的区间 $(-a, a]$ 内，他将选择回答"基本不变"，这个区间称为"敏感性区间"。

我们设 $t-1$ 期诸多被调查者对 t 期的预期通胀率为一个随机变量 x_t^e，设 x_t^e 的概率密度函数是 $f_t(x)$，最终形成的预期通胀率 π_t^e 是该分布的期望值，亦即 $\pi_t^e = E(x_t^e)$。则 x_t^e 大于 a_t 的概率是"认为 t 期物价上升"人数的比例 R_t；x_t^e 小于 $-a_t$ 的概率是"认为 t 期物价下降"的人数比例 F_t；x_t^e 在区间 $(-a_t, a_t]$ 之间的概率是"认为 t 期物价基本不变"的人数比例 N_t，即：

$$P(x_t^e > a_t) = R_t \qquad (2.8)$$

$$P(x_t^e \leqslant -a_t) = F_t \qquad (2.9)$$

$$P(-a_t < x_t^e \leqslant a_t) = N_t \qquad (2.10)$$

我们假设预期通胀率服从正态分布，均值则为 π_t^e，（2.8）式、（2.9）式可改写为：

$$P\left(\frac{x_t^e - \pi_t^e}{\sigma_t^e} > \frac{a_t - \pi_t^e}{\sigma_t^e}\right) = P\left(Z_t > \frac{a_t - \pi_t^e}{\sigma_t^e}\right) = R_t \qquad (2.11)$$

$$P\left(\frac{x_t^e - \pi_t^e}{\sigma_t^e} \leqslant \frac{-a_t - \pi_t^e}{\sigma_t^e}\right) = P\left(Z_t \leqslant \frac{-a_t - \pi_t^e}{\sigma_t^e}\right) = F_t \qquad (2.12)$$

其中，σ_t^e 为 x_t^e 的方差，$Z_t = \dfrac{x_t^e - \pi_t^e}{\sigma_t^e}$ 是标准正态分布的随机变量。设 $\Phi(\cdot)$ 是标准正态分布的累积分布函数，令 $z_1(t) = \Phi^{-1}(F_t), z_2(t) = \Phi^{-1}(1 - R_t)$，则 $\dfrac{-a_t - \pi_t^e}{\sigma_t^e} = z_1(t), \dfrac{a_t - \pi_t^e}{\sigma_t^e} = z_2(t)$。可解得：

$$\pi_t^e = \frac{a_t[z_1(t) + z_2(t)]}{z_1(t) - z_2(t)} \qquad (2.13)$$

为了得到具体数值，Carlson & Pakin（1975）进一步假定 $[-a_t, a_t]$ 不随时间变化，亦即 $[-a_t, a_t] = [-a, a]$，且在样本期内，通胀率的平均值与预期通胀率的平均值相等，$\dfrac{1}{T}\sum_{t=1}^{T}\pi_t = \dfrac{1}{T}\sum_{t=1}^{T}\pi_t^e$，即公众在预期通胀时不会犯系统性错误。由（2.13）式可得：$\sum_{t=1}^{T}[z_1(t) + z_2(t)]a_t =$

$\sum\limits_{t=1}^{T} \pi_t^e [z_1(t) - z_2(t)]$，进而解得 $a \equiv a_t = \dfrac{\sum\limits_{t=1}^{T} \pi_t}{\sum\limits_{t=1}^{T} \dfrac{z_1(t) + z_2(t)}{z_1(t) - z_2(t)}}$，代入

（2.13）式，即可得出预期通胀率序列。

按照上述估计方法，利用我国央行各期《全国城镇储户问卷调查综述》中的数据，可计算出我国城镇居民的预期通胀率。本章搜集并整理了2001年2季度（2001年3—5月）至2012年1季度（2011年12月—2012年2月）的预期未来3个月内物价上涨和下降的人数比例数据，并对缺失数据进行了插补①。通过正态分布假设下的 C－P 概率转换法进行数据处理后，可计算出通胀预期率序列，将其与实际通胀率序列进行 X12 加法季节调整后作图，如图 2－1 所示②。

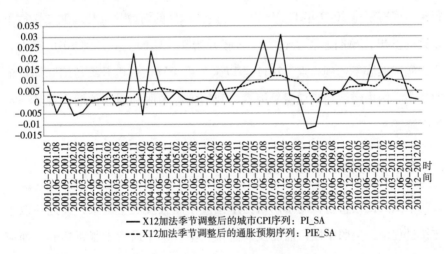

—— X12加法季节调整后的城市CPI序列：PI_SA
--- X12加法季节调整后的通胀预期序列：PIE_SA

图 2－1　实际通胀率与预期通胀率对比图

---

① 数据来自于央行各季度发布的《储户问卷调查》以及各期《金融时报》。

② 依照张蓓（2009）的观点，为了与预期通胀率指标相匹配，实际通胀率指标的选择必须注意：第一，由于未来物价预期的调查范围是城镇居民，因此通胀率指标应选择城市 CPI，而不是CPI；第二，由于通胀预期是对未来3个月来说的，因此选取城市 CPI 的季度环比数据；第三，城镇储户问卷调查每年在2月、5月、8月、11月中旬在全国选定的网点同时调查，因此分别采用3—5月、6—8月、9—11月、12—次年2月的月度环比连乘得到季度环比数据；第四，将 t 期对未来3个月的物价预期称为第 $t+1$ 期的通胀预期。

由图 2 - 1 可以看出，预期通胀率与实际通胀率的总体走势基本吻合，但预期通胀率的变化幅度小于实际通胀率的变化幅度。从 2001 年 2 季度开始一直到 2003 年 3 季度，预期通胀率保持较低水平的稳定态势，实际通胀率围绕预期通胀率水平在小范围内上下波动。但到了 2003 年 4 季度，实际通胀率出现突然上升，这种意料之外的变化显然未能被公众预知，但公众很快调整了预期，在 2004 年 1 季度实际通胀率回落之时，通胀预期上升并超过了实际通胀率；随后在 2004 年 2 季度实际通胀率回升之时，通胀预期受前一期高估实际通胀的影响而下降，有适应性预期的特点。此后的实际通胀率有所回调，但历经几次较高的实际通胀后，居民的通胀预期维持在较高水平上，并在 2006 年 4 季度后随着实际通胀率的震荡上升而走高。直到 2008 年 1 季度达到顶点后，受全球金融危机的影响而迅速下降。2008 年 4 季度特别是 2009 年 1 季度以后，由于积极的财政政策和适度宽松货币政策的推出，预期通胀率和实际通胀开始新一轮的上升，到 2010 年 4 季度，实际通胀率达到高点。2011 年以来，由于欧债危机升级、国际局势依旧动荡、国内经济增长放缓等因素，我国实际通胀和通胀预期出现了一定的下降趋势。

二、央行信息披露的量化

中国人民银行行长周小川认为中国属于新兴发展中国家，又处在改革转轨过程中，按照中国目前的发展阶段，不宜采用通货膨胀目标制，而应重视货币供应量指标①。在央行政策目标多元化的情况下，尤其是承担促进经济增长这一目标时，通胀目标往往让位于保证经济的发展速度，其只是央行一厢情愿的想法而已，不能反映央行对未来通胀水平的预期。既然我国央行的通胀目标不能代表央行真实的预测，那么采用什么办法衡量央行关于未来通胀的预测呢？我们认为，央行对未来物价走势的预测会通过

---

① 摘自 2006 年 12 月 12 日《第一财经日报》。

发布货币政策执行报告的方式向公众传达出来，我国央行按季度发布的货币政策执行报告具有较为固定的格式，不仅包括了央行对近期经济形势的描述和预测，也包括了下一阶段央行拟采取的调控措施。我们假定公众会综合考虑这两部分的文字表述形成通胀预期，过热的经济形势描述及预测会助涨公众预期，而与此同时，强有力的从紧调控措施披露会缓和公众上升的通胀预期，两者叠加后会形成一个央行总的预期态度并传达给公众。央行在货币政策执行报告中虽然没有提及确切的通胀预期率数值，但是我们可以借鉴 Friedrich Heinemann & Katrin Ullrich（2005）的措辞提取办法，统计央行预测通胀的措辞频率变化，合成央行的信息披露指数 WI，本书设定 WI 的数值越高，央行所披露的通胀预期越低①。

　　结合我国的实际情况和本章研究需要，我们列出 2001 年 1 季度（2001年 5 月发布）至 2011 年 4 季度（2012 年 2 月发布）的总计 44 期《中国货币政策执行报告》正文部分中人民银行解释未来货币政策趋势的各项典型措辞，并统计各个措辞在每期报告中出现的频率②。为了筛选出有效传达央行通胀预期的措辞，我们根据货币政策实际执行情况（利率、法定准备金率及公开市场业务）将其分为政策扩张、政策中性、政策紧缩三类时期。然后利用 F－检验统计分析这些措辞在不同货币政策时期出现频率是否不同，如果 F－检验统计量显示在 10% 的水平上是显著不同的，那么这些措辞将有可能被用来建立央行信息披露指数。构建"央行信息披露指数"的步骤如下：

---

　　①　这样定义方便下文做出通胀预期对来自 WI 的一个正的标准差冲击（央行披露出较低的通胀预期）的脉冲响应图。

　　②　2001 年 1 季度（2001 年 5 月 14 日发布）的中国货币政策执行报告将影响 2001 年 5 月下旬进行的 2001 年 2 季度储户问卷调查，2001 年 2 季度（2001 年 7 月 16 日发布）的中国货币政策执行报告将影响 2001 年 8 月下旬进行的 2001 年第 3 季度储户问卷调查。以此类推，我们发现 t 期报告的发布将影响 $t+1$ 期的问卷调查基本符合实际。

1. 阅读各期货币政策执行报告，系统整理可能反映央行通胀预期的措辞

从表 2-3 可以看出，反映央行具有高通胀预期的措辞表述有：通胀风险、通货膨胀风险、通胀压力、通货膨胀压力等 12 种表述。由于这些表述的含义大致等价，我们将其等权重地计入通胀措辞个数。反映央行具有通货紧缩担忧的措辞表述有：价格下降和物价走低，这两者的含义也大致等价。此外，"不确定性"这一措辞经常出现于经济低迷，或者有下行风险的时期。"政策从紧"措辞是指央行面对经济过热的情况时，采取反向的经济操作，收紧流动性而经常提到的词汇，包括从紧、收紧两个含义基本等价的词语。其他可能的典型措辞还有："稳健""上调""下调"以及"扩大内需"。图 2-2 显示了各种措辞在不同货币政策执行区制中出现的频率。例如，通胀措辞在经济过热、货币政策紧缩时期出现的频率较高，在此时期的货币政策执行报告中平均出现次数达 33 次。

表 2-3 反映央行通胀预期的典型措辞表

措辞类型	措辞表述	措辞类型	措辞表述
通胀	通胀风险	通缩	价格下降
	通货膨胀风险		物价走低
	通胀压力	不确定性	
	通货膨胀压力	政策从紧	从紧
	价格上升		收紧
	价格上涨	稳健	
	上行压力	上调（利率或准备金）	
	上涨压力	下调（利率或准备金）	
	上行风险	扩大内需	
	加快上涨		
	物价上涨		
	物价上升		

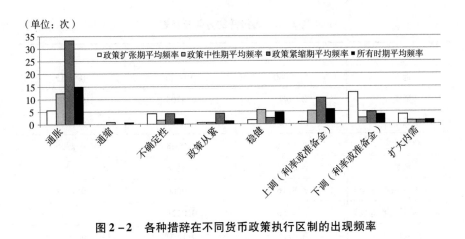

（单位：次）

图2－2　各种措辞在不同货币政策执行区制的出现频率

2. 使用方差分析对措辞进行筛选，保留有区分度的措辞

通过柱状图我们大致可以知道哪些措辞在不同区制下具有明显的区分度，可以作为建立"央行信息披露指数"的基础，但是还不能确定区分度不是很明显的措辞是否可以进入指数的建立。为此，我们拟对各个措辞展开 ANOVA 方差分析。方差分析是 20 世纪 20 年代发展起来的一种统计方法，在形式上方差分析比较的是多个总体均值是否相等，本质上是研究分类型自变量对数值型因变量的影响。更进一步地说，方差分析是通过对数据误差来源（随机误差、系统误差）的分析来判断不同总体之间的均值是否相等，进而分析自变量对因变量是否有影响。如果主要是组间的系统误差造成自变量显著，例如在本章中，某个措辞在不同的货币政策执行区制中出现的频率显著不同主要是由于货币政策执行区制不同造成的，那么这个措辞将予以保留，并作为构建"央行信息披露指数"的备选范围。从表 2－4 可以看出，通缩措辞、扩大内需在 10% 的显著性水平下不显著，其余措辞均在 10% 的显著性水平下显著，我们将显著的 6 种措辞保留并将其作为构建央行信息披露指数的备选措辞。

表2-4 各措辞的方差分析表

措辞类型	F 统计值	显著度	η^2
通胀	11.6080	0.0000	0.3615
通缩	0.7680	0.4705	0.0361
不确定性	11.0623	0.0001	0.3505
政策从紧	6.1111	0.0048	0.2296
稳健	5.0848	0.0106	0.1987
上调（利率或准备金）	3.8816	0.0286	0.1592
下调（利率或准备金）	3.1786	0.0521	0.1342
扩大内需	2.0715	0.1390	0.0918

注：η^2 = 组间离均差平方和/总离均差平方和。

3. 对不同区制中的措辞频率进行两两比较，进一步筛选出有效措辞

由于 ANOVA 可以估计所有组间的差异性，但没有给出三个区制中的两两差异性，我们进一步对各个措辞进行两两区制下频率的对比检验。区制 1、区制 2、区制 3 分别代表政策扩张期、中性期和紧缩期。通过两两比对我们发现，"不确定性"和"稳健"两个措辞是不能入选指数构建的。以不确定性为例，扩张期与中性期措辞频率平均差为正且显著，而中性期与紧缩期措辞频率平均差为负且显著，在政策逐渐趋紧的过程中该措辞频率变化不具有单调性，也就是说该措辞不能有效地反映货币政策执行的基调和经济运行状态。"稳健"一词也有类似的情况。因此，我们最终选择"通胀""政策从紧""上调（利率或准备金）""下调（利率或准备金）"四种措辞来构建"央行信息披露指数"。对于"通胀""下调（利率或准备金）"来说，其频率越高意味着央行传递给公众的通胀预期越高；对于"政策从紧""上调（利率或准备金）"来说，其频率越高意味着央行传递给公众的通胀预期越低。

表 2 - 5　各措辞频率两两区制比较

措辞类型	区制 (I)	区制 (J)	平均差 (I - J)	显著性水平	措辞类型	区制 (I)	区制 (J)	平均差 (I - J)	显著性水平
通胀	1	2	- 6. 74	0. 26	稳健	1	2	- 4. 08	0. 02*
	1	3	- 27. 64	0. 00*		1	3	- 0. 93	0. 64
	2	3	- 20. 9	0. 00*		2	3	3. 15	0. 02*
不确定性	1	2	2. 64	0. 00*	上调	1	2	- 4. 43	0. 15
	1	3	0. 11	0. 91		1	3	- 9. 54	0. 01*
	2	3	- 2. 54	0. 00*		2	3	- 5. 1	0. 04*
政策从紧	1	2	- 0. 02	0. 99	下调	1	2	10. 2	0. 02*
	1	3	- 3. 64	0. 03*		1	3	7. 79	0. 12
	2	3	- 3. 63	0. 00*		2	3	- 2. 41	0. 46

注："*"表示在 5% 的显著性水平下显著。

4. 构建央行信息披露指数

我们以 η^2 作为各项措辞的权重，将各期措辞出现频率做标准化处理，并对加权、确定正负后的每一期的各个措辞次数求和，得出央行信息披露指数时间序列。指数的构建如下：

$$WI_t = \sum_{i=1}^{k} \frac{nobs(x_{i,t}) - meanobs(x_i)}{stdv(x_i)} sign(x_i) \eta^2(x_i) \qquad (2.14)$$

其中，WI 为央行信息披露指数，$nobs(x_{i,t})$ 代表措辞 i 在 t 期的出现频率；$meanobs(x_i)$ 为措辞 i 在各期出现频率的均值；$stdv(x_i)$ 表示措辞 i 在各期出现频率的标准差；$sign(x_i)$ 为措辞 i 的符号，显然措辞为"通胀"、"下调（利率或准备金）"时取负值，措辞为"政策从紧"、"上调（利率或准备金）"时取正值；$\eta^2(x_i)$ 为措辞 i 所占的权重。通过（2.14）式我们可以清楚地看出，越高的 WI 意味着央行披露的通胀预期越低。央行披露的预期水平的不同势必会对居民的通胀预期产生重要影响。图 2 - 3 显示了合成后的央行信息披露指数的走势。

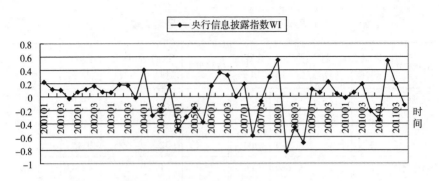

图 2 - 3   央行信息披露指数 WI 走势图

第四节   基于 SVAR 模型的我国通胀
预期形成机制分析

一、分析方法说明——SVAR 模型

SVAR 模型是基于向量自回归（VAR）模型的一种改进模型。虽然 VAR 模型在很多宏观经济时间序列分析的文献中应用广泛，但自身也存在着一些问题。VAR 模型没有给出变量之间当期的相关关系，即在方程的右边不包括内生变量的当期值，而这些当期相关关系隐藏在随机扰动项之中，这个随机扰动项也就是我们通常所说的新息向量。在这种情况下，会导致脉冲响应函数的经济含义模糊不清。如果只是用模型做预测，VAR 模型中的新息构成是不重要的，但是如果要区分不同冲击的影响，就必须从经济理论出发，对 VAR 模型的新息进行分解，获得结构性新息。这种对 VAR 模型进行结构性分解的方法就是 SVAR 模型。

下面考虑 k 个变量的 SVAR 模型，p 阶结构向量自回归模型 SVAR（p）表示为：

$$By_t = A_1 y_{t-1} + A_2 y_{t-2} + \cdots + A_p y_{t-p} + \Lambda x_t + \mu_t, t = 1,2,\cdots,T$$

$$(2.15)$$

其中，$B = \begin{pmatrix} 1 & b_{12} & \cdots & b_{1k} \\ b_{21} & 1 & \cdots & b_{2k} \\ \vdots & \vdots & \ddots & \vdots \\ b_{k1} & b_{k2} & \cdots & 1 \end{pmatrix}$ 是一个 $k \times k$ 的方阵，其主对角线元素

为 1，反映了内生变量在当期的相互作用；$A_i = \begin{pmatrix} a_{11}^i & a_{12}^i & \cdots & a_{1k}^i \\ a_{21}^i & a_{22}^i & \cdots & a_{2k}^i \\ \vdots & \vdots & \ddots & \vdots \\ a_{k1}^i & a_{k2}^i & \cdots & a_{kk}^i \end{pmatrix}, i = 1,$

$2,\cdots,p;x_t$ 是外生变量，Λ 是 x_t 的系数矩阵；$\mu_t = (\mu_{1t},\mu_{2t},\cdots,\mu_{kt})'$ 是白噪声向量。在矩阵 B 可逆的情况下，在（2.15）式两边同时乘以 B^{-1} 可以将结构式 VAR 转化为无约束 VAR：

$$y_t = B^{-1}A_1 y_{t-1} + B^{-1}A_2 y_{t-2} + \cdots + B^{-1}A_p y_{t-p} + B^{-1}\Lambda x_t + B^{-1}\mu_t$$

$$= C_1 y_{t-1} + C_2 y_{t-2} + \cdots + C_p y_{t-p} + \Omega x_t + \varepsilon_t, t = 1,2,\cdots,T \quad (2.16)$$

其中，$C_i = B^{-1}A_i, i = 1,2,\cdots,p, \Omega = B^{-1}\Lambda, \varepsilon_t = B^{-1}\mu_t = (\varepsilon_{1t},\varepsilon_{2t},\cdots,\varepsilon_{kt})'$。我们可以利用估计得到的简化式对结构矩阵 B 中的元素进行估计，但（2.16）式中残差的方差协方差矩阵只能提供 $\frac{n^2+n}{2}$ 个参数约束信息，而完全估计 B 则需要 n^2 个约束，这将导致分析者不能完全识别内生变量冲击，应该再添加 $\frac{n^2-n}{2}$ 个约束。

二、样本选取与数据处理说明

除通胀预期 π^e 本身以外，本节选择影响预期的变量有：（1）央行信息披露指数 WI；（2）实际干预变量：M_2 增长率、一年期基准贷款利率、

65

法定准备金率；（3）其他宏观经济变量：通胀代理变量（城市 CPI）、资产价格代理变量（房地产销售价格指数）、工业增加值缺口①、国际能源价格代理变量（WTI）。其中 WTI 为外生变量，其余均为内生变量。由于城镇储户调查时间为每年的 2 月、5 月、8 月、11 月，因此内生变量应选取 3—5 月、6—8 月、9—11 月、12—次年 2 月的月度环比连乘得到的季度环比数据；由于 B 矩阵无法对 WTI 进行约束，因此外生变量 WTI 选择滞后一期数据以避免存在 t 期 WTI 无法影响 t 期通胀预期这一问题。本章研究的样本区间为 2001 年 2 季度（2001 年 3—5 月）—2012 年 1 季度（2011 年 12 月—2012 年 2 月）。为消除可能的季节因素，所有变量还须经过 X12 加法季节调整。

表 2—6　数据的平稳性检验

变量	检验类型	ADF 值	P 值	结论
π^e	$(c, t, 0)$	−2.091	0.536	非平稳
	$(c, 0, 0)$	−2.039	0.270	
	$(0, 0, 0)$	−0.840	0.346	
Ln π^e	$(c, 0, 0)$	−3.428	0.015	平稳
WI	$(c, 0, 0)$	−5.656	0.000	平稳
M_2 增长率	$(c, 0, 0)$	−5.443	0.000	平稳
一年期基准贷款利率	$(c, 0, 0)$	−2.962	0.048	平稳
法定准备金	$(c, t, 0)$	−2.266	0.442	非平稳
	$(c, 0, 0)$	0.682	0.990	非平稳
	$(0, 0, 0)$	2.933	0.999	非平稳
D（法定准备金）	$(0, 0, 0)$	−3.916	0.000	平稳
城市 CPI	$(c, 0, 3)$	−4.042	0.003	平稳
房地产销售价格指数	$(0, 0, 0)$	−2.336	0.021	平稳

---

① 虽然 GDP 缺口是一个能较好衡量增需求的代理变量，但是我国目前的 GDP 没有月度数据，而工业增加值有月度数据，因此采用工业增加值来替代 GDP。通过 HP 滤波估计潜在工业增加值，工业增加值缺口 =（实际工业增加值 − 潜在工业增加值）/潜在工业增加值。

续表 2 – 6

变量	检验类型	ADF 值	P 值	结论
工业增加值缺口	$(c, 0, 0)$	– 5.603	0.000	平稳
WTI 价格增长率	$(c, 0, 0)$	– 5.938	0.000	平稳

注：(c, t, m) 中的 c、t、m 分别表示 ADF 检验过程中的截距项、趋势项和滞后阶数。

三、数据的平稳性检验

在构建 SVAR 模型之前，首先对 π^e、央行信息披露指数 WI、M_2 增长率、1 年期基准贷款利率、法定准备金率、城市 CPI、房地产销售价格指数、工业增加值缺口、WTI 价格增长率序列进行 ADF 平稳性检验（见表 2 – 6）。序列 π^e 在三种检验类型下 P 值均大于 0.1，说明在 90% 的置信水平下均接受原假设，即存在单位根，序列非平稳。对 π^e 进行对数处理后 P 值为 0.015，说明在 95% 的置信水平下拒绝原假设，即不存在单位根，对数化后的序列平稳。法定准备金序列为一阶单整序列，因此将其一阶差分后进入 SVAR 建模。在对其余序列进行 ADF 检验时发现 P 值均小于 0.05，为平稳序列，可以直接进入 SVAR 建模。

四、SVAR 模型的识别

本部分对 Ln π^e、WI、M_2 增长率、1 年期基准贷款利率、法定准备金率（D）、城市 CPI、房地产销售价格指数、工业增加值缺口 8 个内生变量及 1 个外生变量 WTI 建立 SVAR 模型①。首先根据滞后阶准则选择滞后阶数为 1，建立 SVAR（1）模型。经检验 VAR 系统的特征根全部在单位圆内，说明模型稳定，滞后阶数选择合理。由于内生变量共有 8 个，因此要

①　笔者同时对该模型做了稳健性检验，发现在除去 WTI 价格增长率、房地产销售价格指数、WI 等变量后通胀预期对来自其余重要经济变量的冲击响应基本不变，SVAR 模型稳健性较好。

对矩阵 $B = \begin{pmatrix} 1 & b_{12} & b_{13} & b_{14} & b_{15} & b_{16} & b_{17} & b_{18} \\ b_{21} & 1 & b_{23} & b_{24} & b_{25} & b_{26} & b_{27} & b_{28} \\ b_{31} & b_{32} & 1 & b_{34} & b_{35} & b_{36} & b_{37} & b_{38} \\ b_{41} & b_{42} & b_{43} & 1 & b_{45} & b_{46} & b_{47} & b_{48} \\ b_{51} & b_{52} & b_{53} & b_{54} & 1 & b_{56} & b_{57} & b_{58} \\ b_{61} & b_{62} & b_{63} & b_{64} & b_{65} & 1 & b_{67} & b_{68} \\ b_{71} & b_{72} & b_{73} & b_{74} & b_{75} & b_{76} & 1 & b_{78} \\ b_{81} & b_{82} & b_{83} & b_{84} & b_{85} & b_{86} & b_{87} & 1 \end{pmatrix}$ 添加 $\dfrac{8^2 - 8}{2} = 28$ 个约

束。基于经济理论及我国实际制度环境,设定识别条件如下:

第一,由于 1 季度的货币政策执行报告要在当年 5 月份才能够对外披露,因此对 2 月所做的预期调查以及 3—5 月的宏观经济数据不存在影响,因此有 $b_{18} = b_{28} = b_{38} = b_{48} = b_{58} = b_{68} = b_{78} = 0$;

第二,由于 t 期的预期在 $t-1$ 期形成,不受 t 期的各个经济变量的影响,因此 $b_{12} = b_{13} = b_{14} = b_{15} = b_{16} = b_{17} = 0$;

第三,考虑到当期的 M_2 增长率、利率、准备金变化对 CPI、产出影响存在时滞,因此 $b_{25} = b_{26} = b_{27} = b_{45} = b_{46} = b_{47} = 0$;

第四,假设 t 期城市 CPI、房地产销售价格指数、工业增加值缺口对 t 期的 M_2 增长率影响较小,则 $b_{52} = b_{53} = b_{54} = 0$;

第五,假设央行对利率、准备金的调节有一定的认识时滞,不因当期居民通胀预期变化而调整,在当期不受其他实际干预变量的影响,即 $b_{61} = b_{65} = b_{67} = b_{71} = b_{75} = b_{76} = 0$。

为了检验识别的稳健性,我们还采用 Cholesky 分解建立递归形式的短期约束对 B 矩阵进行下三角识别(Yash P. Mehra & Christopher Herrington,2008),发现脉冲响应图与基于经济意义识别的脉冲响应图基本一致,说明了所建立的 VAR 系统识别具有稳健性。

五、通胀预期决定因素的脉冲响应分析

在图 2-4 所示的脉冲响应图中，横轴表示冲击发生的时间间隔，我们选取脉冲响应函数的滞后期为 10 个季度，纵轴表示变量受到 1 个标准差信息冲击的响应程度，虚线表示 1 倍标准差的置信区间。Shock1—Shock8 分别给出了通胀预期对来自本身、央行信息披露指数 WI、M_2 增长率、1 年期基准贷款利率、法定准备金（D）、城市 CPI、房地产销售价格指数、工业增加值缺口的 1 个正向标准差冲击的脉冲响应。

居民通胀预期对于其自身的冲击反映最为迅速，程度也最为剧烈。对于自身 1 个正的标准差的新息冲击响应在第 1 期最大，随后逐渐衰减，正的影响作用大约持续 4 个季度，之后效应开始转为负值。

来自央行信息披露指数的 1 个正的标准差的冲击（央行披露出较低的通胀预期）会从第 1 期开始对通胀预期产生负向的影响，2 个季度之后，负向影响逐渐加强并稳定在一定的水平。

来自 M_2 增长率 1 个正的标准差的新息冲击对通胀预期在当期就有正向的冲击作用，大概第 3 个季度达到峰值，随后开始衰减，大约 6 个季度后衰减为 0 并转为负值。

一年期基准贷款利率的 1 个正的标准差冲击在第 1 个季度之内不能有效地使预期下降，却对通胀预期有着微弱的正向作用，在第 1 个季度以后负向作用才突显出来并逐渐加强。从长期观察来看，利率的变化对通胀预期的影响程度最大，使用时要审慎，以防调整过度带来副作用。

准备金变化率的 1 个正的标准差冲击会在第 1 季度对通胀预期产生正向影响，并于第 2 季度达到峰值，在第 3 季度后才会出现负向影响，且负向的作用效果不及央行信息披露。这说明通过准备金的调节来稳定预期具有较长滞后性，单独使用时效果有限。

通胀预期对来自城市 CPI 1 个正的标准差的新息冲击在当期有正向反应，之后逐渐加强，并在第 1 季度末达到最大值。从第 2 季度开始冲击效

Response to Structural One S.D. Innovations ± 2 S.E.

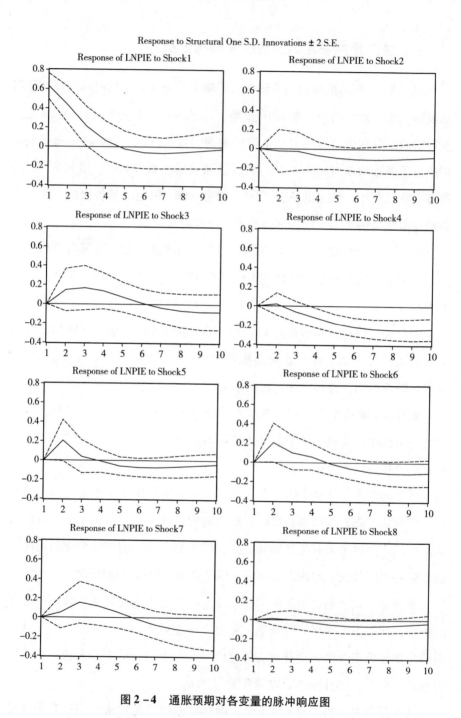

图2-4　通胀预期对各变量的脉冲响应图

应开始减弱，大约在 4 个季度后衰减为 0 并转为负值。

房地产价格指数 1 个标准差的新息冲击对通胀预期在当期有正向的冲击作用，并在 2 个季度后达到峰值，随后正向效应逐渐减弱，大约在 5 个季度后衰减为 0 并逐渐转为负值。

工业增加值缺口 1 个正的标准差新息冲击对通胀预期有正向冲击作用，但正向冲击效应并不明显且在 2 个季度后逐渐转为负向作用。这说明虽然经济过热有可能拉升居民通胀预期，但是随后可能出现的政策调控会使过热的经济恢复正常水平。

第五节 结论与启示

本章在考虑各个宏观经济变量对居民通胀预期具有影响的基础上，使用 SVAR 模型实证检验了央行信息披露、实际干预两种政策工具在管理通胀预期时的效果。研究发现：

第一，我国居民通胀预期受城市消费价格指数以及房地产价格的影响较大，要重点关注这两个指标的变动情况，为管理通胀预期营造一个良好的宏观经济环境。

第二，央行通过发布货币政策执行报告能够减少中央银行决策层与私人部门之间的信息不对称，起到管理、引导通胀预期的作用，且时滞非常短。但正如本章由修正的 M - S 模型推导出的 (2.7) 式所示，由于我国央行信息披露的精确度可能不高，致使 σ_η^2 较大，$\frac{\alpha}{\alpha + \beta(1 - r)} f(\sigma_\eta^2)$ 较小，因此 a_i 受公共信息 y 的影响较小。从图 2 - 4 中第二幅脉冲响应图也可看出，通胀预期受信息披露的冲击较实际干预来说反应程度较小，说明我国央行信息披露工具在引导、管理通胀预期效果方面有一定的提升空间。央行可以通过披露更为准确的信息并努力做到言行一致，以提高 $f(\sigma_\eta^2)$ 的数值，扩大信息披露的影响力。

第三，实际干预工具中的利率调节对通胀预期在初期作用不明显，但在长期内作用显著；法定准备金的上调速度加快在短期内不能降低通胀预期，反而会加剧预期上升。

因此，就目前我国通胀预期管理而言，央行首先要加强对消费价格指数和房价的调控。消费价格指数反映了与居民日常生活息息相关的商品的价格，由于 CPI 的上升会直接影响到居民的日常生活开销，所以人们对日常消费品的价格非常敏感，央行要联合物价局等政府机构时时监测各类食品、日用品价格走势，打击物价炒作行为，稳定各类日常消费品的商品供给。其次，在稳定房价方面，要做好对房地产开发商的审计工作，严厉打击开发商暴利行为。继续稳步推进物业税开征工作，大力推进保障房建设，增加住房供给。再次，央行不能单一地依靠某种货币政策工具，而应综合发挥央行信息披露即时生效、长期内利率调节影响程度较强的优势，稳健地搭配使用信息披露和实际干预工具。在使用法定准备金调节工具时，切忌调节过快，以防止短期内对通胀预期管理产生负作用。我国央行既要加强自身对宏观经济走势的认知能力、判断分析能力，又要减小信息披露中的私人信息，通过提高信息披露的精确性树立央行的威信，以增强信息披露工具管理通胀预期的有效性，从而使通胀预期在短期和长期内都能得到良好的锚定。

第三章 公众学习、媒体信息披露 与通胀预期形成

在上一章中，我们主要分析了中央银行信息披露对公众通胀预期形成的影响，同时比较了信息披露与实际干预工具在引导公众通胀预期方面的差异。在目前我国普通民众的经济学素养普遍不够高的情况下，较为专业化的央行信息披露相对业内人士的通胀预期形成的影响应该更加显著，对普通社会公众而言，通俗易懂的媒体信息披露则对其预期形成有更为直接的影响。本章将继续沿袭上一章的分析思路，进一步分析媒体信息披露对通胀预期形成的影响，同时与央行信息披露进行对比，分析两类披露渠道在引导公众预期方面的差异。

第一节 研究概述

一、研究背景

通胀预期是公众对通货膨胀未来变动方向与幅度的事前估计，通胀预期的稳定程度对通胀和经济运行有着重要意义（Mishkin，2007）。2009 年 10 月 21 日，国务院常务会议提出把正确处理好保持经济平稳较快发展、调整经济结构和管理好通货膨胀预期的关系作为宏观调控的重点，首次明

确提出要"管理好通货膨胀预期"。央行在《2009 年第三季度中国货币政策执行报告》中也明确了注意管理好通货膨胀预期。对于通胀预期的形成方式，目前主要有两种观点：一种观点认为人们形成预期是根据以往的数据和经验来形成对未来的预期；另一种观点则认为，人们主要根据各方面信息，分析相关变量发展变化的可能，形成对未来的预期。因此，研究通货膨胀须首先厘清通胀预期的形成机制。与上一章不同的是，本章在综合考虑主要宏观经济变量对通胀预期影响的基础上，将重点分析媒体信息披露对公众预期形成的影响。

传统货币政策工具在管理通胀预期方面发挥了重要作用，2012 年，中国人民银行按照国务院统一部署，继续实施稳健的货币政策，灵活开展公开市场操作，两次下调存贷款基准利率，促进货币信贷合理适度增长。2012 年末，人民币贷款余额同比增长 15.0%，比年初增加 8.2 万亿元，贷款结构继续改善，但通胀预期仍然偏高。为进一步降低通胀预期，中央银行实行多种货币政策工具的组合，灵活运用价格型和数量型工具。一方面，在货币政策工具的选择上，根据实际情况通过降息、进一步扩大贷款利率下调幅度的方式来推动企业融资成本下降，同时，根据通胀缺口进行渐进式调整，提高利率政策的独立性、透明性，使利率政策规则趋于稳定；另一方面，央行运用汇率政策，增强人民币汇率弹性，留有足够的流动性储备，灵活使用利率和汇率调控工具，以此解决复杂多变的经济环境所带来的各类经济发展问题，有效控制投资需求的过快增长。

但是，仅仅依靠传统的货币政策工具往往是不够的，利率、准备金调整对宏观经济变量的影响存在一定的时滞性，因此需要利用更加有效的工具。现实生活中，公众对于当前物价水平的认知主要来源于两个方面：一是央行发布的货币政策执行报告，二是主流媒体如《人民日报》所报道的关于物价的信息。第二章主要针对第一个方面进行了研究，本章将从媒体信息传播渠道入手进行研究，进一步完善通胀预期形成机制理论。

二、文献回顾

通胀预期的形成过程除了受客观因素影响之外，也会受到主流媒体（广播电视、网络、报纸等）的舆论影响。媒体信息报道对公众通胀预期的影响可以用羊群效应解释，当媒体出现大量关于物价上涨的新闻时，一部分公众会形成未来通胀将上升的感受，从而影响自身通胀预期形成。因此，媒体的报道大多被当作是对公众通胀预期形成的一种客观描述。但公众没有充分、主动的舆论话语权，媒体报道只是帮助塑造了公众预期的形成。

关于媒体报道的信息传递以及对公众通胀预期形成的影响，西方国家着手研究的时间比较早，如 Blinder & Krueger（2004）放松了对消费者信息最大化以及理性经济人的假设，重点研究了新闻媒体对于信息传递以及对消费者通胀预期的影响。他们在对美国居民的一个随机样本采访中发现，电视和报纸是获取经济信息最重要的两种途径，且这两种途径对于消费者预期的形成有重要影响。Carroll（2003）发现当媒体加大有关通胀信息的报道时，消费者会更加关注这些报告，使用最新的信息更新自身的通胀预期，从而提高消费预期。因此，媒体有关物价上涨的报道与消费者通胀预期形成具有正向关系，关于通胀报道的数量越多，消费者读到关于物价内容的可能性就会越大，并且他们通过全面的信息更新预期的可能性也就越大。

Doms & Morin（2004）的研究表明，消费者通胀预期的形成除了受经济基本面影响之外，还与媒体对经济报道的数量和质量有关。消费者不仅从相关基本面（包括失业、通胀、GDP、金融市场就业率、石油价格等）获得信息，还通过与他人的交流和媒体渠道获得新信息。在过去 25 年里，他们统计分析得出媒体信息披露对消费者预期形成的影响更为显著。Michael & Sarah（2010）在媒体对公众提供信息的基础上增加了第二个维度，重点分析了媒体影响公众通胀预期的两个渠道，一是媒体报道的数量（音量渠道），高频率的报道使消费者更关注通胀预期的信息，从而更新自己的预期值，使其更接近于完全信息条件下的理性预期；另一个是媒体报道的质量（音调渠道），夸大信息的媒体报道存在通胀偏差，将降低消费者通胀预期的准确性。Reis（2006）指出，越多的报道会为消费者提供越多的信息，他们会更加注意并不断改变通胀的预期。如果消费者面临获取信息、吸收信息、处理信息的成本，消费者一般会间断地通过更新信息改变自身通胀预期。

相对于国外研究，国内关于这一方面的研究数量比较少，薛万祥（1995）在《预期、博弈与货币政策》一文中提到，由于行为主体的背景各不相同，他们并不是都能有效地利用其所能得到的信息，对消费者来说，他们的信息大多是从媒体和日常交流中获得，其预期形成则很大程度受到其自身获得信息的影响。作为信息重要来源的舆论媒体，所传递的信息有一定的倾向性，但是应该指出，媒体信息披露仍然是影响公众预期的重要因素。唐唯、胡蕴真（2011）选取《人民日报》作为代表性媒体，按季度统计所有关于物价报道的篇数，使用最近十年的数据进行实证分析，得到了媒体有关物价的报道频率对公众通胀预期存在正向影响的结论。通胀除了受到客观条件影响外，也受到媒体信息的引导。闫力、刘克宫（2010）分析了我国实际情况，研究发现公众对经济常识的掌握程度较低，对一些经济指标的理解和分析存在误解，盲目"追随"和"跟风"的抢购现象时有发生，从而使我国公众的通货膨胀预期稳定性较差。

从上述关于媒体信息披露对通胀预期影响的相关文献可以看出，现有的文献大多是基于国外数据进行研究的，考虑中国实际情况，则相应的文献就比较少。随着 2007 年以来我国通胀压力的明显加大和 2009 年国务院提出管理好通胀预期的要求，研究媒体信息披露对管理好我国居民通胀预期愈发具有重要的现实意义。

本章余下内容安排如下：第二节是我国通胀预期的衡量；第三节是媒体信息披露对通胀预期形成影响的理论分析；第四节在 SVAR 模型下研究

我国媒体信息披露对通胀预期形成的影响；第五节是结论及政策建议。

第二节 通胀预期的衡量

目前能够准确测量通胀预期的方法主要包括以下几类：一是通过期货市场价格变化预期未来商品价格变化，但是我国期货市场发展不成熟，并且种类比较少，故难以利用其预测未来通胀水平。二是利用计量模型，包括含滞后项的菲利普斯曲线，但容易遭到卢卡斯批判。三是基于债券收益率期限结构数据的方法，债券市场具有交易量大、市场相对成熟等特点，债券市场收益率数据能够较好地反映市场参与主体的通胀预期。四是问卷调查法，各国普遍使用调查问卷法来获得通胀预期值。美国 The Michigan Survey 机构主要通过电话采访咨询 500—700 位消费者对未来通货膨胀预期。美国密歇根大学 ISR（Institute for Social Research）定期发布 1946 年以来家庭对未来 1 年（短期）、5—10 年（长期）通胀预期的月度抽样调查数据。

我国目前可以获取的通胀预期调查数据主要包括城镇居民问卷调查、企业家问卷调查以及银行家问卷调查。我国央行为了准确把握城镇居民通胀预期变化，从 1995 年开始，每年的 2 月、5 月、8 月、11 月通过储户问卷调查在全国 58 个（大、中、小）调查城市中选定 464 个储蓄网点，在每个调查网点随机抽取 50 名储户作为调查对象。自 2009 年开始，调查城市数量改为 50 个，储蓄网点数量改为 400 个。问卷调查中关于物价预期的描述为未来 3 个月物价预期变动，定性选项为"上升""持平""下降"。中国人民银行对于企业家问卷调查的描述大致表述为未来 3 个月原材料购进价格、产品销售价格变动，定性选项为"上升""持平""下降"。中国国家统计局也从 2004 年 1 季度开始定期调查 3000 多位银行家的通货膨胀预期，其内容包括未来 3 个月总体物价水平、消费者价格、投资品价格波动，定性选项为"明显上升""上升""持平""下降""明显下降"。

限于数据的可得性，我们主要关注城镇居民通胀预期数据。由于调查对象是居民和住户，所以可以用于从消费者的角度来考察通胀预期的变化。除此之外，居民在调查中也仅仅被问及未来价格变化的走势，并没有提到具体的数值，因此有必要通过数理统计方法将这些定性数据转化为定量数据。

本章主要采用 Carlson & Parkin 在 1975 年提出的 C－P 概率法来进行居民通胀预期的定量估计，假定被调查者的预期通胀率服从某一概率分布；并且如果被调查者预期通胀率在某一个以 0 为中心的敏感性区间 $(-a_t, a_t]$ 内，他将选择通货膨胀率保持不变。但实际问题中，被调查者对于价格上涨和下降的看法不一定是对称的，考虑到实际情况，本章参考张蓓（2009）将敏感区间设为 $(-a_t, b_t]$，其中 $a, b > 0$。

我们假设被调查者关于 t 期的通胀预期是一个随机变量 x_t^e，其概率分布函数为 $f_t(x)$，将预期 x_t^e 大于 b_t 的概率就是"认为 t 期物价上升"的人数百分比 R_t，预期 x_t^e 小于 $-a_t$ 的概率就是"认为 t 期物价下降"的人数百分比 F_t，预期 x_t^e 位于 $(-a_t, b_t]$ 区间的概率就是"认为 t 期物价保持不变"的人数百分比 N_t，用数学公式表示为：

$$P(x_t^e > b_t) = R_t \qquad (3.1)$$

$$P(x_t^e \leqslant -a_t) = F_t \qquad (3.2)$$

$$P(-a_t < x_t^e \leqslant b_t) = N_t \qquad (3.3)$$

假设预期通胀率服从正态分布，均值就是最终形成的预期通胀率 π_t^e，则将上述表达式标准化后有：

$$P\left(\frac{x_t^e - \pi_t^e}{\sigma_t^e} > \frac{b_t - \pi_t^e}{\sigma_t^e}\right) = P\left(Z_t > \frac{b_t - \pi_t^e}{\sigma_t^e}\right) = R_t \qquad (3.4)$$

$$P\left(\frac{x_t^e - \pi_t^e}{\sigma_t^e} \leqslant \frac{-a_t - \pi_t^e}{\sigma_t^e}\right) = P\left(Z_t \leqslant \frac{-a_t - \pi_t^e}{\sigma_t^e}\right) = F_t \qquad (3.5)$$

其中，σ_t^e 是 π_t^e 的标准差，$Z_t = \dfrac{x_t^e - \pi_t^e}{\sigma_t^e}$ 是标准正态随机变量。设 $\Phi(\cdot)$ 是标准正态分布的累积分布函数，令 $z_1(t) = \Phi^{-1}(F_t)$，$z_2(t) = \Phi^{-1}(1 - R_t)$，则有 $z_1(t) = \dfrac{-a_t - \pi_t^e}{\sigma_t^e}$ 和 $z_2(t) = \dfrac{b_t - \pi_t^e}{\sigma_t^e}$，解得预期通胀率为：

$$\pi_t^e = \frac{b_t z_1(t) + a_t z_2(t)}{z_1(t) - z_2(t)} \tag{3.6}$$

为了得到具体的数据，我们进一步假定 $(-a_t, b_t] = (-a, b]$，并且在样本区间内，实际通胀率的均值等于预期通胀率的均值，即 $\dfrac{1}{T}\sum_{t=1}^{T}\pi_t = \dfrac{1}{T}\sum_{t=1}^{T}\pi_t^e$。因此，如果给出 a 的具体值，就可以估计出 b 的数值：

$$b = \frac{\sum_{t=1}^{T}\pi_t[z_1(t) - z_2(t)] - \sum_{t=1}^{T} a z_2(t)}{\sum_{t=1}^{T} z_1(t)} \tag{3.7}$$

在估计通胀预期时，涉及 a 和 b 的选取问题，张蓓（2009）使用情景分析法得到敏感区间 $(-a, b]$ 等于 $(-1.5\%, 1.2\%]$ 时，预期通胀率与实际通胀率之间的误差最小，因此，本章将使用 $(-1.5\%, 1.2\%]$ 和改进 C－P 概率法计算得到预期通胀率数列。同时，为了与预期通胀率指标相匹配，通胀率指标的选择必须注意两点：一是由于被调查对象是城镇居民，因此通胀率指标应选择城市居民消费价格指数。第二，由于通胀预期是对未来 3 个月来说的，因此选取季度环比数据。第三，城镇储户问卷调查每年在 2 月、5 月、8 月、11 月中旬在全国选定的网点同时调查，因此分别采用 12—次年 2 月作为第 1 季度，3—5 月作为第 2 季度，6—8 月作为第 3 季度，9—11 月作为第 4 季度，通过各月度的环比数据连乘得到季度环比数据。第四，将 t 期对未来 3 个月的物价预期称为第 $t+1$ 期的通胀预期。

根据以上估计方法，利用中国人民银行公布的各期储户调查问卷和各期《金融时报》，《中国货币政策执行报告》数据，搜集并整理了 2001—

2012 年的季度数据，通过正态分布和改进 C - P 概率法，可计算得到经过季节调整之后我国城镇居民的预期通胀率数据，见表 3 - 1。

表 3 - 1　我国城镇居民季度预期通胀率（2001—2012 年）

时间	预期通胀数据	时间	预期通胀数据
2001. 02	0. 0026	2007. 02	0. 0125
2001. 05	0. 0028	2007. 05	0. 0127
2001. 08	0. 0016	2007. 08	0. 0168
2001. 11	- 0. 0002	2007. 11	0. 0171
2002. 02	0. 0009	2008. 02	0. 0142
2002. 05	0. 0005	2008. 05	0. 0129
2002. 08	0. 0005	2008. 08	0. 0075
2002. 11	0. 0014	2008. 11	- 0. 0017
2003. 02	0. 0019	2009. 02	0. 0036
2003. 05	0. 0019	2009. 05	0. 0049
2003. 08	0. 0020	2009. 08	0. 0063
2003. 11	0. 0093	2009. 11	0. 0090
2004. 02	0. 0069	2010. 02	0. 0091
2004. 05	0. 0088	2010. 05	0. 0098
2004. 08	0. 0076	2010. 08	0. 0091
2004. 11	0. 0062	2010. 11	0. 0151
2005. 02	0. 0062	2011. 02	0. 0137
2005. 05	0. 0062	2011. 05	0. 0114
2005. 08	0. 0061	2011. 08	0. 0105
2005. 11	0. 0068	2011. 11	0. 0053
2006. 02	0. 0063	2012. 02	0. 0041
2006. 05	0. 0080	2012. 05	0. 0044
2006. 08	0. 0088	2012. 08	0. 0036
2006. 11	0. 0101	2012. 11	0. 0054

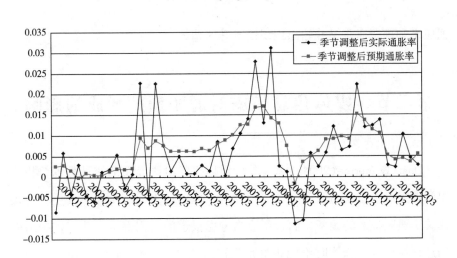

图 3 - 1　实际通胀率与预期通胀率对比图

从图 3 - 1 可以看出：在 2001 年 1 季度到 2003 年 3 季度，实际通胀率低且稳定，实际通胀围绕预期通胀率上下波动不大。在 2003 年 4 季度，通胀率迅速上升，而消费者未事先预期到这一变化，因此极大地低估了通胀率；2004 年 1 季度，消费者迅速做出向上调整预期的行为，但实际通胀率又迅速下降，说明消费者又极大地高估了通胀率；2004 年 3 季度的通胀率又迅速上升，消费者再次低估通胀率；此后的通胀率虽然有所回落，但程度基本高于 2001 年 1 季度到 2003 年 3 季度的水平。2004 年 3 季度到 2007 年 2 季度，消费者除了数次低估通胀外，基本上都是高估通胀的。2007 年 3 季度到 2008 年 3 季度实际通胀和预期通胀率再次出现了程度较大的上升。2009 年 1 季度到 2010 年 1 季度受到全球金融危机的影响，我国实际通胀和消费者的通胀预期都出现极大波动，特别是 2009 年 1 季度发生严重的通货紧缩时，消费者极大地高估了通货膨胀；2009 年 2 季度以后，由于央行采取积极的财政政策和适度宽松的货币政策，预期通胀和实际通胀开始新一轮的上升，到 2010 年 4 季度左右，实际通胀率达到高点。2011 年 1 季度—2012 年 1 季度，由于欧债危机爆发及国内经济增长缓慢等因素，我国实际通胀和通胀预期出现了一定的下降趋势。2012 年 4 季度之后，实际通胀率和预期通胀又开始出现缓慢上升的趋势。

第三节　媒体信息披露对通胀预期形成的影响

Doms & Morin（2004）基于德国媒体研究机构发布的统计数据分析了媒体披露对于公众通胀预期形成的影响。他们认为经济主体不仅要关注媒体关于通胀报道的频率，而且还应当考虑报道的真实性，一些媒体报道的信息存在偏差，阅读时不能很好地反映其真实性。他们在 Carroll（2003）的研究基础上进一步区分了媒体报道影响消费者通胀预期的两种渠道：一种称为音量渠道，如果媒体机构披露更多关于物价的新闻，则消费者可能获取更多的新信息，预期精确度就会提高；另一种称为音调渠道，如果媒体报道存在偏差，则会降低消费者的预测精确度。

本节借鉴 Doms & Morin（2004）所用模型，假定在每个时期媒体都会报道通胀预期的信息，每份报告中都包含着一种专家权威预测观点，J 为某个消费者观察的报道数量，K 为专家权威预测报告数量，则理性通胀预期可表示为 $\frac{1}{K}\sum_{k=1}^{K}E_t[\pi_{k,t+1}]=\overline{E_t[\pi_{t+1}]}$，其中 π 为通货膨胀率，定义 θ_i 为通胀预期偏差，其数值等于 $E_t[\pi_{i,t+1}]-\overline{E_t[\pi_{t+1}]}$，表示第 i 份媒体报道的预期值偏离理性通胀值的差额且服从正态分布 $N(0,\sigma_\theta^2)$。

媒体充分了解通胀预期偏差的存在，但是为了能够吸引消费者，所报道的信息通常不会反映出这一偏差，且每个时期的媒体报道都包含通胀偏差和媒体偏差，即

$$\psi_i = \theta_i + b \tag{3.8}$$

其中，ψ_i 表示消费者通过媒体报道所获得的信息，θ_i 为通胀偏差信息，b 为媒体偏差信息且服从独立同分布 $N(b_0,\sigma_b^2)$。

假定消费者事先了解 θ_i 和 b 的具体分布，他们首先运用 J 期的历史信

息，采用贝叶斯分析法得到 b 的估计值为：

$$\hat{b}_J = \frac{\frac{J}{\sigma_\theta^2}}{\frac{J}{\sigma_\theta^2} + \frac{1}{\sigma_b^2}} \bar{\psi} + \frac{\frac{1}{\sigma_b^2}}{\frac{J}{\sigma_\theta^2} + \frac{1}{\sigma_b^2}} b_0 \qquad (3.9)$$

其中，$\bar{\psi} = \dfrac{1}{J} \sum_{i=1}^{J} \psi_i$。

第 J 份报告的通胀偏差估计：

$$\hat{\theta}_J^P = \psi_J - \hat{b}_J = \psi_J - \frac{\frac{J}{\sigma_\theta^2}}{\frac{J}{\sigma_\theta^2} + \frac{1}{\sigma_b^2}} \psi - (1 - \frac{\frac{J}{\sigma_\theta^2}}{\frac{J}{\sigma_\theta^2} + \frac{1}{\sigma_b^2}}) b_0$$

$$= \frac{\frac{1}{\sigma_b^2}(b - b_0) + (\frac{J-1}{\sigma_\theta^2} + \frac{1}{\sigma_b^2})\theta_J - \frac{J}{\sigma_\theta^2}\sum_{i=1}^{J-1}\theta_i}{\frac{J}{\sigma_\theta^2} + \frac{1}{\sigma_b^2}} \qquad (3.10)$$

同时，第 J 份报告的方差为：

$$Var(\hat{\theta}_J^P) = \frac{\frac{J-1}{\sigma_\theta^2} + \frac{1}{\sigma_b^2}}{(\frac{J}{\sigma_\theta^2} + \frac{1}{\sigma_b^2})^2} \equiv W \qquad (3.11)$$

通胀预期偏差 θ_J 的贝叶斯估计值为：

$$\bar{\theta}_J = \frac{\frac{J}{\sigma_\theta^2}}{\frac{J}{\sigma_\theta^2} + \frac{1}{W}} \times 0 + (1 - \frac{\frac{J}{\sigma_\theta^2}}{\frac{J}{\sigma_\theta^2} + \frac{1}{W}})(\psi_J - \bar{b}_J) = \frac{\frac{1}{W}}{\frac{J}{\sigma_\theta^2} + \frac{1}{W}}(\psi_J - \bar{b}_J)$$

$$(3.12)$$

从（3.12）式可以得到**命题 1**：更多的新闻信息能够帮助消费者正确识别媒体报道偏差，而且他们的预测与理性通胀预期值在报道数量无穷大时趋于一致，这也暗示着媒体偏差在报道数量无穷大时对消费者预期行为影响几乎为 0。

另外，假设存在这样一种媒体偏差，能够说服消费者相信媒体所披露的报道确实存在偏误，那么消费者所获得的信息为：

$$\psi_i = \theta_i + (1 - \lambda)b \tag{3.13}$$

其中，λ 衡量说服力程度，将其代入（3.12）式得：

$$\bar{\theta}_J^{\lambda} = \frac{\frac{J}{W}}{\frac{1}{\sigma_\theta^2} + \frac{1}{W}}(\psi_J - (1 - \lambda)\bar{b}_J) \tag{3.14}$$

从（3.14）式中得到**命题 2**：如果 λ 为正，那么媒体偏差对于预测估计值的影响是正的，当 J 值取无穷大时，媒体披露有偏差的信息对消费者预测的影响和说服力效果是一致的。

Carroll（2003）认为随着时间的推移，只有一部分消费者了解新信息并更新通胀预期，其他的消费者继续保持原来的预测观点，因此，t 期到 $t+1$ 期的通胀预期值等于这两部分消费者预期值的加权值，即

$$E_t[\pi_{t+1}] = C_t = \rho(V_t)C_t^{new} + (1 - \rho(V_t))C_{t-1} \tag{3.15}$$

其中，V_t 表示媒体报道数量，C_t^{new} 表示更新通胀预期的消费者，$\rho(V_t)$ 表示这部分消费者所占权重。假设媒体披露的信息越多，消费者就越有可能更新自己的通胀预期值，即 $\partial \rho(V_t)/\partial V_t > 0$。

命题 1 条件下，说服力程度 λ 为 0，说明媒体行为对消费者预期无影响，消费者使用专家权威理性通胀预期来更新信息，即 $C_t^{new} = \overline{E_t[\pi_{t+1}]} = P_t$，从而得到绝对偏差值为：

$$|C_t - P_t| = |\rho(V_t)P_t + (1 - \rho(V_t))C_{t-1} - P_t|$$
$$= |(1 - \rho(V_t))(C_{t-1} - P_t)| \tag{3.16}$$

当 $C_{t-1} - P_t > 0$ 时，$\partial |C_t - P_t|/\partial V_t \leq 0$，当 $C_{t-1} - P_t < 0$ 时，$\partial |C_t - P_t|/\partial V_t < 0$，从而可得消费者预期不受通胀偏差的影响（$\lambda = 0$），且当媒体报道数量越多时消费者的预期越接近理性预期值。这一观点被 Doms & Morin（2004）称为音量渠道（Volume Channel）。

命题 2 条件下说服力的作用能够影响消费者的决策，如果考虑到 λ 的

因素，$C_t^{new} = \overline{E_t[\pi_{t+1}]} + \lambda = P_t + \lambda$ ，则绝对偏差值为：

$$|C_t - P_t| = |\rho(V_t)(P_t + \lambda) + (1 - \rho(V_t))C_{t-1} - P_t|$$
$$= |(1 - \rho(V_t))(C_{t-1} - P_t) + \rho(V_t)\lambda| \tag{3.17}$$

$$\partial |C_t - P_t|/\partial V_t = \partial |(1 - \rho(V_t))(C_{t-1} - P_t) + \rho(V_t)\lambda|/\partial V_t$$
$$= -\partial \rho(V_t)|(C_{t-1} - P_t)|/\partial V_t + \partial \rho(V_t)\lambda/\partial V_t \tag{3.18}$$

对于 $\partial |C_t - P_t|/\partial V_t$ 的符号未定。只有在 $\lambda < |C_{t-1} - P_t|$ 时，媒体报道数量越多时消费者的预期值会越精确。因此，如果夸大信息的媒体报告能够影响消费者的决策，那么数量越多的报告反而降低了消费者通胀预期的准确性。这一观点称为音调渠道（Tone Channel）。

通过以上理论分析，我们可以看出媒体信息披露与通胀预期的准确度存在正向关系。越多的媒体报道会为消费者提供越多的信息，他们会不断更新信息，提高通胀预期的准确度，但是媒体披露有偏差的报道会使消费者的通胀预期准确性大大降低。

第四节　媒体信息披露对通胀预期影响的实证分析

国内外关于公众计量式学习方法的研究比较多，因此，我们重点研究我国居民感性学习渠道对通胀预期形成的影响。本章将基于 Blanchard & Quah（1989）提出的 SVAR 理论，通过查阅 2001—2012 年期间的《人民日报》，借鉴李云峰、李仲飞（2011）及唐唯、胡蕴真（2011）的研究方法，构建我国媒体信息披露指数，在已有研究成果的基础上，结合我国基本国情，运用该理论模型考察我国居民通胀预期形成的影响因素。

以上理论研究发现，公众通胀预期及其偏差受媒体信息披露指数、央行信息披露指数及其他宏观经济变量的综合影响，于是，公众感性学习对通胀预期影响的实证方程可以表示为：

$$\pi^e = f(\pi, MEDIA, WI, M_2, R, \cdots)$$

一、样本和数据的选取

1. 媒体信息披露的量化

《人民日报》是中国共产党中央委员会机关报，最具权威性和影响力。它具有较强公信力，报道和评论被社会大多数人广泛关注并引以为思想和行动的依据。鉴于此，本章综合考虑数据的可得性和媒体的影响力，选择《人民日报》作为媒体披露的代表进行研究，媒体对未来的物价走势的预测通过《人民日报》的方式向公众传达出来。假设公众每日关注《人民日报》中涉及物价的信息，例如：2011 年 3 月 16 日第 2 版政府工作报告中提到，"当前，物价上涨较快，通胀预期增强，这个问题涉及民生、关系全局、影响稳定。要把稳定物价总水平作为宏观调控的首要任务。"基于这样的事实，公众将会认为我国存在通货膨胀压力。又例如：2002 年 4 月 20 日国民经济版公布 3 月份居民消费价格同比下降 0.8%，其中，城市下降 1.1%，农村下降 0.2%，这一信息引导公众形成通胀紧缩的预期。因此，本章界定的媒体信息披露包括有关物价变化情况的所有新闻、社论、研究分析报告等。

收集了相关报道后，我们对这些报道按照月份进行分类汇总，以反映媒体对未来物价意图方向，把含有未来物价上涨的信息赋值为 +1，含有未来物价稳定不变或者模棱两可的信息赋值为 0，而含有未来物价下降的信息赋值为 -1。如果月度内存在多个关于物价的信息时，我们就要累计该期间的沟通信号值，构造 $Media_t$ 为该期间的信息值，计算公式为：

$$Media_t = \sum \frac{n_\tau}{N_t} \qquad (3.19)$$

其中，n_τ 表示在 τ 时刻物价信息的数值，N_t 表示在 t 时刻内沟通的次数，$Media_t$ 则表示在时间窗口 t 时期内的信息值。我们按季度加总计算得到《人民日报》2001—2012 年每个季度有关物价的信息值。基于我们对这些报道的分析和解读，不可避免地具有一定的主观性，不排除分类错误的可能。为了减少此类错误，首先我们分别独立地进行分类，结果相同的直接进行确认，不同的我们重新检索其随后的相关报道，根据这些随后报道再进行分类，如果还无法明确进行分类，就将其直接排除。

2. 其他经济变量数据

除通胀预期（EPI）和媒体信息披露数据（MEDIA）外，其他影响预期的变量：

（1）央行信息披露指数（WI）

央行定期发布相关金融数据、举行新闻发布会来披露货币政策目标和意向，公众能够很好地"学习"这些信息，更新自己的通胀预期，因此，本章在已有研究成果的基础上，将央行信息披露指数纳入本章通胀预期影响因素的 SVAR 模型之中，比较分析我国央行信息披露和媒体信息披露能否同时引导公众的通胀预期行为。

国外已有几种较为成熟的方法来量化央行报告的信息披露内容，Heinemann & Ullrich（2005）采用措辞提取法统计了央行预测通胀的措辞频率变化，合成央行的信息披露指数；在国内，关于这方面的研究凤毛麟角，卞志村等（2012）、李云峰（2012）、李云峰等（2010）、肖曼君等（2009）做过相应的研究，本章将参考卞志村等（2012）的 WI 指数处理方法，并使用 SPSS 软件分析获得 2001 年 1 季度到 2012 年 4 季度的央行信息披露指数。

（2）实际通货膨胀率（PI）

由于之前在估计预期通胀数据时，使用的是城镇储户居民调查统计数据，被调查对象是城镇居民，因此，为了保持口径一致，实际通胀率是通过城市居民消费价格指数来获得的。

（3）货币政策代理变量（M_2）

货币供应量作为央行最重要的政策中介目标，既可以反映潜在购买力，又可以反映我国货币政策操作的有效性。因此，本章用广义货币供应量 M_2 的增长率作为货币政策的代理变量。

（4）利率（R）

银行间同业拆借利率、政府债券收益率和基准贷款利率都可以很好地反映利率水平。黄益平等（2010）认为目前银行间市场和政府债券市场的流动性存在一定问题，因此基准利率仍然是我国最重要的利率。本章选择 1 年期贷款基准利率作为所研究的代理变量，其季度数据由每月贷款利率数据加权平均而得（孙承龙、王时芬，2012）。

数据来源于中经网、Wind 资讯网、中国人民银行网站等，在现有文献的基础上，本章基于我国宏观经济数据做实证分析。首先，更新数据样本期为 2001 年 1 季度到 2012 年 4 季度。其次，我们采用 SVAR 分析框架，尽可能地考虑多种潜在决定通胀预期的影响因素。最后，对于缺失的数据，将采用线性插补法予以补全；对于一些具有显著异常值的数据，将结合实际情况，进行异常值的平滑修正；并对所有变量运用 Census X12 法进行调整，以剔除季节性波动。

二、平稳性检验和协整检验

在进行模型分析前，首先要分析各变量的平稳性。我们采用 ADF 单位根检验方法得到以上各变量的平稳阶数。检验结果表明，除通胀预期 π^e 和 1 年期贷款基准利率 RR 是 I（1）序列外，其他序列都是 I（0）平稳序列。通过迹检验和最大特征根检验方法都表明各变量之间存在协整关系。因此，本章对通胀预期（π^e）、实际通货膨胀率（π）、媒体信息披露数据（$MEDIA$）、央行信息披露指数（WI）、货币政策代理变量（M_2）、利率（RR）6 个变量的原序列建立 SVAR 模型。

三、SVAR 模型的设定

首先，根据滞后阶准则选择滞后阶数为 3，建立 SVAR（3）模型。

其次，根据 SVAR 理论模型分析，一个包含 6 个内生变量的 SVAR 模型要进行识别，必须给出 $[6 \times (6-1)] \div 2 = 15$ 个约束条件。

$$
\text{在本书中，有 } y_t = \begin{bmatrix} epi \\ pi \\ media \\ wi \\ m_2 \\ rr \end{bmatrix}, B = \begin{bmatrix} 1 & b_{12} & b_{13} & b_{14} & b_{15} & b_{16} \\ b_{21} & 1 & b_{23} & b_{24} & b_{25} & b_{26} \\ b_{31} & b_{32} & 1 & b_{34} & b_{35} & b_{36} \\ b_{41} & b_{42} & b_{43} & 1 & b_{45} & b_{46} \\ b_{51} & b_{52} & b_{53} & b_{54} & 1 & b_{56} \\ b_{61} & b_{62} & b_{63} & b_{64} & b_{65} & 1 \end{bmatrix},
$$

$$
\mu_t = \begin{bmatrix} \mu_{1t} \\ \mu_{2t} \\ \mu_{3t} \\ \mu_{4t} \\ \mu_{5t} \\ \mu_{6t} \end{bmatrix}
$$

矩阵 B 中的元素表示的是变量间的当期关系，因此对预期通胀率、媒体信息披露指数等数据基于经济理论及我国实际宏观经济环境设定了如下识别条件：

第一，央行根据当前宏观经济形势做出的货币政策具有一定的时滞性，货币供应量的增长不受实际通胀水平、居民通胀预期和信息披露的影响，因此 $b_{51} = b_{52} = b_{53} = b_{54} = 0$。

第二，央行通过调整贷款利率影响通胀水平存在一定的时滞，不受当期居民通胀预期变化和货币供应量的影响，也不受央行自身货币政策信息披露和外界媒体关于物价报道的影响，因此 $b_{61} = b_{63} = b_{64} = b_{65} = 0$。

第三，居民预期调查在先，央行披露货币政策执行报告在后，所以当期通胀预期变化和实际通胀变化的影响对央行信息披露指数不存在影响，媒体信息披露对该指数的影响也几乎为 0，因此 $b_{41} = b_{42} = b_{43} = 0$。

第四，t 期通胀预期在 $t-1$ 期形成，央行即期调整贷款利率和货币供应量对居民当期通胀预期的变化影响不大，故 $b_{15} = b_{16} = 0$。

第五，当期发布的媒体信息和央行货币政策执行报告对当期的实际通胀影响程度不大，所以 $b_{23} = b_{24} = 0$。

四、脉冲响应分析

图 3-2 显示 1 个单位标准差的媒体信息披露冲击、央行信息披露冲击、货币供应量冲击、1 年期贷款基准利率冲击对通胀预期变量的影响。其中，横轴表示滞后冲击作用的滞后期数（季度），纵轴表示通胀预期的变化趋势，实线表示脉冲响应函数，虚线表示正负两倍的标准差偏离带，

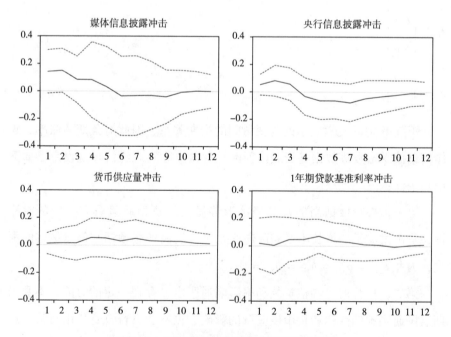

图 3-2　通胀预期对各内生变量的脉冲响应

并设定滞后期为12。

通胀预期对于媒体信息披露1个新息的变动在前5个季度有正向的反应，且反应幅度逐步减弱，在第5个季度末达到临界值0；之后负向影响保持在稳定的水平，并逐渐趋近于0。这说明短期内，媒体报道的物价信息对居民通胀预期具有正向影响，及时更新的物价报道会使居民产生较高的预期通胀，当居民意识到自身可能高估了通胀率，便会做出向下的预期调整。随着时间的推移，这种影响也逐渐减弱趋近于0。

前3个季度，来自央行信息披露指数的1个正的标准差冲击对通胀预期产生正向影响，之后影响由正向转为负向，并在第7个季度达到最小值−0.08，在经过短暂的调整之后，影响逐渐趋近于0。这说明短期内，过热经济政策和实际通胀形势使得公众形成通胀上升的预期，加之央行的宏观经济调控政策和信息披露存在一定的时滞，因此对居民通胀未来形势判断影响不大。但随着时间的变化，央行信息披露与居民通胀预期成负向关系，信息披露指数越大，居民认为央行将采取更多经济调控措施、发布更多的信息来抑制经济过快增长和保持物价稳定，他们的通胀预期也随之下降。在第4个季度之后央行信息披露对居民通胀预期的影响持续为负。

货币供应量对居民通胀预期的正向冲击具有持久性，并在第5个季度达到最大值0.05，然后开始逐渐减弱，但一直保持较小幅度的正向响应。

1个正的1年期贷款基准利率冲击，会使通胀预期在第2季度开始升高，在第7个季度后降低并在0附近上下波动。很显然，央行采取调整存贷利率的货币政策对通胀预期的影响并不明显。

五、方差分解

为了进一步检验媒体信息披露及其他宏观因素对我们调查的居民预期通胀率的影响，我们在SVAR模型框架下，运用方差分解法分析各因素的相对重要性。方差分解的基本思想是分析每一个结构冲击对内生变量变化的贡献度，通过比较贡献度，就能估计出该变量影响的相对大小。因此，方差分解给出对 SVAR 模型中的变量产生影响的每个随机扰动的相对重要性的信息。

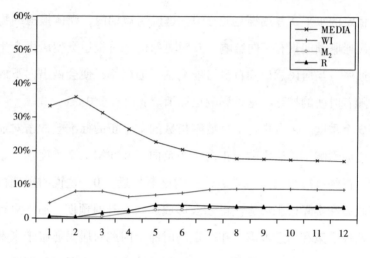

图 3 - 3　通胀预期的方差分解

从图 3 - 3 可以看出，在不考虑通胀预期自身贡献率的情况下，短期内，实际通胀因素对通胀预期的贡献度最大，M_2 增长率和一年期贷款基准利率对通胀预期的贡献度基本保持在 5% 以内，并随着时间的变化，这两种实际干预措施对通胀预期的影响趋于一致。

短期内央行信息披露因素对通胀预期的贡献率在第 2 季度大约为 10%，随后有小幅下降，但从长期来看，贡献度呈现稳步上升态势，最终稳定在 9% 左右。而媒体信息披露因素在第 2 季度达到约 35% 的贡献度，随着时间的推移，其影响力有所下降，最终贡献度逐渐稳定在 20% 左右，但其始终高于央行信息披露因素。

由此可以看出，在我国，居民更加关注主流媒体发布的物价信息。当出现大量关于物价的媒体报道时，公众会感受到物价变化，改变自身对未来物价的看法。同时，央行也能够有效引导公众的预期行为，通过制定和执行货币政策，调控资金总供求来管理好通胀预期。

第五节　结论及政策建议

基于以上实证分析，可以得出以下结论：

第一，由脉冲响应图 3-2 和方差分解结果显示，我国通胀预期的变化在某种程度上是由于媒体发布众多关于物价的消息、社论等所致，在一定时期内，媒体对于通胀预期等报道的数量越多，不完全理性的消费者会更加重视这些报道，在信息不对称条件下，消费者因自身处于信息弱势而产生通胀上升的预期。

第二，我国央行信息披露对公众通胀预期的影响存在一定的滞后和波动。这个结论体现在脉冲响应函数的分析结果上，央行信息披露短期内具有生效时滞短的效果，从长期来看，对通胀预期的影响不显著。

第三，比较分析我国媒体信息披露和央行信息披露对通胀预期的影响，我们可以看出以《人民日报》为代表的媒体舆论引导效果更加明显。一份新华社关于"舆论引导有效性和影响力研究"的课题调研成果也充分表明，在我国媒体具有较强的公信力，能够被社会大多数人群关注，舆论引导成效显著。

第四，货币供给量 M_2 和一年期贷款基准利率对公众通胀预期的影响具有可持续性。这表明央行的实际货币政策操作是公众产生未来物价预期变动的重要参考指标，控制好货币供给量的变动有助于管理公众的通胀预期水平；但是货币供给量和利率变动对通胀预期的影响存在滞后性，冲击的幅度不是很大，长期内波动性逐渐变小，这一定程度上与我国经济增长主要依靠投资拉动具有相关关系，贷款利率的变动更多地取决于货币的供给和需求，当货币供应量变动时，有很大一部分被产能过剩所吸纳。

因此，就我国管理好通胀预期而言，首先应该加强媒体舆论建设，以《人民日报》为代表的媒体应当积极回应公众的需求，主动积极地追踪报道公众关注的宏观经济热点事件和问题。其次，做好深度报道，加大舆论引导力度，要从多角度、多侧面报道经济事件，使公众能够全方位地了解我国当前宏观经济形势和物价变动情况。再次，政府要建立健全相关法律法规，加强舆论监督，健康导向，严厉打击物价虚假信息，防止谣言进一步扩散。

我国还应该进一步完善央行信息披露制度。当前，我国中央银行在货币政策制定、发布实施等方面还不够完善，当前货币政策目标是保持币值稳定，尚未明确通货膨胀目标。在货币政策中介目标和工具的选择上，我国往往是采用相机抉择的方式，致使公众无法明确未来预期，如果采用通胀目标制度，公众充分了解央行行为，那么信息披露的有效性将进一步增强。同时，进一步提高货币政策目标的透明性，增加央行货币政策操作的灵活性；更及时地披露宏观经济运行、金融数据及预测数据，增加公众对央行政策的理解，形成良好的信息沟通机制。

我国在注重外部信息引导的同时，还应该合理运用货币投放机制并运用利率等多种货币政策工具。一方面，央行在构建货币供应增长机制时，应以经济的实际增长率作为基础，根据实际经济发展水平来制定货币供应量的浮动范围，防止货币供应过快增长带来的流动性过剩问题；另一方面，为了有效解决通胀预期的问题，中央银行可实行多种货币政策工具的组合，灵活运用价格和数量型工具，以此解决复杂多变的经济环境所带来的各类经济发展问题，有效控制投资需求的过快增长。

第四章 粘性价格、粘性信息与我国
通货膨胀短期动态机制

众所周知，在货币政策的四大目标（稳定物价、促进增长、充分就业、国际收支平衡）中，稳定物价是一个最基础的目标。只有物价稳定，才能更好地推动经济增长、创造就业机会、推动产业结构升级进而实现国际收支平衡。可见，防通胀在整个货币政策中具有至关重要的基础性地位。然而，我们只有在着重分析了我国通货膨胀短期动态机制之后，才能更好地为中央银行的防通胀政策提出合理化建议。因此，本章拟从粘性价格、粘性信息两大基本视角出发，对同时反映总供给状况和通货膨胀动态性质的我国新凯恩斯菲利普斯曲线进行实证检验，并进一步深入分析我国通货膨胀的短期动态机制。

本章的第一节将从粘性价格的角度来分析通货膨胀，即重点分析我国的新凯恩斯菲利普斯曲线（NKPC）。该曲线包含了前瞻性通胀预期项，凸显出公众视角下的通胀预期对通货膨胀等宏观经济变量的重要影响。而公众通胀预期该如何衡量呢？对于这一点，本章将通过构建包括主要宏观变量的状态空间模型，运用卡尔曼滤波来估计我国公众的通胀预期，这一方法也可称为公众的"卡尔曼滤波式"学习。在此基础上，进一步分析通胀预期对实际通胀的影响，并提出相应的政策建议。与第一节相对应，本章第二节则从粘性信息的角度切入，检验曼昆和赖斯（Mankiw & Reis，2002）提出的粘性信息菲利普斯曲线（SIPC）在中国的适用性。与 NKPC

的粘性价格假设相对应，粘性信息假设的关键在于，有的企业能够及时更新信息，而有的企业不能，这样就导致企业定价所依据的信息集存在差异。此外，本章第二节还将基于双粘性的框架，来探讨我国的菲利普斯曲线，即所谓的双粘性菲利普斯曲线（DSPC），并进一步比较 NKPC、SIPC、混合 NKPC、DSPC 四条曲线在反映我国通货膨胀短期动态机制上所存在的差异。

第一节　通货膨胀短期动态机制分析：
基于粘性价格框架

一、研究背景

改革开放以来，我国从计划经济向市场经济转型过程中经历过数次严重的通货膨胀，给经济健康、稳定发展带来了不利影响。1980 年底，全国货币流通量比 1978 年增长 63.3%，大大超过同期工农业生产总值增长 16.6% 和社会商品零售总额增长 37.3% 的幅度，引发了改革开放后的第一次通货膨胀；1994 年，通货膨胀率更是达到 24.1%，为改革开放以来的最高峰；2008 年 2 月，CPI 达到 8.7%，为进入 21 世纪以来的最高值。近期，CPI 虽有下降趋势，但长期来看引发通货膨胀的主要因素仍然存在，CPI 出现反弹态势的概率依然很大。

通货膨胀率作为最重要的宏观经济指标之一，是目前各国重点关注的货币政策目标。控制通货膨胀的关键是理顺其动态特性，从而为货币政策决策提供理论依据。近年来，新凯恩斯菲利普斯曲线已成为国内外众多学者分析通货膨胀动态性质的强有力工具，通货膨胀动态过程的研究主要是在新凯恩斯菲利普斯曲线理论框架下展开的。

2010 年中央经济工作会议上，温家宝首次提出"通胀预期管理"一词。将管理通胀预期纳入调控目标不仅体现了宏观调控的前瞻性，而且是平衡"保增长、调结构与防通胀"三者之间关系的有效手段，也是防止通胀预期演变成实际通胀的有力保障。通胀预期不仅与未来的工资、价格水平以及经济主体的投资、消费决策密切相关，而且还会直接影响到央行的货币政策效果。只有廓清通胀预期与实际通胀之间的关系才能得出正确的管理通胀预期的方法，才能真正服务于防通胀任务。

在通货膨胀动态性质的研究中，影响通胀率的变量如滞后通胀率、产出缺口等数据相对容易获取和处理，但通胀预期的衡量却是一大难题，因为预期是人们的一种主观意识而非真实存在的东西，因此首先要解决预期的量化问题。目前，国内外获得通胀预期主要有如下三类方法：（1）统计调查法。常用方法是 C - P 概率转换法（Carlson & Parkin，1975），但该方法存在诸多不足：首先，可能无法得到被调查者对未来通胀的真实看法；其次，调查结果对样本选择和问题设计的敏感度很高；最后，由 C - P 概率法所得通胀预期值受到不同概率分布假设的影响（肖争艳、陈彦斌，2004）。（2）金融市场提取法。该方法最大的不足在于必须立足高度发达的金融市场，否则可能存在较大偏误。目前，我国的利率和汇率决定尚未完全市场化、金融市场发育得还不够成熟，使用金融市场提取法估计通胀预期显得不太合适。（3）计量建模法。该方法基于经济理论设定通胀预期与其他经济变量满足某一计量模型，将模型产生的通胀统计投影值视作通胀预期，是目前较为成熟的估计通胀预期的方法。本章将运用状态空间模型和卡尔曼滤波算法估计通胀预期，在通过相关理性预期检验的情况下，将所得通胀预期作为理性预期的代理变量。

新凯恩斯菲利普斯曲线主要有基于产出缺口和基于边际成本两种形式。本章采用产出缺口型菲利普斯曲线分析我国通货膨胀动态性质。这是由于：一方面，产出缺口的存在体现了价格粘性即市场非及时出清的事实，符合新凯恩斯菲利普斯曲线的基本假设；另一方面，限于统计资料的匮乏，估计我国的边际成本较为困难，并且在估计基于边际成本的菲利普斯曲线时须事先假定生产函数符合某一特定形式，如 Gali & Gertler（1999）假设生产函数符合柯布—道格拉斯形式，在此基础上估计边际成本。事实上我国的生产函数不可能完全符合这一形式，在不同地区、不同时期，生产函数均会发生变化，这一设定显然过于理想化。

国内估计通货膨胀动态方程主要使用最小二乘法和广义矩方法，这两种方法虽然使用广泛，但均存在诸多不足之处。考虑到通货膨胀动态方程涉及不同时点的变量关系，容易出现随机干扰项与解释变量的序列相关问题，此时利用 OLS 方法估计方程缺乏有效性，而 GMM 方法由于限制条件较少，是估计前瞻型方程较为有效的方法（刘金全等，2011）；但 GMM 方法对于工具变量的选择十分敏感，不同的工具变量可能导致结果大相径庭，这不符合计量模型的稳健性要求（Xiao 等，2008）。考虑到本章的样本区间跨度在 10 年以上且我国目前正处于经济转型时期，人们对于宏观经济形势的预期必然会随着经济环境的变化而改变，预期变化将导致菲利普斯曲线的参数变得不稳定。事实上，我国经济结构受体制改革、外界冲击和政策变动的影响正逐步变化，固定系数模型已不能很好地刻画宏观变量间的动态影响关系，因此可以考虑将时变参数模型引入通货膨胀动态性质的分析。

二、文献回顾

自菲利普斯（Phillips）于 1958 年提出名义工资变化率和失业率之间的负相关关系以来，菲利普斯曲线理论及其在刻画通货膨胀产生机制方面便获得了长足发展。菲尔普斯（Phelps，1967）和费里德曼（Friedman，1968）首次提出附加预期的菲利普斯曲线：$\pi_t - \pi_t^e = \beta(U_t - U^*), \beta < 0$，这里的通胀预期是指适应性预期，实证研究中通常用过去的通胀率作为适应性预期的代理变量。相比传统菲利普斯曲线，新凯恩斯菲利普斯曲线引入理性预期、粘性价格和垄断竞争假设，从而更加真实地反映了通货膨胀的运动轨迹，成为目前研究通货膨胀动态机制的重要框架（张成思，

2010)。

　　理性预期作为一种前向预期在现代经济中是普遍存在的，经济主体在安排下一阶段的生产和交易活动时，不仅会根据过去发生的通货膨胀来制定计划，同时也会在不断学习和沟通的基础上，利用所有能获得的信息经过一定的分析获得对未来通胀的理性预期。已有研究表明基于理性预期的菲利普斯曲线能够更好地拟合中国通货膨胀运动轨迹（Scheibe & Vines, 2005）。Roberts（1995）首次提出包含理性预期并保留名义粘性和市场不完全假设的完全前瞻性的短期通货膨胀动态模型：$\pi_t = \alpha E_t \pi_{t+1} + \beta y_t$，这是运用动态一般均衡方法（DGE）从微观厂商定价机制中推导出来的通货膨胀动态模型，尽管该模型反映了理性预期和价格粘性特征，但它不能解释现实中通货膨胀的惯性特征。Fuhrer & Moore（1995）提出包含前向和后向预期的混合菲利普斯曲线较好地克服了这一缺点。混合菲利普斯曲线形如：$\pi_t = 0.5(\pi_{t-1} + E_t \pi_{t+1}) + 0.5\lambda(y_t + y_{t-1})$，其较好地解释了现实中通货膨胀的持续性特征，但模型的参数设定带有很强的主观性，这是该模型的一大缺点。

　　Scheibe & Vines（2005）实证检验了基于产出缺口的前瞻型和后顾型新凯恩斯菲利普斯曲线，研究结果显示，基于理性预期的新凯恩斯菲利普斯曲线对中国通货膨胀动态性质具有更好的解释能力，同时产出缺口和通胀预期对中国通货膨胀动态过程均有显著影响。曾利飞等（2006）实证研究了开放经济下包含混合边际成本因素的 NKPC 模型，他们发现影响我国通货膨胀的主要因素是资本成本与进口中间品成本，厂商定价同时具有前瞻性和后顾性，但前瞻性处于主导地位。陈彦斌（2008）在已有研究基础上，加入成本推动冲击，提出了包含需求拉动、成本推动、通胀预期和通胀惯性的四因素模型，得出通胀预期对当前通胀影响最为显著、通胀惯性次之、需求拉动第三、成本推动影响不显著的结论。杨继生（2009）研究表明：我国通货膨胀动态调整具有短期新凯恩斯菲利普斯曲线的典型特征，同时存在向前看的理性预期和向后看的适应性预期，他认为由于理性预期的存在，货币当局明确公布并切实执行货币政策对抑制通货膨胀应该是有效的。但其模型中使用下一期实际通胀率作为本期对下一期的理性通胀预期，这虽然充分体现了预期的理性性质，但现实中的预期不可能始终与实际值保持完全一致，因此这一做法还有待进一步改进。刘金全等（2011）认为我国经济运行中存在显著的"产出—价格"型新凯恩斯菲利普斯曲线关系，产出缺口对通货膨胀有显著影响，通胀预期对当期通货膨胀的影响系数达到 1.26，已实现的通货膨胀对当期通胀的影响系数为0.86。这一结论虽然表明通胀预期、通胀惯性和产出缺口对实际通胀具有显著影响，但未能体现三者对实际通胀的时变影响路径，在转型期背景下，引入时变模型研究三者影响应更具现实意义。张成思（2012）考虑到中国经济全球化程度不断加深的事实，将中国 17 个主要贸易伙伴国的真实GDP 缺口变量引入交错定价模型，从而推导出我国通货膨胀动态机制模型。研究发现，自 1995 年以来，国外产出缺口显著超越了国内产出缺口对通胀的影响，通胀预期和通胀惯性对国内通胀都有显著影响且影响程度基本持平。郭凯等（2013）着重研究了我国通胀预期和通胀惯性对不同通胀率指标的影响程度，他们发现 CPI 通胀率的通胀惯性大于 RPI，CPI 通胀率的适应性预期特征强于理性预期，而 RPI 通胀率的理性预期特征强于适应性预期。巩师恩、范从来（2013）基于我国二元劳动力结构的现实情况对NKPC 模型进行了扩展，他们发现我国通胀预期项与滞后项都与当期通货膨胀有显著的相关关系，且预期因素影响力强于滞后因素。

在利用 NKPC 框架实证分析通货膨胀动态机制时，必须明确使用何种具体形式的菲利普斯曲线方程。目前，国内外学者在进行实证研究时，主要采用产出缺口型菲利普斯曲线和边际成本型菲利普斯曲线。Gali & Gertler（1999）和 Sbordone（2002）的研究结果都显示了基于边际成本的新凯恩斯菲利普斯曲线更为合理地解释了美国战后通胀的动态变化。Rudd & Whelan（2007）发现产出缺口的系数估计值通常表现为不显著的正值，甚至是显著的负值，即产出缺口估计量本身与通胀率之间可能表现出显著的负相关。但 Guay & Pelgrin（2004）利用新凯恩斯菲利普斯曲线解释美国的通货膨胀时，却发现实际边际成本解释能力较弱。Paloviita（2004）和 Neiss & Nelson（2006）等人通过计量手段也证明了产出缺口可以较好地作为衡量通货膨胀运行的指标。国内学者如刘金全等（2011）的研究也表明，在我国经济运行中存在显著的产出缺口型菲利普斯曲线特征。基于上述分析，本章将采用产出缺口型菲利普斯曲线研究通货膨胀动态特征。

综合上述文献，不难看出利用 NKPC 框架研究通货膨胀动态机制是近年来的基本趋势。目前，国内研究大都使用常系数方法估计通货膨胀动态方程，同时在理性通胀预期的处理上还不够细致。鉴于我国正处于经济转型的重要时期，将各主要因素对通货膨胀的时变影响纳入研究范围具有重要的现实意义。我们将对理性预期变量作较为细致的处理，在此基础上，利用具有时变特征的新凯恩斯菲利普斯曲线分析我国的通货膨胀动态性质。本节接下来的安排如下：第三小节是新凯恩斯菲利普斯曲线理论模型；第四小节是中国通胀预期估计；第五小节是通货膨胀动态性质实证研究；第六小节是结论及政策建议。

三、新凯恩斯菲利普斯曲线理论模型

本章在 Gali & Gertler（1999）的基础上，拟通过一个简单的分析建立产出缺口型新凯恩斯菲利普斯曲线模型。假设在每一时刻，所有单个厂商保持价格不变的概率为 ζ，相应的，其调整价格的概率为 $(1 - \zeta)$。经济中的总体价格水平可表示为：

$$p_t = \zeta p_{t-1} + (1 - \zeta) p_t^c \qquad (4.1)$$

其中，p_t^c 为经济中所有厂商调整后的新价格。

根据厂商调整价格的不同原则，可将其分为比例为 ϑ 的前瞻型厂商和比例为 $(1 - \vartheta)$ 的后顾型厂商。于是，所有厂商调整后的价格为：

$$p_t^c = \vartheta p_t^f + (1 - \vartheta) p_t^b \qquad (4.2)$$

其中，p_t^f 是前瞻型厂商的最优定价，p_t^b 是后顾型厂商的定价。

假设前瞻型厂商的最优定价是在名义边际成本（mc_t^n）的基础上经固定加成得到的。因此，前瞻型厂商的最优定价可表示为：

$$p_t^f = (1 - \delta\zeta) \sum_{i=0}^{\infty} (\delta\zeta)^i E_t [mc_{t+i}^n + \mu] \tag{4.3}$$

其中，δ 是前瞻型厂商的主观贴现率，表示厂商对未来的重视程度；μ 是固定加成量。为简化计算，令 $\mu = 0$，但这并不影响模型推导的基本结论。

Gali & Gertler（1999）假定后顾型厂商的定价取决于上一期的重置价格和上一期的通货膨胀。事实上，后顾型厂商在定价时，往往会参考多期历史通胀。基于这一考虑，本书对此模型的主要改进之处在于放松了 Gali & Gertler（1999）的相关假设，即假定后顾型厂商在定价时，同时参考过去 k 期的通货膨胀。因而后顾型厂商的定价过程可表示为：

$$p_t^b = p_{t-1}^c + \sum_{i=1}^{k} \rho_i \pi_{t-i} \tag{4.4}$$

其中，ρ_i 表示厂商在参考过去一系列通货膨胀时，赋予对应期的实际通胀在价格调整中的权重，$\sum_{i=1}^{k} \rho_i = 1$。当 ρ_1 取 1 时，即厂商只参考前一期的实际通胀，此时后顾型厂商的定价方式就变成了 Gali & Gertler（1999）中的情形。

Rotemberg & Woodford（1997）和 Sheedy（2005）等指出，在某些一般性条件成立的情况下，实际边际成本和产出缺口之间存在线性关系。为方便分析，此处假定：

$$mc_t = ky_t \tag{4.5}$$

对式（4.1）—式（4.5）进行计算和化简，可求得新凯恩斯菲利普斯曲线。经适当计算，可将（4.3）式写为：

$$p_t^f = (1 - \delta\zeta)(mc_t + p_t) + \delta\zeta E_t p_{t+1}^f \tag{4.6}$$

对（4.1）式更新一期，且两边同时取期望，可得：

$$E_t \pi_{t+1} + (1 - \zeta)p_t = (1 - \zeta)E_t p_{t+1}^c \tag{4.7}$$

将（4.2）式代入（4.6）式以消除 p_t^f，可得：

$$\frac{p_t^c - (1-\vartheta)p_t^b}{\vartheta} + \frac{(1-\vartheta)\delta\zeta}{\vartheta}(p_t^c + \pi_t) - (1-\delta\zeta)(mc_t + p_t) = \frac{\delta\zeta}{\vartheta}E_t p_{t+1}^c$$

$$(4.8)$$

将（4.4）式、（4.5）式和（4.7）式代入（4.8）式，经一系列计算①，得到新凯恩斯菲利普斯曲线模型：

$$\pi_t = \Psi_1 E_t \pi_{t+1} + \Psi_2 \pi_{t-1} + \Psi_3 \sum_{i=2}^{k} \rho_i \pi_{t-i} + \Psi_4 y_t \qquad (4.9)$$

其中，$\Psi_1 = \dfrac{\delta\zeta}{\zeta + (1-\vartheta)(1-\zeta+\delta\zeta)}$，

$\Psi_2 = \dfrac{\rho_1(1-\vartheta)(1-\zeta) + (1-\vartheta)\zeta}{\zeta + (1-\vartheta)(1-\zeta+\delta\zeta)}$，$\Psi_3 = \dfrac{(1-\zeta)\vartheta}{\zeta + (1-\vartheta)(1-\zeta+\delta\zeta)}$，$\Psi_4$

$= \dfrac{(1-\zeta)(1-\delta\zeta)\vartheta k}{\zeta + (1-\vartheta)(1-\zeta+\delta\zeta)}$。

（4.9）式表明，在通货膨胀动态调整过程中，真实通胀水平受通胀预期、通胀惯性和产出缺口三大因素影响。经济中的前瞻型厂商所占比例 ϑ 越高，则通胀预期对实际通胀的影响就越大，同时，前瞻型厂商的主观贴现率 δ 越大也会提高通胀预期对实际通胀的影响力度。

四、中国通胀预期的估计

1. 通胀预期的 VAR 模型与状态空间表示

在汉密尔顿（Hamilton，1985）的基础上，设定预期通胀率和预期真实利率服从如下自回归过程：

$$r_t^e = c_1 + \varphi(L)r_t^e + \theta(L)\pi_t^e + \delta(L)\pi_t + \vartheta(L)M_{2t} + \varepsilon_{1t} \qquad (4.10)$$

$$\pi_t^e = c_2 + \beta(L)r_t^e + w(L)\pi_t^e + u(L)\pi_t + \varphi(L)M_{2t} + \varepsilon_{2t} \qquad (4.11)$$

其中，r_t^e 为 t 期预期真实利率，π_t^e 为 t 期预期通胀率，π_t 为 t 期实际通胀

---

① 限于篇幅，在此省略了具体推导过程。如有兴趣，可向作者索要。

率，M_{2t} 为 t 期广义货币供应量增长率，L 是滞后算子，ε_{1t}、ε_{2t} 是随机误差项。

将费雪方程 $r_t^e = i_t - \pi_t^e$ 分别代入（4.10）式、（4.11）式，经整理后可得：

$$i_t = c_1 + \pi_t^e + (\theta - \varphi)(L)\pi_t^e + \varphi(L)i_t + \delta(L)\pi_t + \vartheta(L)M_{2t} + \varepsilon_{1t}$$

$$(4.12)$$

$$\pi_t^e = c_2 + (w - \beta)(L)\pi_t^e + \beta(L)i_t + \mu(L)\pi_t + \varphi(L)M_{2t} + \varepsilon_{2t}$$

$$(4.13)$$

其中，i_t 为 t 期名义利率。由预期偏差 $e_t = \pi_t - \pi_t^e$ 可得：

$$\pi_t = \pi_t^e + e_t \qquad\qquad (4.14)$$

将（4.12）式和（4.14）式作为状态空间模型的信号方程，（4.13）式作为状态方程，再利用卡尔曼滤波算法进行参数估计并获得通胀预期序列。

2. 数据选取、处理和参数估计

（1）数据选取与处理

本部分使用 1998 年 12 月至 2012 年 5 月间共 162 个月的月度数据，相应数据均来自中经网统计数据库。其中，利率采用我国银行间同业拆借加权平均利率，这一利率走势可以较为真实地反映市场主体对未来的通胀预期。通货膨胀率由我国居民消费价格指数计算得到，由于统计资料的限制，只能得到 2001 年 1 月及之后的环比通胀率，而 1998 年 12 月至 2000 年 12 月间的环比通胀率须进行换算①。货币供给增长率用我国广义货币供应量增长率表示。由于样本序列均为月度数据，显示出较强的循环变动，须采用 Census X12 方法进行季节调整。经过季节调整后的所有变量均为平稳时间序列，因此可以建立状态空间模型。

---

① 换算公式：第 N 年 t 月环比 CPI =（下年 t 月环比 CPI／下年 t 月同比 CPI）×下年 $t-1$ 月同比 CPI。

（2）参数估计

考虑到 VAR 模型在表示成状态空间形式后所需估计的参数众多，为保证模型的自由度，此处选择滞后二阶进行估计，结果见表 4-1。

表 4-1　状态空间模型参数估计

参数	估计值	标准差	参数	估计值	标准差
c_1	-0.1853	0.2860	w_2	0.0431	0.1021
c_2	0.2192	0.2311	β_1	-0.0612	0.0881
θ_1	0.7799	0.0804	β_2	0.0427	0.0702
θ_2	0.1284	0.0884	μ_1	0.1392	0.0857
φ_1	0.7794	0.0803	μ_2	-0.1091	0.0810
φ_2	0.1286	0.0883	φ_1	-0.0714	0.0622
δ_1	0.0968	0.0825	φ_2	0.0488	0.0333
δ_2	-0.0606	0.1103	σ_1^2	0.1028	0.1179
ϑ_1	0.0404	0.0510	σ_2^2	0.0124	0.9189
ϑ_2	0.0995	0.0731	σ_e^2	0.1690	0.1305
w_1	-0.0698	0.3838	L	-151.5598	

注：σ_1^2、σ_2^2、σ_e^2 分别是 ε_{1t}、ε_{2t}、e_t 的方差项，L 表示模型的对数似然值。

在获得状态空间模型的参数后，通过卡尔曼滤波一步向前预测方法即可估计出预期通胀率[①]。由图 4-1 可以看出，估计得到的预期通胀率基本上捕捉到了实际通胀率的变动方向，而且与实际通胀率相比，预期通胀率波动更小、更为平稳。

---

① 本书还进一步对所估计的通胀预期序列进行了包括无偏性、强式有效性和预期偏差检验在内的理性预期检验。结果发现，所估预期序列具有理性预期性质，这与 NKPC 理论的理性预期假设保持了较强的一致性。

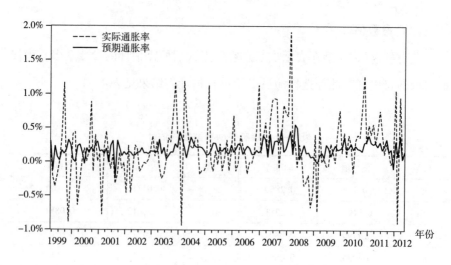

图 4 – 1　经季节调整的实际通胀率与预期通胀率对比图

五、通货膨胀动态性质实证研究

1. 基于时变 NKPC 的通货膨胀动态性质

（1）样本选取与数据处理

本部分使用月度数据，研究区间为 1999 年 3 月—2012 年 5 月。通胀预期和滞后通胀序列已由上文得出。由于我国只公布年度和季度 GDP 数据，因而无法直接根据月度数据求得产出缺口。为此，采用月度工业增加值代替 GDP，将经过 HP 滤波的月度工业增加值作为潜在值，从而得到月度工业增加值缺口并将其作为月度产出缺口的替代变量。为消除可能的季节因素，所有变量还须经过 X12 加法进行季节调整。

（2）平稳性检验

在建立时变参数模型前要求变量均为平稳序列，对于非平稳时间序列则要求其存在协整关系，否则将出现伪回归现象。首先对通货膨胀率 π、预期通胀率 π^e 和产出缺口 y 序列进行平稳性检验。在 ADF 单位根检验中，滞后阶数的选择由 SC 准则确定。从表 4 – 2 可以看出，各变量均为平稳序列，因此可以直接进入时变参数模型。

表 4 - 2　数据平稳性检验

变量	检验类型	ADF 值	P 值	结论
π	(c, 0, 1)	- 7.073	0.000	平稳
π^e	(c, 0, 0)	- 11.846	0.000	平稳
y	(0, 0, 1)	- 5.179	0.000	平稳

注：(c, t, m) 中的 c、t、m 分别表示 ADF 检验过程中的截距项、趋势项和滞后阶数。

（3）模型估计

由于后顾型厂商在定价时往往会参考多期历史通胀信息，因而导致最终的通货膨胀动态机制方程中历史通胀项的滞后阶数≥2。本章将以滞后 2 阶的通货膨胀动态机制模型作为基准模型，同时为较为充分地反映历史通胀对实际通胀的影响，我们建立滞后阶数为 4 的动态模型并与之进行比较分析。模型设立见表 4 - 3。

表 4 - 3　滞后二期和四期的时变参数模型

模型 1——含两期通胀滞后项的变系数模型	
信号方程	$\pi_t = TV_{1t}E_t(\pi_{t+1}) + \sum_{k=2}^{3} TV_{kt}\pi_{t-k+1} + TV_{4t}y_t + \varepsilon_t$
状态方程	$TV_{i,t} = \alpha_i + \beta_i TV_{i,t-1} + \nu_{i,t}, i = 1,2,3,4$
模型 2——含四期通胀滞后项的变系数模型	
信号方程	$\pi_t = TV_{1t}E_t(\pi_{t+1}) + \sum_{k=2}^{5} TV_{kt}\pi_{t-k+1} + TV_{6t}y_t + \varepsilon_t$
状态方程	$TV_{i,t} = \alpha_i + \beta_i TV_{i,t-1} + \nu_{i,t}, i = 1,2,3,4,5,6$

图 4 - 2 给出了模型 1 中各自变量对实际通胀影响系数的时变路径。结果显示，预期通胀对实际通胀的影响力从期初开始下降，2007 年 10 月以来，影响力逐渐回升，最终达到 0.8842，其系数对应 P 值接近 0，统计上十分显著。对照现实情况来看，2007 年经济偏快增长的势头虽然在宏观调

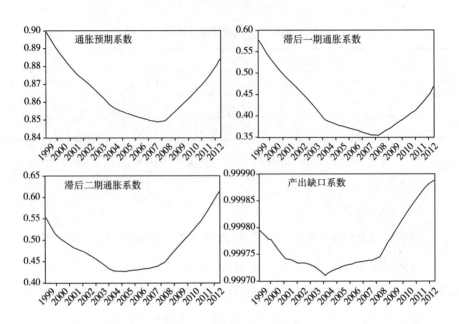

图 4 - 2   模型 1 中各因素对实际通胀的时变影响

控下得到初步遏制，但出现过热的风险没有消除；9 月末，金融机构各项贷款超过全年目标 6422 亿，M_1 和 M_2 同比增长 22.1% 和 18.5%，国内经济明显出现过热态势；8 月初，美国金融危机开始浮现，受其房地产市场和次级债影响，美元开始大幅贬值，以美元计价的初级产品价格提高对国内价格上涨形成压力。在众多国内外影响因素作用下，我国通胀预期不断强化，通胀的自我实现又进一步强化了预期的作用，在经济环境面临诸多不确定性的情况下，经济主体更多地采用前瞻性行为，因此通胀预期在通货膨胀决定中的权重越来越大。一阶滞后通胀对实际通胀的影响系数从期初开始下降直至 2008 年 3 月，之后通胀惯性影响迅速回升，至期末达到 0.4684，对应 P 值为 0.003，统计上十分显著。二阶滞后通胀对实际通胀的影响从期初开始下降直至 2005 年 4 月，之后出现回升，到期末达到 0.6126，同一阶滞后通胀一样，二阶滞后通胀对实际通胀的影响力在统计上也十分显著。产出缺口对实际通胀的影响较大且在统计上显著，但影响系数变化很小。

图 4 - 3 给出了模型 2 中各自变量对实际通胀影响系数的时变路径。结果显示，通胀预期对实际通胀的影响力在期初最大，之后影响不断下降，2008 年 4 月以后，预期的影响力开始反弹。一、三、四阶滞后通胀对实际通胀的影响在走势上大致相似，即影响力在 2008 年以前基本呈下滑趋势，2008 年开始影响力逐渐反弹。而二阶滞后通胀对实际通胀的贡献度在样本期内基本为负，其对应 P 值为 0.926，统计上十分不显著。与模型 1 相似的是，产出缺口对实际通胀的影响较大，接近于 1 且在统计上显著，但影响系数变化很小。

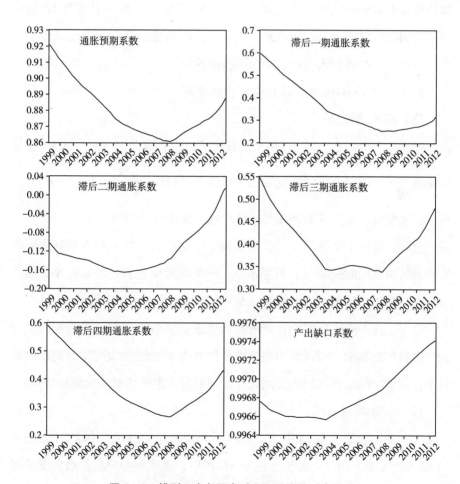

图 4 - 3　模型 2 中各因素对实际通胀的时变影响

模型 1 和模型 2 均得出通胀预期和产出缺口对我国通货膨胀动态调整有重要影响的结论。在模型 1 中，最近一二期历史通胀对实际通胀有正向推动作用，我国通货膨胀动态调整具有明显的惯性特征。在模型 2 中，二阶滞后通胀对实际通胀的影响效果为负且不显著。而众多研究基本上都支持当前我国通货膨胀惯性特征明显，如何启志、范从来（2011）的研究显示当前我国通胀惯性系数显著为正；徐亚平（2009）认为我国通货膨胀粘性特征非常明显，通胀压力一旦显现，一般都具有较长持续性。此外，模型 1 中所有系数均显著，而模型 2 的二阶滞后通胀系数不显著。从模型的整体拟合效果来看，模型 1 的 AIC、SC、HQC 准则均要小于模型 2，这说明前者的整体拟合效果优于后者。因此，含两期通胀滞后项的变系数模型可以更好地刻画我国通货膨胀动态调整过程。

2. 基于 SVAR 模型的通货膨胀冲击分析

（1）模型的识别

根据滞后阶准则，SVAR 模型的最优滞后阶数定为 3，要使 SVAR 系统恰好被识别，须对变量间的同期相关矩阵 $\boldsymbol{B}_0$ 施加 $\frac{3^2-3}{2}=3$ 个约束条件。根据上文得出的实证结果和相关经济理论，施加的短期约束如下：

第一，根据上节模型 1 的实证结果，当期产出缺口对当期实际通胀的影响系数虽然随时间变化，但基本在 0.999 附近变化并且波动极小，因此设定同期相关矩阵的对应元素为 0.999；

第二，在 NKPC 框架中，当期实际通胀受同期对未来通胀预期以及同期产出缺口的影响，可以认为当期形成的对未来通胀的预期及当期产出缺口不受同期实际通胀的影响，因此设定同期相关矩阵的对应元素均为 0。

（2）脉冲响应分析

实际通胀、通胀预期和产出缺口序列均为平稳序列，因此可以进入 SVAR 模型。在图 4－4 所示的冲击响应图中，选取脉冲响应函数的滞后期为 12，横轴表示冲击发生的时间间隔，纵轴表示变量受到一个标准差信息冲击的响应程度，虚线表示正负两倍标准差置信带。图4－4中的三幅图分别给出了实际通胀对来自自身、通胀预期和产出缺口的一个正向标准差冲击的响应情况。

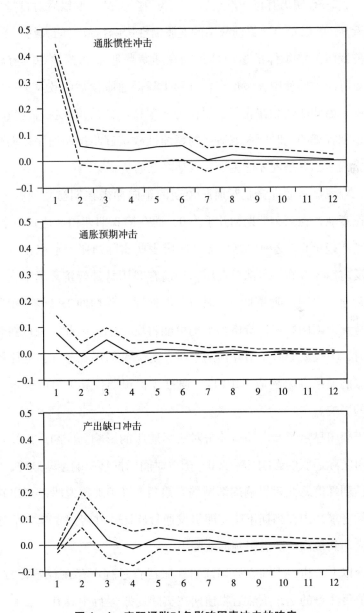

图4－4　实际通胀对各影响因素冲击的响应

第一幅图显示通货膨胀对其自身冲击的反应最为强烈。对自身一个正标准差的新息冲击响应在期初最大，随后逐渐衰减，到第 7 期期初变为 0，之后又变为接近 0 的正值。总体来看，通货膨胀对其自身的冲击在第 1 期反应最大，2—6 期仍有正向反应但已减弱很多，第 7 期以后对自身冲击的反应接近 0。可以看出，目前我国的通胀惯性影响持续时间大约为 6 个月，说明当前我国经济主体的适应性预期在通货膨胀动态调整中具有较大影响，在短时间内即使中央银行出台有利于降低通胀预期的政策仍难以完全抑制通胀，因此防通胀在我国必须作为一项持续性政策来执行，货币当局在强化预期管理的同时须采取适当的紧缩性政策逐步抑制通胀以弱化通胀惯性的影响，二者搭配才能更加有效地降低通货膨胀。

第二幅图显示通货膨胀对通胀预期的正向冲击在期初立刻做出反应，之后迅速衰减，在第 2 期期初几乎为 0，而在第 3 期期初又达到一个高峰，之后又基本趋于 0。这种"锯齿形"响应表明实际通胀对通胀预期冲击做出即时反应后还存在一个滞后反应。当前在我国特殊经济环境下，通胀预期和实际通胀之间可能并非一一对应，即使通胀预期冲击已经实现，但由于某些特殊因素的影响，价格水平仍可能再度上扬。因此，央行在管理通胀预期时，不仅要着眼于引导预期本身，更关键的还在于弄清通胀预期与实际通胀的关系（盛松成，2010），通过改善预期传导渠道以稳定其对实际通胀的影响。

第三幅图显示了产出缺口冲击对实际通胀的影响。期初产出缺口的正向冲击对实际通胀的影响几乎为 0，随着时间的推移影响逐渐显现，在第 2 期期初达到峰值，此后影响逐渐减弱，最后趋于 0。这说明由产出缺口代表的超额需求冲击在当期不能立即引发通货膨胀，在经过 1 期之后通货膨胀的反应达到最高，随后影响逐渐变小。

综合以上分析，当前在我国通货膨胀运行过程中存在着显著的 NKPC 特征。值得注意的是，虽然通胀预期在实际通胀运行中具有重要影响，但预期冲击对实际通胀的影响效果却是不稳定的。从实践推测，这可能是由于我国通胀预期具有较强粘性特征所致，而这一现象归根结底源于央行对经济增长的过度偏好以及政策的相机抉择性。例如，2008 年底政府出台的 4 万亿投资刺激计划给了市场一个普遍且持久的高通胀预期。2010 年 10 月通货膨胀率在 24 个月内首次破 4，11 月破 5，为防止通货膨胀进一步恶化，央行启动了三年来的首次加息，全面收紧信贷。2011 年 11 月，在通货膨胀基本被遏制的情况下，央行又再次下调存款准备金率，意图扩张经济。但从 4 万亿投资中形成的通胀预期是具有持久性的，并未因暂时的紧缩政策而完全消失，相反，相机抉择下的临时性紧缩政策只能暂时减缓通胀。较大的通胀预期粘性导致暂时的紧缩性政策无法抵消公众的持久预期，因此要想通过预期管理来降低通胀、减少社会福利损失，就必须改变央行的相机抉择行为，树立坚决的反通胀决心，并通过提高政策透明度以增强政策可信度。

六、结论及政策建议

本章在通胀预期的 VAR 模型基础上估计了中国的预期通胀率，并通过相关检验验证了所估通胀预期具有理性性质，可以近似代表理性预期。在此基础上，利用具有时变特征的产出缺口型 NKPC 分析了我国通货膨胀动态机制。结果发现，包含两期通胀滞后项的 NKPC 比包含四期通胀滞后项的 NKPC 能更好地解释我国通货膨胀动态过程。在通货膨胀调整中，通胀预期、通胀惯性和产出缺口对通货膨胀均能产生显著影响，通胀预期和通胀惯性的影响力自国际金融危机以来是不断提高的，而产出缺口影响的时变特征则不够明显。

在冲击分析中，我们发现实际通胀对当前通胀预期冲击的响应路径既不像通胀惯性冲击导致的"衰减形"，也不像产出缺口冲击产生的"上尖角形"，而是一种"锯齿形"。这表明当前我国通胀预期粘性程度可能较大。随着我国市场化机制的不断完善，市场主体的预期正逐步趋于理性化，在诸如 4 万亿投资刺激计划、各国竞相实施量化宽松政策等大背景下，经济主体会据此形成持久性通胀预期，这种预期具有较强粘性，其更多来自社会公众自身对未来经济走势的理性判断。因此，即使当局暂时控制住通货膨胀，也难以改变公众的持久预期，加上随着通货膨胀的暂时缓解，政府往往会重拾宽松政策，这种相机行为一方面为日后的通货膨胀埋下伏笔，另一方面也将会被公众所逐渐了解并作为一种决策信息纳入通胀预期的形成中去，从而暂时的紧缩政策反而会强化公众的通胀预期。

由于通胀预期在实际通货膨胀形成中的影响越来越大，同时预期冲击对实际通胀的影响效果缺乏足够的稳定性，因此在通货膨胀得到暂时遏制的情况下，我国应谨慎使用宽松政策，以免通货膨胀在持久性通胀预期的推动下变得更加严重，转变央行的相机抉择行为，树立坚决的反通胀决心，提高透明度以增强政策可信度等，有效降低预期的粘性程度。

第二节　通货膨胀短期动态机制分析：基于双粘性框架

一、研究背景

英国经济学家菲利普斯（Phillips，1958）通过研究发现，货币工资增长率与失业率之间存在相互替代的关系，提出了著名的菲利普斯曲线。凯恩斯主义者则以此为基础建立了总供给曲线，作为供求分析的重要组成部分。20世纪70年代，由于凯恩斯主义在解决滞胀问题时表现乏力，新古典宏观经济学派兴起。该学派以微观经济理论为基础进行宏观经济分析，提出了理性预期假设，在学术理论上有所突破。但该学派极端自由化的政策主张受到质疑，其市场出清的微观假设也脱离实际。新凯恩斯主义者在前人研究的基础上，结合理性预期假设，从工资粘性、价格粘性出发构建了具有微观基础的经济模型。这样，建立在泰勒（Taylor，1980）和卡沃

（Calvo，1983）理论上的新凯恩斯菲利普斯曲线也应运而生。该模型的具体形式为：$\pi_t = \beta E_t \pi_{t+1} + k y_t$，表明通货膨胀率取决于当期的产出缺口和当期对下一期通胀的预期。近年来，该曲线在货币政策分析方面得到了广泛应用。

但新凯恩斯菲利普斯曲线也存在很大的不足，它的实证显示通货膨胀对货币政策冲击反应迅速，这与现实并不完全相符。波尔（Ball，1994）指出，若根据新凯恩斯菲利普斯曲线，能得出紧缩性政策将导致经济繁荣而不是经济衰退，这与事实恰恰相反。富雷尔和莫尔（Fuhrer & Moore，1995）指出，新凯恩斯菲利普斯曲线无法解决通胀惯性等问题。为解决这些问题，国内外学者对新凯恩斯菲利普斯曲线进行了各种改进，在不同程度上取得了成功。例如加利和盖特勒（Gali & Gertler，1999）提出的混合模型很好地解决了通胀持续性问题，陈彦斌（2008）在加利和盖特勒（Gali & Gertler，1999）的基础上建立了四因素模型，分析了中国的通胀问题。

曼昆和赖斯（Mankiw & Reis，2002）则从粘性信息而非粘性价格的角度出发，提出了粘性信息菲利普斯曲线（SIPC）以取代新凯恩斯菲利普斯曲线。他们的模型解决了通货膨胀持续性、货币政策滞后性等问题，也表明了紧缩性政策总会导致衰退。卡罗尔（Carroll，2003）指出曼昆和赖斯（Mankiw & Reis，2002）模型之所以能够解决如此多的困扰，是因为他们放松了所有经济单位每个时刻都是理性的假设。随后，赖斯（Reis，2006）、Jinnai（2007）、Coibion（2010）等人也分别建立了粘性信息模型来解释总需求对产出和价格的动态影响。曼昆和赖斯（Mankiw & Reis，2002）模型的核心思想是宏观经济信息在人群中传播速度缓慢。而信息传播缓慢，主要是因为人们更新信息需要成本。这样，有的企业及时更新信息，而有的企业可能连续几期都不更新。因此，不同企业的信息集也就有所不同，而在信息集基础上形成的宏观经济预期也会有所区别。虽然曼昆和赖斯（Mankiw & Reis，2002）模型假设了企业每一期都会制定最优价格，但信息集的不同最终导致不同企业的定价差异。

针对曼昆和赖斯（Mankiw & Reis，2002）提出的以 SIPC 替代 NKPC 的主张，国外一些学者提出了反对意见。如 Korenok（2008）、Coibion（2010）等通过实证发现，粘性价格模型对数据的拟合效果要比粘性信息模型好很多，Coibion（2010）更是直接指出 SIPC 过于平滑，缺乏波动性。还有一些研究表明，粘性信息模型无法解释通胀对技术冲击反应迅速等问题。Dupor、Kitamura & Tsuruga（2010）则同时考虑粘性价格和粘性信息的假设，建立了双粘性菲利普斯曲线模型（DSPC）来解释美国的通胀问题。在他们的模型中，企业每一期都要面临更新价格和更新信息的问题，为了处理方便，他们假设了企业每一期更新价格和更新信息的概率是相互独立的。其经验研究表明粘性价格和粘性信息都是存在的，指出无法用粘性信息模型来替代粘性价格模型，而两者的结合即双粘性模型可能更有助于对实际问题的解释。

粘性信息模型或双粘性模型都表明通货膨胀率不仅取决于当期的产出缺口，也取决于不同时期对当期通货膨胀率和产出缺口增长率的预期，这一特征大大增加了对模型参数估计的难度。在 SIPC 中，最主要的参数就是信息粘性程度，该参数反映了企业更新信息的频率。在 DSPC 中，则同样面临着该参数的校准问题。因此，本节的目的之一就是要估计出中国的信息粘性程度，同时，本节还将比较 SIPC、DSPC、NKPC 和混合 NKPC 在解释中国通胀问题时的表现。本节拟在引入预期和平滑机制的泰勒规则基础上建立状态空间模型，通过卡尔曼滤波估计出不同时期对当期通货膨胀率和产出缺口增长率的预期，进而对曼昆和赖斯（Mankiw & Reis，2002）模型中的 SIPC 及 Dupor、Kitamura & Tsuruga（2010）模型中的 DSPC 和 NKPC、混合 NKPC 进行参数估计，并进一步分析比较它们的拟合效果。

二、文献回顾

粘性信息菲利普斯曲线提出后，国外学者通过构建不同的模型，使用不同的方法对其进行了参数估计。不同模型所得到的估计结果也不尽相同。曼昆和赖斯（Mankiw & Reis，2003）从工资和失业的角度，使用最小二乘法对信息的粘性程度进行了估计，他们发现工资制定者大约一年更新一次信息。卡罗尔（Carroll，2003）受疾病传播模型的启发，把新闻报道作为信息源，为曼昆和赖斯（Mankiw & Reis，2002）模型的信息传播提供了微观基础。他假定新闻媒体所报道的通胀预期是理性的，并把一定时期吸收信息的人口比例作为信息粘性程度。卡罗尔（Carroll，2003）具体演化了人们通胀预期的形成过程，并运用密歇根调查数据和专家形成的（理性的）通胀预期调查数据，估计出了信息粘性程度约为 0.27，意味着约有 1/4 的人口使用最新信息进行决策。Dopke 等（2005）运用欧洲国家的数据为信息传播提供了相似的理论支持。

基利（Kiley，2005）运用极大似然估计法分别对粘性价格和粘性信息模型进行了估计。他发现混合新凯恩斯菲利普斯曲线能够更好地拟合数据，对通胀的动态特征把握得更加准确。但这并不意味着粘性信息模型不重要，因为混合模型的一些假设本就是基于不完全信息的。他还分别利用 1965—2002 年和 1983—2002 年的数据对 SIPC 进行了估计，得出的信息粘性程度并不相同，大约在 0.59 到 0.39 之间。Khan & Zhu（2006）借鉴 Stock & Watson（2001）的双变量向量自回归模型，估计出了通货膨胀预期和产出缺口增长率预期，并进一步使用非线性最小二乘法估计出了美国信息粘性程度。他们认为美国信息粘性时长介于 3 个季度到 7 个季度之间，意味着使用最新信息进行价格决策的企业所占比例大约在 33% 到 13% 之间。Coibion（2010）同样比较了粘性信息菲利普斯曲线和新凯恩斯菲利普斯曲线，他分别作出了两条曲线的拟合图形。通过图形可以看出，NKPC 能够很好地刻画美国通货膨胀率的走势，捕捉到了 20 世纪 70 年代和 80 年代初期两个通胀高峰。他的实证显示 NKPC 能够解释美国通货膨胀率的 80% 左右。但 SIPC 能够解释通胀的成分就小得多了，它的拟合曲线更加趋于平滑，这主要是因为 SIPC 增加了对过去预期的权重。

Dupor、Kitamura & Tsuruga（2010）同时基于粘性价格和粘性信息的假设，建立了以边际成本形式表示的双粘性菲利普斯曲线。他们的通胀方程包含了通胀滞后项、产出缺口项、前瞻性预期项和滞后预期项，在与其他模型的比较中，发现 DSPC 对美国通胀的拟合效果最优。估计结果显示，在美国，每个季度约有14%的企业更新价格，有42%的企业更新信息。但当他们允许有典型的策略互补水平时，估计结果则分别变为了 28% 和 70%。他们还量测了两种粘性的相对重要性，发现在拟合美国通胀时，粘性价格比粘性信息更加重要。通过与纯粹的粘性信息模型的对比，可以发现双粘性模型对信息粘性程度的估值偏大。

针对中国菲利普斯曲线的研究也很多。范从来（2000）、刘斌和张怀清（2001）、赵博和雍家胜（2004）等就菲利普斯曲线在中国的适用性问题进行了探讨，他们分别基于适应性预期的研究表明中国的菲利普斯曲线是存在的。Scheibe & Vines（2005）的研究表明，基于理性预期的新凯恩斯菲利普斯曲线对中国的通胀动态特性有更强的解释力。陈彦斌（2008）建立了四因素的混合新凯恩斯菲利普斯曲线，从通胀预期、通胀惯性、需求拉动、成本推动四个角度讨论了中国的通胀问题。杨继生（2009）、张成思（2012）、卞志村和高洁超（2013）等从不同角度拓展了 NKPC 模型及其在中国的应用。

但国内外学者针对我国粘性信息菲利普斯曲线的研究相对较少，仅有的几篇也多是概述性的文献。张成思（2007）对研究短期通胀率动态机制的各种模型进行了评述，对粘性信息理论的优缺点进行了点评。李彬和刘凤良（2007）使用 SVAR 模型估计了各期对本期通胀和产出缺口增长率的预期，估计出 1990—2005 年的信息粘性程度在 0.34 到 0.47 之间。他们还比较了 SVAR 模型、粘性信息模型和粘性价格模型对于一个标准差货币政策冲击的动态响应。王军（2009）认为粘性信息理论是新凯恩斯主义经济理论的前沿，他对粘性信息的含义、根源、发展及对经济分析的意义进行了评述。彭兴韵（2011）对粘性信息理论进行了全面的总结和梳理，介绍了信息粘性的来源、度量，粘性信息菲利普斯曲线的推导，及粘性信息在动态一般均衡模型中的应用。

以上这些研究大大丰富了我们对菲利普斯曲线的理解。但是，这些研究少有对我国粘性信息菲利普斯曲线进行具体实证分析，这使得我国基于粘性信息框架的研究没有取得太多进展。就双粘性模型方面而言，国内的研究则几乎为空白。因此，本节试图在已有研究的基础上，进一步探讨粘性信息模型、双粘性模型在中国的适用性问题，并比较二者与原有的粘性价格模型、混合 NKPC 模型在解释中国通胀问题时的具体表现。

三、粘性信息模型与双粘性模型：一个比较分析视角

1. 粘性信息菲利普斯曲线

曼昆和赖斯（Mankiw & Reis，2002）假定，在垄断竞争市场下，企业每一期都会制定最优的价格。但由于宏观经济信息在人群中传播缓慢，企业用以制定最优价格的信息却不一定是最新的。假设每一期有 λ 比例的企业获得最新宏观经济信息，并在此基础上制定最优价格，而其他企业则基于过时的信息定价。他们还假设每一个企业每一期更新信息的概率 λ 是一样的，而且这一概率独立于历史更新次数。此处假设与卡沃（Calvo，1983）模型有相似之处。SIPC 的推导如下：

企业根据利润最大化的原则推出其最优价格为：

$$p_t^* = p_t + \alpha y_t \qquad (4.15)$$

其中 p_t^* 表示企业的最优价格，p_t 表示总体价格水平，y_t 表示产出缺口，这些变量均为对数形式。α 表示产出缺口对企业最优价格的影响程度，这一参数取决于偏好、技术、市场结构等等。李彬和刘凤良（2007）指出 α 是策略互补水平的度量，这是企业定价时参照其他企业定价行为而形成的。该策略互补源自于市场垄断竞争的特征，取值在 0 到 1 之间。

粘性信息假设意味着基于 j 期前信息集制定的价格为：

$$x_t^j = E_{t-j} p_t^* \qquad (4.16)$$

则总体价格水平是经济中所有企业定价的平均值：

$$p_t = \lambda p_t^* + \lambda(1 - \lambda)E_{t-1}[p_t^*] + \cdots + \lambda(1 - \lambda)^j E_{t-j}[p_t^*] + \cdots$$

$$= \lambda \sum_{j=0}^{\infty} (1 - \lambda)^j x_t^j$$

(4.17)

结合（4.15）式、（4.16）式、（4.17）式可得：

$$p_t = \lambda \sum_{j=0}^{\infty} (1 - \lambda)^j E_{t-j}(p_t + \alpha y_t) \qquad (4.18)$$

在方程（4.18）的基础上，经过一系列数学推导可得到粘性信息菲利普斯曲线：

$$\pi_t = \left(\frac{\alpha\lambda}{1 - \lambda}\right)y_t + \lambda \sum_{j=0}^{\infty} (1 - \lambda)^j E_{t-1-j}(\pi_t + \alpha\Delta y_t) \qquad (4.19)$$

这里 $\Delta y_t = y_t - y_{t-1}$ 是产出缺口增长率。从（4.19）式可以看出通货膨胀率取决于产出缺口、各期对当期通货膨胀率和产出缺口增长率的预期。与 NKPC 强调对未来通货膨胀的预期不同，在粘性信息模型中强调的是过去对现在的预期。两者之间的这一重要区别决定了各自性质的不同。在 SIPC 中，λ 表示信息的粘性程度。随着 λ 的增加，会有更多的企业使用最新的信息进行价格决策。

2. 双粘性菲利普斯曲线

双粘性菲利普斯曲线同时考虑粘性价格和粘性信息两个方面。在该分析框架下，纯粹的粘性价格模型或粘性信息模型都只是它的特例。如 SIPC 中一样，假设企业每一期更新信息的概率为 λ，同时假设企业每一期更新价格的概率为 γ。为了处理的方便，还假设更新价格的概率 γ 与更新信息的概率 λ 不相关。我们用 p_t 表示总体的价格水平，用 q_t 表示所有更新的价格形成的一个价格水平。

这样，由于在 t 期只有 γ 比率的企业更新了价格，所以得到：

$$p_t = (1 - \gamma)p_{t-1} + \gamma q_t \qquad (4.20)$$

也可以写成：

$$\pi_t = \frac{\gamma}{1-\gamma}(q_t - p_t) \qquad (4.21)$$

根据粘性价格的假设，如果企业在最新的信息集上定价，则有：

$$p_t^f = \gamma \sum_{k=0}^{\infty} (1-\gamma)^k E_t p_{t+k}^* \qquad (4.22)$$

此处的 p_t^* 与前文一致，p_t^f 表示企业基于最新信息集所做出的定价等于当期最优价格与未来所有期最优价格的加权平均。p_t^f 的确定之所以是前瞻性的，主要是考虑到不能经常的更新价格，即价格是具有粘性的。

由（4.22）式可以推导出：

$$p_t^f = \gamma p_t^* + (1-\gamma) E_t p_{t+1}^f \qquad (4.23)$$

如果是基于过去信息集定价的话，比如基于 j 期前信息集定价，则有：

$$x_t^j = E_{t-j} p_t^f \qquad (4.24)$$

那么，所有更新后的价格形成的价格水平 q_t 可以表示为：

$$q_t = \lambda \sum_{j=0}^{\infty} (1-\lambda)^j E_{t-j}(p_t^f) \qquad (4.25)$$

由（4.25）式可得：

$$q_t = (1-\lambda)q_{t-1} + \lambda(1-\lambda) \sum_{j=0}^{\infty} (1-\lambda)^j E_{t-1-j}(\Delta p_t^f) + \lambda p_t^f$$

$$(4.26)$$

其中 $\Delta p_t^f = p_t^f - p_{t-1}^f$，将（4.12）式两边同时减去 p_t 可得：

$$q_t - p_t = (1-\lambda)(q_{t-1} - p_{t-1}) - (1-\lambda)\pi_t + \lambda(p_t^f - p_t)$$

$$(4.27)$$

$$+ \lambda(1-\lambda) \sum_{j=0}^{\infty} (1-\lambda)^j E_{t-1-j}(\Delta p_t^f)$$

将（4.27）式代入（4.21）式并结合（4.15）式、（4.20）式、（4.22）式、（4.23）式可得双粘性模型[①]：

$$\pi_t = \frac{(1-\gamma)(1-\lambda)}{1-\gamma\lambda}\pi_{t-1} + \frac{\gamma^2\lambda\alpha}{1-\gamma\lambda}y_t + \frac{\gamma^2\lambda}{1-\gamma\lambda} \sum_{k=1}^{\infty} (1-\gamma)^k E_t (\sum_{i=1}^{k} \pi_{t+i}$$

---

① 限于篇幅，推导过程可向作者索取。

$$+ \alpha y_{t+k}) + \frac{\gamma(1-\lambda)\lambda}{1-\gamma\lambda}\sum_{j=0}^{\infty}(1-\lambda)^{j}\gamma\sum_{k=0}^{\infty}(1-\gamma)^{k}E_{t-1-j}(\pi_{t+k}+\alpha\Delta y_{t+k})$$

$$(4.28)$$

或者得到如下形式:

$$\pi_{t} = \frac{(1-\gamma)(1-\lambda)}{\zeta}\pi_{t-1} + \frac{\gamma^{2}\lambda\alpha}{\zeta}y_{t} + \frac{(1-\gamma)}{\zeta}E_{t}\pi_{t+1}$$

$$+ \frac{\gamma^{2}\lambda(1-\lambda)}{\zeta}\sum_{j=0}^{\infty}(1-\lambda)^{j}E_{t-1-j}(\pi_{t}+\alpha\Delta y_{t})$$

$$- \frac{\gamma(1-\gamma)(1-\lambda)\lambda}{\zeta}\sum_{j=0}^{\infty}(1-\lambda)^{j}\gamma\sum_{k=0}^{\infty}(1-\gamma)^{k}(E_{t-j}$$

$$- E_{t-1-j})(\pi_{t+k+1}+\alpha\Delta y_{t+k+1}) \qquad (4.29)$$

其中, $\zeta = 1 - \gamma\lambda + (1-\lambda)(1-\gamma)^{2}$。(4.28)式与 Dupor、Kitamura & Tsuruga (2010) 以边际成本形式表示的双粘性菲利普斯曲线是对应的。(4.29)式则与 Kitamura (2008) 中的 DSPC 是一致的。

Kitamura (2008) 令 $\eta_{t} = - \frac{\gamma(1-\gamma)(1-\lambda)\lambda}{\zeta}\sum_{j=0}^{\infty}(1-\lambda)^{j}\gamma\sum_{k=0}^{\infty}(1-\gamma)^{k}(E_{t-j} - E_{t-1-j})(\pi_{t+k+1}+\alpha\Delta y_{t+k+1})$，并指出 η_{t} 的均值为零，由对未来通胀和产出缺口增长率的预期误差之和构成。他认为该项是通胀惯性的又一原因，对经验拟合也起到了一定的作用。从 DSPC 中，我们能够很容易得到纯粹的 SIPC 和 NKPC。当 $\lambda = 1$ 时，即不考虑信息的粘性问题，DSPC 就转化成了 NKPC；当 $\gamma = 1$ 时，即不考虑价格的粘性问题，DSPC 就转化成了 SIPC。

四、通胀预期和产出缺口预期的估计

1. 状态空间模型的建立

为估计出中国的信息粘性程度，首先要估计出各期对当期通货膨胀率和产出缺口增长率的预期。本书在引入预期和平滑机制的泰勒规则基础上建立状态空间模型，通过卡尔曼滤波估计出不同时期对当期通货膨胀率和产出缺口增长率的预期。

Taylor（1993）认为可以根据通胀和产出与其目标值之间的差距来调节真实利率，提出了著名的泰勒规则。其具体形式如下：

$$i_t^* = r^* + \pi_t + \beta_1(\pi_t - \pi^*) + \beta_2 y_t \tag{4.30}$$

后来的学者对其进行了拓展与改进。Clarida 等（2000）引入前瞻性预期因素提出：

$$i_t^* = r^* + \pi_t + \beta_1(E[\pi_{t,k}|\Omega_t] - \pi^*) + \beta_2(E[y_{t,q}|\Omega_t]) \tag{4.31}$$

其中，$\pi_{t,k}$ 表示从 t 期到 $t+k$ 期的通货膨胀水平。$y_{t,q}$ 表示 t 期到 $t+q$ 期的产出缺口，E 是预期因子，Ω_t 表示 t 期的信息集。谢平和罗雄（2002）、卞志村（2006）、张屹山和张代强（2007）等都采用 Clarida 等（2000）的反应函数及其改进函数对泰勒规则进行了估计，各个模型的拟合优度都比较好。张屹山和张代强（2007）指出由于统计数据的滞后，货币当局只能参照上期的数据对经济情况进行决策，因此：

$$i_t^* = r^* + \pi_{t-1} + \beta_1(E[\pi_{t+1}|\Omega_{t-1}] - \pi^*) + \beta_2(E[y_{t+1}|\Omega_{t-1}])$$

$$\tag{4.32}$$

央行在进行决策时看重预期的影响，但与上文提到的前瞻性预期不同，本书认为央行更多的是看重对本期通货膨胀率和产出缺口的预期。此外，Kozicki（1999）、Rapach & Weber（2001）等认为长期均衡实际利率的估计结果受样本区间的影响，参照刘金全和张小宇（2012）的做法，本节对长期均衡实际利率 r^*、通胀目标 π^* 引入时变因素，为 r_t^{**}、π_t^{**}。因此，本节改进的泰勒规则为：

$$i_t^* = r_t^{**} + \pi_{t-1} + \beta_1(E_{t-1}\pi_t - \pi_t^{**}) + \beta_2(E_{t-1}y_t) \tag{4.33}$$

由于货币当局在调整利率时存在明显的利率平滑现象，因此引入利率调整的平滑行为：

$$i_t = (1-\rho)i_t^* + \rho i_{t-1} + v_t \tag{4.34}$$

其中，i_t 为名义利率，v_t 为随机误差项，$\rho \in [0, 1]$ 为利率平滑参数。最终得到泰勒规则为：

$$i_t = (1-\rho)r_t^{**} + (1-\rho)\pi_{t-1} + (1-\rho)\beta_1(E_{t-1}\pi_t - \pi_t^{**})$$
$$+ (1-\rho)\beta_2(E_{t-1}y_t) + \rho i_{t-1} + \varepsilon_{0t}$$

$$(4.35)$$

为估计各期对当期通货膨胀率和产出缺口增长率的预期，还要引入理性预期机制：

$$\pi_t = E_{t-1}\pi_t + \varepsilon_{1t} \tag{4.36}$$

$$y_t = E_{t-1}y_t + \varepsilon_{2t} \tag{4.37}$$

将（4.35）式、（4.36）式、（4.37）式视作量测方程，将状态变量 $E_{t-1}\pi_t$、$E_{t-1}y_t$、π_t^{**}、r_t^{**} 表示成各自一阶滞后项的线性表达式，作为状态方程，表示成如下状态空间形式：

量测方程为：$z_t = H\alpha_t + Ax_t + \varepsilon_t$

状态方程为：$\alpha_t = F\alpha_{t-1} + Gx_t + u_t$

其中，$z_t = (i_t, \pi_t, y_t)'$，$\alpha_t = (E_{t-1}\pi_t, E_{t-1}y_t, \pi_t^{**}, r_t^{**})'$，$x_t = (i_{t-1}, \pi_{t-1}, 1)'$，$\varepsilon_t = (\varepsilon_{0t}, \varepsilon_{1t}, \varepsilon_{2t})'$，$u_t = (u_{3t}, u_{4t}, u_{5t}, u_{6t})'$，$\varepsilon_{it} \sim i.i.d(0, \sigma_{it}^2)$，$u_{jt} \sim i.i.d(0, \sigma_{jt}^2)$，

$$H = \begin{pmatrix} (1-\rho)\beta_1 & (1-\rho)\beta_2 & -(1-\rho)\beta_1 & 1-\rho \\ 1 & 0 & 0 & 0 \\ 0 & 1 & 0 & 0 \end{pmatrix}, A = \begin{pmatrix} \rho & 1-\rho & 0 \\ 0 & 0 & 0 \\ 0 & 0 & 0 \end{pmatrix},$$

$$F = \begin{pmatrix} 1-\gamma_1 & 0 & 0 & 0 \\ 0 & 1-\gamma_2 & 0 & 0 \\ 0 & 0 & 1-\gamma_3 & 0 \\ 0 & 0 & 0 & 1-\gamma_4 \end{pmatrix}, G = \begin{pmatrix} 0 & 0 & \gamma_1 \\ 0 & 0 & \gamma_2 \\ 0 & 0 & \gamma_3 \\ 0 & 0 & \gamma_4 \end{pmatrix}。$$

2. 数据

本节使用季度数据进行经验研究，样本区间为 1996 年第 1 季度到 2012 年第 4 季度，共 68 个样本点。为消除季节因素的影响，所有变量都

经过 X12 加法季节调整。

（1）利率

由于利率在我国并没有完全市场化，故需选择市场利率的代理变量。我国货币市场是从 1984 年建立银行间同业拆借市场起步的，1996 年全国统一的同业拆借市场运行成功（卞志村，2006）。国内许多学者认为七天期银行间同业拆借利率能够很好地反映市场的资金供求关系。故本章选取 1996 年到 2012 年七天期银行间同业拆借利率作为市场利率的代理变量。

（2）通货膨胀率

目前我国通货膨胀率主要使用 GDP 平减指数或消费者价格指数求得。本章选取 CPI 的月度环比数据，并在其基础上通过季度内三个月 CPI 连乘得到 CPI 的季度环比数据。对 CPI 季度环比数据取对数，然后再乘以 100 即可得到季度通货膨胀率。

（3）产出缺口

产出缺口度量的是实际产出与潜在产出之间的差额。本章通过名义 GDP 累计数据获得其各季度值，然后用名义 GDP 除以定基 CPI 得到各季度的实际 GDP。产出缺口 = 100 × （实际 GDP − 潜在 GDP）/潜在 GDP，其中潜在 GDP 由 HP 滤波求得。

3. 卡尔曼滤波估计结果

表 4 - 4　状态空间模型的参数估计

	参数值	标准差		参数值	标准差
$1-\rho$	0.0411	0.0245 *	$\ln\sigma_3^2$	− 1.2344	0.4062 ***
β_1	6.0477	4.2356	γ_2	0.0498	0.0945
β_2	1.9942	1.3613	$\ln\sigma_4^2$	− 0.0935	0.3827
$\ln\sigma_0^2$	− 2.7183	0.4092 ***	γ_3	9.71E − 11	5.88E − 11 *
$\ln\sigma_1^2$	− 1.7535	0.5701 ***	$\ln\sigma_5^2$	− 1.7277	0.9536 *
$\ln\sigma_2^2$	0.0137	0.1988	γ_4	0.2902	2.9970
γ_1	0.2865	0.1175 **	$\ln\sigma_6^2$	0.8823	5.0531

续表 4 - 4

	参数值	标准差		参数值	标准差
对数似然值	- 258. 2863	AIC 准则		8. 0084	
参数个数		SC 准则		8. 4654	

注释：* 、** 和 *** 分别表示在 90% 、95% 和 99% 的置信水平下显著。

　　根据卡尔曼滤波一步向前预测方法，我们可以得到量测向量和状态向量的时间序列。通胀目标和长期均衡实际利率如图 4 - 5 和图 4 - 6 所示。从图 4 - 5 我们可以看出，通胀目标的波动幅度较实际通胀更大一些，对后者能起到一定调节作用。从 1998 年起，我国开始实施扩张性的宏观经济政策，这一事实也明显地反映到了通胀目标上。而与 2008 年金融危机相对的是，我国通胀目标有较高的设定，这些都表明我国宏观经济政策在一定程度上存在逆经济风向的特征。可以说，这些阶段性的政策目标一方面反映了货币当局对经济形势的判断，另一方面也与我国货币政策最终目标"保持货币币值的稳定，并以此促进经济增长"是一致的。

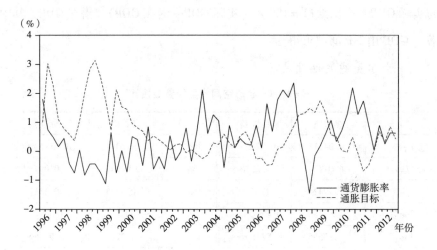

图 4 - 5　通货膨胀目标值

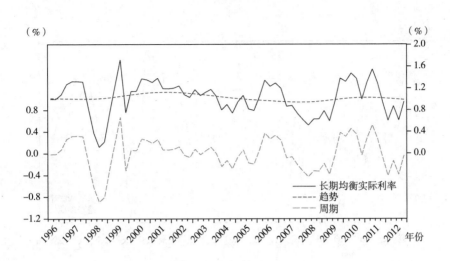

图 4 - 6　长期均衡实际利率

通过对图 4 - 6 中的时间序列做 HP 滤波可以看出，我国长期均衡实际利率虽然随着时间的变化而变化，但其趋势项总体稳定在 1% 左右，其波动多受经济周期的影响，如 2008 年左右，长期均衡实际利率受全球金融危机的影响有所下跌。我们还发现，该均衡利率的变动往往领先于通货膨胀率、产出缺口等宏观经济变量，例如其在 2007 年初就开始出现下降的趋势，这一点对我国货币政策的制定具有重要的参考价值。

对通胀预期和产出缺口预期及利率规则值估计结果如图 4 - 7 至图 4 - 9 所示。

从图 4 - 7 可以看出，通货膨胀预期值与实际值在整体趋势上是保持一致的，但相比而言，通胀预期更加平稳。我国 1992—1996 年有较为严重的通货膨胀，通胀率在 1994 年达到最高值，其后迅速下降。从 1996 年到 1999 年，我国通货膨胀率持续走低，甚至出现了持续为负值的现象，这一通货紧缩到 1999 年才基本停止。很明显地，同期通胀预期也随之有大幅度地下降。但我们发现，通胀预期从 1998 年中开始有较为持续的恢复，这与 1998 年开始连续 4 年增发 1100 亿—1500 亿的特殊国债来扩大政府支出有很大关系。樊纲（2003）指出，1998 年是政府第一次明确地以扩张性财政

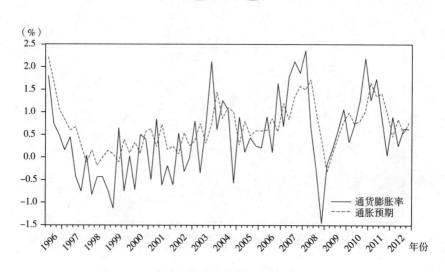

图 4 -7 季度通胀预期与实际通胀率

政策来进行反周期操作。从 1999 年起，通货膨胀率开始恢复，并伴有小幅波动，但一直到 2003 年上半年通货膨胀率还基本保持为负值。在此期间，通胀预期保持着较为平稳的状态，同时也很好地捕捉到了通胀的一些波动。到了 2003 年后半年，通货膨胀率出现了突然上升，我们能够很明显地看出，通胀预期较通胀的反应慢一些，但随后也跟了上去。可见通胀预期对一些意外的冲击是无法预测的，但会很快地做出调整。2003 年底通货膨胀率出现回落时，通胀预期却仍然上升并超过了实际通胀，随后才表现出下降趋势。2004 年通货膨胀率又先后出现了上升与下降，通胀预期则因几次高通胀而维持在较高水平。从 2004 年下半年直到 2005 年底，通胀预期一直表现出回落态势，而从 2006 年开始通胀预期受通胀影响持续大幅走高。通胀和通胀预期在 2008 年初接连达到最高值，随后又一路下跌。卞志村和张义 （2012） 指出此处通胀下跌是受全球金融危机的影响，而随后 2009 年的通胀和通胀预期的新一轮持续上涨，是由于我国推出了积极的财政政策和适度宽松的货币政策。到了 2010 年，通胀和通胀预期又接连达到峰值，之后受国内外因素的影响逐渐回落。

图 4 -8 显示，产出缺口预期值与实际值在总体趋势上同样保持一致，

预期值随实际值的变化而变化。产出缺口实际值与预期值从 1996 年到 1999 年底，总体保持下降趋势，这与之前通胀分析中提到的通货紧缩是对应的，期间 1998 年出现的回升与上文提到的扩张性财政政策是分不开的。从 2000 年到 2003 年，我国 GDP 以平均每年 7%—8% 的水平快速增长，但图中显示我国产出缺口及其预期却呈现出下降的趋势。根据奥肯定律，我们知道，产出缺口与失业率之间呈负相关关系，这表明我国经济快速增长的同时，却伴随着失业率的攀升。刘伟（2007）指出，这主要是由于我国经济双重转轨的特殊体制和发展背景。2001 年我国加入世界贸易组织后受到很大的技术冲击，这对企业生产效率的提高和成本降低等起到了很大作用。2003 年以后，随着国内外形势的稳定，我国经济保持着平稳较快的增长速度，产出缺口也由负转正并持续上涨。2008 年由于受到全球金融危机的影响，产出缺口实际值与预期值出现了大幅下降，随后又受我国财政货币政策和世界经济形势的影响逐渐恢复走高。

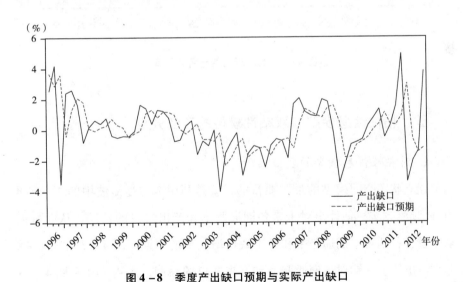

图 4 – 8　季度产出缺口预期与实际产出缺口

本节通过卡尔曼滤波对引入预期和平滑机制的泰勒规则进行了估计，得到的利率规则值如图 4 – 9 所示。从表 4 – 4 我们可以看到，利率平滑系

数 ρ 是显著的，估计结果为 0.96 左右，表明我们的利率在调整过程中具有很高的平滑特征。通过实证我们发现利率规则值对实际值的拟合程度很好，可决系数 R^2 达到 98.5%，残差序列在 99% 的置信水平下是平稳的。可见，中国人民银行虽然没有承诺使用特定的货币规则，但其政策的制定在一定程度上具有货币政策反应函数的特征。

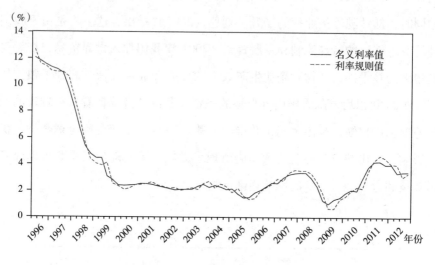

图 4-9　利率规则值与名义利率

五、粘性信息模型与双粘性模型的实证分析

1. 对粘性信息模型的实证估计

建立状态空间模型的最主要目的，就是利用卡尔曼滤波中的 N-period ahead 预测方法，估计出对未来各期通胀率和产出缺口的预期，从而可以求出过去各期对本期通胀率和产出缺口增长率的预期。图 4-7 和图 4-8 分别给出了上一期对本期通胀率和产出缺口的预期，图 4-10 和图 4-11 则显示出过去各期对本期通胀率和产出缺口增长率的预期。这为本部分对 SIPC 和 DSPC 进行估计奠定了基础。

下面我们首先对 SIPC 进行估计。由于 SIPC 方程右边的预期量是过去

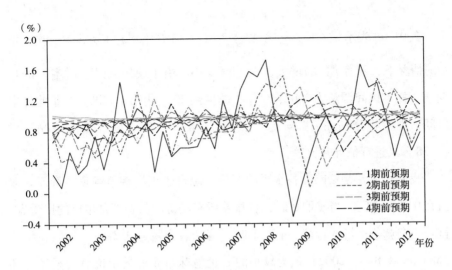

图 4 - 10　各期对本期通货膨胀率的预期

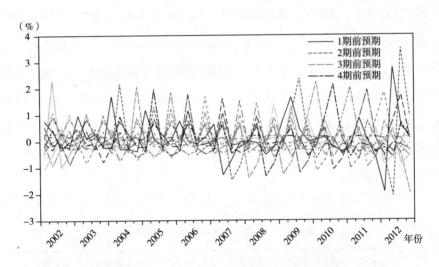

图 4 - 11　各期对本期产出缺口增长率的预期

对现在的预期，包含过去无数期对本期的预期，故在估计 SIPC 之前首先要选取适当的 j^{max}，以实现对其近似的估计。（4.19）式变为如下形式：

$$\pi_t = \left[\frac{\alpha\lambda}{1-\lambda}\right] y_t + \lambda \sum_{j=0}^{j^{max}} (1-\lambda)^j E_{t-1-j}(\pi_t + \alpha\Delta y_t) + u_t$$

（4.38）

其中，u_t 表示误差项，包含 $\lambda \sum_{j=j^{max}+1}^{\infty} (1-\lambda)^j E_{t-1-j}(\pi_t + \alpha \Delta y_t)$。在给定 λ 的情况下，随着 j^{max} 的增大，误差值变小。由于使用到过去对本期的预期值，样本区间调整为 2002 年①第 1 季度到 2012 年第 4 季度。基于此样本区间，本章将分别在 j^{max} = 4、5、6、7、8、9、10、11、12 的情况下对 (4.38) 式进行估计并比较。

我们知道 α 是策略互补水平的度量，源自于市场垄断竞争的特征。取值在 0 到 1 之间。当 α 取 0 时，意味着所有经济参与者都是价格的接受者，符合完全竞争市场的特征，α 取 1 时，意味着市场趋于垄断。曼昆和赖斯（Mankiw & Reis，2002）认为较小的 α 值意味着企业的定价对宏观经济环境不是很敏感，即企业在制定价格时具有较高的真实粘性或策略互补水平（李彬、刘凤良，2007）。曼昆和赖斯（Mankiw & Reis，2002）在估计粘性信息模型时假设 $\alpha = 0.1$，本书认为国内市场较国外而言竞争性因素相对弱一些，故取 $\alpha = 0.2$。Coibion（2010）指出由于通胀率和产出缺口之间存在较小的正向关系，而在 SIPC 中产出缺口的系数为 $\alpha\lambda/(1-\lambda)$，故随着 α 取值的增大，λ 可能会减小。类似于 Coibion（2010），本章将用中国数据在 $\alpha \in (0, 0.5)$ 的区间内，探讨 λ 与 α 之间的关系，检验 λ 是否会随着 α 增大而减小。

表 4-5　不同 j^{max} 水平下的估计结果

j^{max}	λ 值	标准差	t 值	p 值	可决系数 R^2	DW 统计量
4	0.282920	0.087169	3.245633	0.0023	0.063194	1.534236
5	0.252776	0.086313	2.928590	0.0054	0.065399	1.493699
6	0.224327	0.082741	2.711198	0.0096	0.066338	1.450457

---

① 初始值的选取对卡尔曼滤波的估计结果是有影响的，但随着期数的推移，不同初始值得到的估计结果趋于稳定。又由于此处考虑到过去各期对本期的预期，将初始时期调整为 2002 年第 1 季度。

j^{max}	λ 值	标准差	t 值	p 值	可决系数 R^2	DW 统计量
7	0.200062	0.078117	2.561053	0.0140	0.062806	1.414297
8	0.178654	0.072255	2.472557	0.0174	0.058408	1.384523
9	0.158947	0.065209	2.437491	0.0190	0.055096	1.357494
10	0.142558	0.058782	2.425216	0.0196	0.051090	1.337201
11	0.128379	0.052752	2.433612	0.0192	0.047957	1.317902
12	0.116023	0.047223	2.456886	0.0181	0.046401	1.301993

从估计结果可以看出，随着 j^{max} 的增大，λ 的估计值逐渐减小，这与 Khan & Zhu（2006）的估计情况一致。不同的是，对于同一 j^{max} 而言，用我国数据估得的 λ 值较美国更小一些。Khan & Zhu（2006）得到的美国信息粘性时长介于 3 个季度（取 $j^{max}=5$ 时）到 7 个季度（取 $j^{max}=12$ 时）之间。如果与 Khan & Zhu（2006）的研究相对应，则我国信息粘性时长介于 4—9 个季度之间，意味着我国使用最新信息进行价格决策的企业所占比例大约在 25.3% 到 11.6%。可见我国企业更新信息的速度较美国更慢一些，这与我国转型期的经济体制有很大关系。改革开放三十多年来，我国经济体制经历了从计划经济到市场经济的转变，企业的产权结构也有了很大变化。但不可否认的是很多国有企业，受历史等因素影响，在一定程度上还是受到不少行政干预。信息在企业间的传递表现出很强的不对称性，这在总体上增加了信息的传递成本，降低了信息的传递速度。正如卞志村和张义（2012）所建议的那样，我国应建立健全信息披露机制，使信息能够更好更快地传递，消减企业间的信息不对称，起到管理和引导预期的作用。

图 4-12 显示的是 λ、R^2 与 α 之间的关系，可以看出 λ 随 α 的增大单调递减，这与上文的解释一致。本章的实证还显示 R^2 随 α 的增大而减小，这与 Coibion（2010）对美国的研究结论也是一致的。Coibion（2010）认为 SIPC 解决通胀率对货币政策反应滞后问题是靠牺牲 R^2 为代价的，虽然

用我国数据得到的可决系数很小，但并不与此结论矛盾。我们必须指出，R^2 太小，大约为 6%，说明 SIPC 对数据的拟合效果非常不好，对我国通货膨胀率的解释力严重不足。

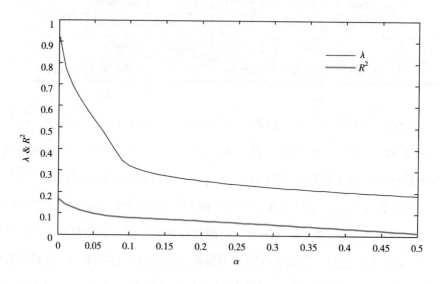

图 4 - 12 λ、R^2 与 α 之间的关系

2. 对双粘性模型的实证估计

在对 SIPC 估计时，首先考虑了 j^{max} 的取值，与之一样，要想估计 DSPC（4.28）式，首先也要确定 k^{max} 和 j^{max} 的取值。本章给出了 k^{max} = 1、2、3、4、5、6，j^{max} = 3、4、5、6、7、8 所对应的估计结果，如表 4 - 6 和图 4 - 13。

从表 4 - 6 和图 4 - 13 可以看出，λ 和 γ 的估值都是显著的，说明无论是粘性价格还是粘性信息都是存在的。但我们也发现，随着 k^{max} 取值的不断增大，λ 的估计结果越来越大，并在 k^{max} = 4 的时候超过了 1，与此同时可决系数 R^2 也有很明显的提高。这暗示随着 k^{max} 取值的增大，即在定价过程中考虑前瞻性的期数越多，模型拟合得越好，并且模型为了更好地拟合使得 λ 的估计值失去了意义。前文对我国 SIPC 的估计结果表明，粘性信息模型的拟合优度很低，而双粘性模型的拟合优度随前瞻性期数的增多而增大，这表明纯粹的 NKPC 可能对中国数据拟合得更好一些。此外，从表 4-6 和图 4-13 我们还发现，γ 的估计结果相对来说稳定得多，虽然随着 k^{max} 和 j^{max} 取值的不同而有所变化，但变化幅度相对较小。

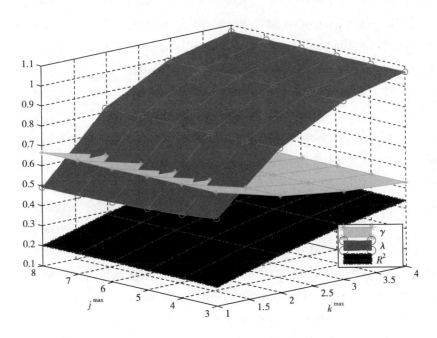

图 4-13　λ、γ、R^2 与 k^{max}、j^{max} 之间的关系

　　总的来说，这一部分的实证表明，双粘性模型对中国通胀率的拟合较纯粹的粘性信息模型要好很多，但双粘性模型估计出来的信息粘性程度 λ 可能失去了经济学意义，只是计量上的结果。另一方面，通过 γ 与 λ 估值的变化和拟合优度的变化，我们可以推测考虑前瞻性预期的粘性价格模型或混合模型可能更适合中国通胀的实际情况，双粘性模型可能主要体现出粘性价格的成分。

表 4-6 双粘性模型在不同 k^{max}、j^{max} 水平下的估计结果

	γ	λ	R^2	DW
$k^{max}=1,j^{max}=3$	0.671360 ***	0.537739 **	0.195004	2.034860
$k^{max}=1,j^{max}=4$	0.670470 ***	0.518962 **	0.198781	2.046199
$k^{max}=1,j^{max}=5$	0.669204 ***	0.507116 **	0.200552	2.052158
$k^{max}=1,j^{max}=6$	0.668401 ***	0.498052 **	0.201546	2.055264
$k^{max}=1,j^{max}=7$	0.667710 ***	0.493538 **	0.201974	2.056791
$k^{max}=1,j^{max}=8$	0.667360 ***	0.490593 **	0.202200	2.057687
$k^{max}=2,j^{max}=3$	0.586061 ***	0.822228 ***	0.290803	1.911879
$k^{max}=2,j^{max}=4$	0.586089 ***	0.821321 ***	0.290874	1.913438
$k^{max}=2,j^{max}=5$	0.586110 ***	0.821124 ***	0.290887	1.913796
$k^{max}=2,j^{max}=6$	0.586105 ***	0.821079 ***	0.290889	1.913860
$k^{max}=2,j^{max}=7$	0.586111 ***	0.821071 ***	0.290889	1.913883
$k^{max}=2,j^{max}=8$	0.586108 ***	0.821068 ***	0.290889	1.913882
$k^{max}=3,j^{max}=3$	0.543157 ***	0.991541 ***	0.369856	1.684476
$k^{max}=3,j^{max}=4$	0.543169 ***	0.991541 ***	0.369856	1.684499
$k^{max}=3,j^{max}=5$	0.543163 ***	0.991541 ***	0.369856	1.684486
$k^{max}=3,j^{max}=6$	0.543179 ***	0.991541 ***	0.369856	1.684519
$k^{max}=3,j^{max}=7$	0.543166 ***	0.991541 ***	0.369856	1.684493
$k^{max}=3,j^{max}=8$	0.543164 ***	0.991541 ***	0.369856	1.684489
$k^{max}=4,j^{max}=3$	0.518365 ***	1.070958 ***	0.430209	1.390490
$k^{max}=4,j^{max}=4$	0.518380 ***	1.070940 ***	0.430209	1.390538
$k^{max}=4,j^{max}=5$	0.518374 ***	1.070944 ***	0.430209	1.390527
$k^{max}=4,j^{max}=6$	0.518375 ***	1.070943 ***	0.430209	1.390529
$k^{max}=4,j^{max}=7$	0.518377 ***	1.070943 ***	0.430209	1.390531
$k^{max}=4,j^{max}=8$	0.518376 ***	1.070941 ***	0.430209	1.390535
$k^{max}=5,j^{max}=5$ ①	0.531876 ***	1.130056 ***	0.516421	1.370438
$k^{max}=6,j^{max}=6$	0.529490 ***	1.137702 ***	0.526777	1.330526

注：*、**和***分别表示在90%、95%和99%的置信水平下显著。

———————————

① 限于篇幅，此处只给出了部分估计结果。

前文已经指出双粘性模型（4.29）式是（4.28）式的变形，是通过递推化简使得 π_t 的表达式包含 $E_t\pi_{t+1}$ 之后而得到的。由于 Kitamura（2008）指出 η_t（由对未来通胀和产出缺口增长率的预期误差之和构成）的均值为零，所以我们估计（4.29）式剔除 η_t 后的式子：

$$\pi_t = \frac{(1-\gamma)(1-\lambda)}{\zeta}\pi_{t-1} + \frac{\gamma^2\lambda\alpha}{\zeta}y_t + \frac{(1-\gamma)}{\zeta}E_t\pi_{t+1}$$

$$+ \frac{\gamma^2\lambda(1-\lambda)}{\zeta}\sum_{j=0}^{\infty}(1-\lambda)^j E_{t-1-j}(\pi_t + \alpha\Delta y_t) \qquad (4.39)$$

从（4.39）式我们可以看到，该表达式的右边包含了通胀滞后项、产出缺口项、前瞻性通胀预期项和过去对本期通胀和产出缺口增长率的预期项，而前三个成分则是构成混合 NKPC 的主要部分。

下面我们对（4.39）式进行估计。为使 $\lambda \in [0,1]$，我们参照刘金全和张小宇（2012）的做法，令 $\lambda = \dfrac{1}{1+\exp(-\theta)}$。这样，可以首先估计出 θ，然后间接得到 λ 的估计值。对（4.39）式的估计显示，在不同的 j^{max} 水平下，θ 的估值约为 53.24，γ 的估值约为 0.33，可决系数 R^2 有了极大提高，达到了 75.4%，说明（4.39）式对中国通胀的拟合效果非常好。但同时我们也发现，随着 j^{max} 取值的增大，估计结果没有发生变化。如果只考虑（4.39）式的前三个部分，同样估计得出 θ 为 53.24125，γ 为 0.330111，R^2 为 75.4%。可见，（4.39）式在对通胀拟合时，过去各期对当期的预期项不起作用。这是因为 λ 的估值几乎为 1，且是不显著的。这些都表明在双粘性框架下，粘性信息成分对通胀没有起到解释作用，与 SIPC 拟合优度很差的估计结果相互呼应。而 γ 的估值为 0.33，表明我国企业平均每 3 个季度更新一次价格。总的来说，双粘性模型是粘性价格模型与粘性信息模型的综合，它能够同时反映两者的特征。但从 DSPC 的估计结果可以看出，我国的双粘性模型主要体现出粘性价格的成分，而粘性信息成分对通胀几乎没有解释力。

六、SIPC、DSPC 与 NKPC、混合 NKPC 的比较

当 DSPC 中 λ 取 1 时，就得到了纯粹的粘性价格模型即 NKPC，其表达式如下：

$$\pi_t = E_t\pi_{t+1} + \frac{\gamma^2\alpha}{1-\gamma}y_t \qquad (4.40)$$

（4.40）式与 Mankiw & Reis（2002）中的粘性价格模型的形式是一致的。如果再考虑定价过程中存在后顾型厂商，则可以得到混合 NKPC，其表达式如下：

$$\pi_t = \zeta_1 E_t\pi_{t+1} + \zeta_2\pi_{t-1} + \zeta_3 y_t \qquad (4.41)$$

（4.41）式直接采用了结构参数的形式，目的是为了简化分析，同时与陈彦斌（2008）的估计结果进行比较。对（4.40）式与（4.41）式的估计结果如表 4 - 7 和表 4 - 8 所示，估计区间同样选择为 2002 年第 1 季度到 2012 年第 4 季度。

表 4 - 7　NKPC 的估计结果

γ 值	标准差	t 值	p 值
0. 330111	0. 147384	2. 239796	0. 0305
可决系数 R^2	0. 753728	AIC 准则	1. 104809
DW 统计量	1. 671638	SC 准则	1. 145767

表 4 - 7 显示，粘性价格模型 NKPC 对中国通胀的拟合效果很好，其估计结果与双粘性模型的估计结果一致，表明我国双粘性模型的粘性价格本质，而粘性信息成分对通胀几乎没有解释力。

表4-8　混合 NKPC 的估计结果

解释变量	系数	标准差	t 值	p 值
$E_t\pi_{t+1}$	1.291165	0.109703	11.76960	0.0000
π_{t-1}	-0.212657	0.094706	-2.245452	0.0303
y_t	0.071734	0.037557	1.910007	0.0633
可决系数 R^2	0.790784	AIC 准则		1.034764
DW 统计量	1.004940	SC 准则		1.157639

表4-8显示的是对混合 NKPC 的估计，从中我们可以看出，各变量系数的估计结果都是显著的。其中，前瞻性通胀预期的系数大于1，说明前瞻性通胀预期对通胀的调节能够起到很大的作用。滞后通胀率的系数小于0，说明我国通胀惯性具有反转性。陈彦斌（2008）指出这一现象与欧美国家的情况不同，但与 Sanchez（2006）发现的日本通胀中存在的通胀惯性是一致的，他还认为这一现象与使用环比通胀率有一定关系。我们认为如果结合对动态通胀目标的分析，则这一现象就更易于理解了。动态通胀目标显示我国宏观经济政策在一定程度上存在逆经济风向的特征，当通货紧缩时，通胀目标有较高的设定，当通货膨胀时，通胀目标则定的较低，这对我国通胀惯性的反转性有一个直观上的解释，也表明我国的宏观经济政策是有效的。

本节估计结果还显示当期产出缺口的系数是一个相对较小的正数，说明产出缺口对通胀有正向的影响，是通胀的一个驱动因素。这与陈彦斌（2008）得到的当期产出缺口系数不显著是不一致的，本节的实证研究认为产出缺口对通胀的影响是即期的。就拟合效果而言，该模型的可决系数 R^2 达到了79%，比双粘性模型稍小，说明混合 NKPC 能够很好地解释我国的通货膨胀率。

比较 SIPC、DSPC、NKPC 和混合 NKPC，我们发现这四个模型产出缺口的系数都是一个相对较小的正数，一致说明产出缺口对通胀有正向影响。另外，这四个模型从不同角度都强调了通胀预期的重要性，无论是前瞻性通胀预期还是过去对当期通胀的预期，都在一定程度上发挥了作用。但是，我们发现纯粹的粘性信息模型（SIPC）对通货膨胀的解释力严重不足，其拟合结果如图 4－14 所示，表现出一定的滞后性与平滑性。从图 4－15 和图 4－16 我们可以发现纯粹的粘性价格模型（NKPC）与双粘性模型的拟合效果极为相似，能够很好地捕捉到通货膨胀的波动。而图 4－17 显示的混合 NKPC 对我国通胀情况的解释力比双粘性模型稍强一些，其对通胀的拟合效果很好，对通胀波动的捕捉很具体。

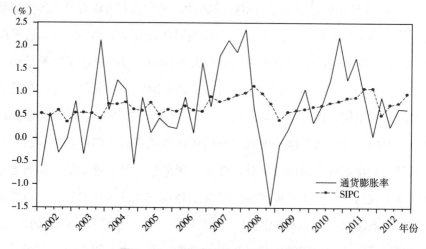

图 4－14　通货膨胀率与 SIPC 拟合值

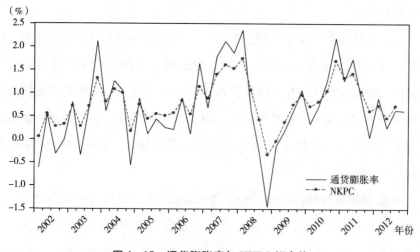

图 4－15　通货膨胀率与 NKPC 拟合值

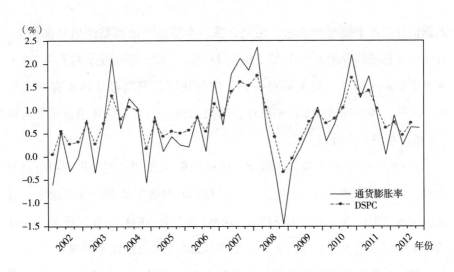

图 4-16 通货膨胀率与 DSPC 拟合值

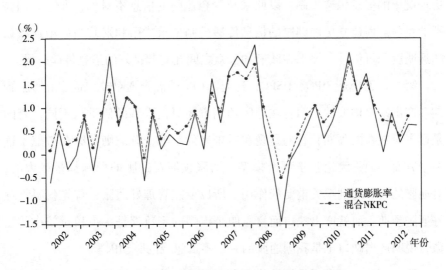

图 4-17 通货膨胀率与混合 NKPC 拟合值

七、结论及政策建议

曼昆和赖斯（Mankiw & Reis，2002）提出了 SIPC 以取代 NKPC，Du-por、Kitamura & Tsuruga（2010）则结合粘性价格与粘性信息的假设，建立了双粘性模型。为研究二者在中国的适应性问题，本节提供了一个用实际数据估计这两个模型的方法。用此方法，本节估计出在粘性信息框架下，我国的信息粘性程度大约在25.3%到11.6%之间，即企业平均每4—9个季度更新一次信息，较美国慢一些，这与我国转型期经济体制有一定关系。此外，本节还估计了价格粘性程度大约为0.33，表明我国企业平均每3个季度更新一次价格。

我们进一步比较了这四个模型。实证结果显示SIPC对数据的拟合过于平滑，且较实际通胀有一定的滞后性，使得其对数据的拟合优度很低，对通胀的解释力严重不足。而NKPC、DSPC和混合NKPC对我国通胀的拟合效果都很好。基于以上分析，本节主要得到以下几点结论和建议：

第一，我国应逐渐减少行政力量对企业的干预，与此同时逐步建立起更加健康的信息传递机制，以此来减少企业间的信息不对称，促进更加公平的竞争。而建立更加健康的信息传递机制要求货币和财政当局增强政策的透明度和可信性，要求在政府和公众之间建立起良好的信息传递桥梁。

第二，无论是SIPC、DSPC，还是NKPC、混合NKPC，都是由通胀预期和产出缺口构成的。四者在通胀预期方面只是强调的侧重点不同，有的是过去对现在的预期，有的是现在对未来的预期，有的则是综合考虑了这两个方面。但是无论基于哪个模型，通胀预期对通胀的影响都是最大的，对通胀的调节起到至关重要的作用。所以要想管理好通胀，首先就要管理好通胀预期。而就产出缺口而言，四个模型的系数都是一个相对较小的正数，说明产出缺口也是我国通胀的一个不可忽视的驱动因素。

第三，双粘性模型是粘性价格模型与粘性信息模型的综合，它能够同时反映出两者的特征。但在对双粘性模型进行实证分析时，我们发现信息粘性程度几乎为1，使得过去各期对当期的预期项对通胀的解释作用微乎其微，也使其拟合效果与纯粹的粘性价格模型极为相似，表明我国双粘性模型的粘性价格本质。实证显示，双粘性模型同粘性价格模型一样能够对我国通货膨胀起到很好的解释作用，而混合NKPC对我国通胀的解释力则稍强一些。

第四，通过对动态通胀目标的分析，我们可以看出我国宏观经济政策在一定程度上存在逆经济风向的特征，表明我国的货币政策操作目前仍然是以相机抉择为主。而国内外的一些研究表明规则型货币政策操作在抑制经济波动方面效果更好一点（卞志村，2007），这为我国货币政策转型提供了方向。另一方面，动态通胀目标对解释我国通胀惯性的反转性也有一定作用，表明我国宏观经济政策是有效的。此外，本节还分析了我国长期均衡实际利率，发现其变动往往领先于通货膨胀率、产出缺口等宏观经济变量，这对我国货币政策的制定具有重要参考价值。

第五章　引入金融形势指数的
我国最优货币政策

　　作为总量型政策的货币政策无法解决个体预期的异质性带来的问题。公众所处环境的不同以及自身能力的差异决定了通胀预期的异质性，因而公众信息集和理解加工信息方式的不同，最终导致通胀预期不同。比如同样是预期通货膨胀，公众对上升幅度以及原因的判断均不尽相同，通货紧缩亦然。因此，寻求从宏观角度获取代表整个市场参与者预期博弈结果的指数并将其纳入货币政策的制定便成为更加实际、有效的操作方法。针对具有这一性质的指数进行货币政策操作，实质上是将公众学习差异、预期异质性等众多因素同时考虑在内的有效方式。

　　本章第一节便是从这一视角出发，首先构造了囊括外汇市场、股票市场、房地产市场等信息的金融形势指数 FCI（Financial Condition Index）；其次分析 FCI 是否具有预测通货膨胀和产出等重要宏观变量的能力；最后在此基础上，将其纳入货币政策反应函数，并比较价格型货币政策与数量型货币政策在调控经济上的效果差异，据此提出相应的改进我国货币政策操作的政策建议。与第一节相比，本章第二节继续了这一研究思路，有所区别的是在测算 FCI、评价 FCI 预测能力以及估计包含 FCI 的泰勒规则上均进一步采用了更加优化的方法：首先在构建 FCI 时采用 VAR 方法；其次采用 MSVAR 实证分析的方法来评价 FCI 预测能力；而后将 FCI 纳入泰勒规则，分析其在前瞻性泰勒规则中应用时使用了两种方法，分别是将 FCI

作为工具变量对传统的泰勒规则进行矩估计以及直接将 FCI 加入利率反应函数中进行估计；最后对中国非线性泰勒规则进行实证检验，使用具有体制转换特征的 LSTR 模型估计包含 FCI 的泰勒规则，这一模型的优势在于可以捕捉转型期内货币政策操作的非对称特征，所得结果也更具可信性。

第一节　金融形势指数与前瞻性货币政策反应函数：中国的检验

一、研究背景

随着我国市场化改革的稳步推进，多层次的资本市场构建取得了显著成效。按照中国社会科学院李扬教授的解释，可以说中国的资本市场涵盖了主要行业和企业，可以反映宏观经济的基本面，能够代表国民经济的基本趋势。自 1996 年 6 月 1 日人民银行放开了银行间同业拆借利率起，我国利率市场化进程有序发展，利率变化影响未来实际产出并且引导通胀预期的变动。2005 年 7 月 21 日起，我国开始实行以市场供求为基础、参考一篮子货币进行调节、有管理的浮动汇率制度。几年来，人民币汇率形成机制改革有序推进并取得了预期的效果。随着人民币汇率形成机制的进一步完善，实际有效汇率的变动能够引起国际收支和产出的变化，并通过汇率传递效应影响国内价格水平，汇率指数将成为更为有效的传递实际经济运行水平的重要信息。1998 年房改后，我国房价连年上涨，并一直维持高位运行，房地产行业作为推动经济发展重要力量的同时，也加剧了通胀风险。房地产预期收益与通货膨胀率预期之间存在长期稳定关系（王维安等，2005），长期内，房地产价格对通货膨胀和产出产生重要影响（段忠东，2007）。我国资本市场是由政府主导的体制改革和市场自身逐步发展共同推动的。股票资产价格的变化受多方面因素的影响，虽然股票价格的变化是否充分反映实体经济的变化仍存争论，但不可否认的是我国股票市场经历二十多年的发展，正在逐步走向有效的市场，股票市场在整个国民经济和金融体系中的地位越来越突出，股票价格变化即使不能对实体经济产生重要影响，也仍可能包含重要信息。总体来看，我国资本市场快速发展，金融体系、金融结构逐步健全和优化都为资产价格波动影响宏观经济创造了更为有利的条件。

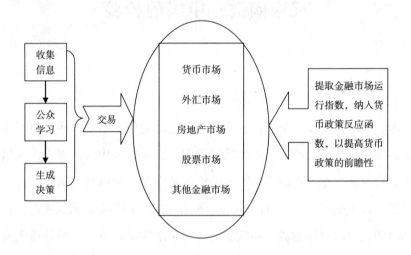

图 5－1　公众学习与金融形势指数的隐含关系

作为宏观经济的"晴雨表"，外汇市场、房地产市场、股票市场和其他货币市场构成的金融体系的发展状况间接反映了金融市场主体对未来经济走势的看法。从微观角度看，任何一个理性行为人在市场上表现出的经济行为都应是经由最大化自身利益的决策产生的。而决策的制定是理性行为人通过不断搜集和整理相关信息再经过加工和学习形成的。因此，金融市场价格指数蕴含着市场主体对未来宏观经济走势的判断，同时经由无数经济主体交易行为产生的金融市场价格也是市场主体自身学习的结果。因此，如果能够科学合理的提取金融市场运行指数，那么这一指数对主要宏观变量（通胀、产出等）应该具有先行预测能力。考虑到货币政策固有的内外部时滞因素，将这一前瞻型指数纳入货币政策的制定过程，对于提高货币政策的前瞻功能无疑具有重要的实践意义。

基于以上考虑，本节将首先利用包括利率、汇率、股价和房价在内的资产价格因素，构建可以反映我国整体金融宽松程度的金融形势指数，如果我国的 FCI 指标对于通货膨胀或者产出变量具有先导作用、能够较好地预测宏观经济金融形势，则将这一指数纳入宏观经济政策的制定中便具有重要的参考价值。为此，本节将进一步检验 FCI 指数在预测未来宏观经济走势方面的能力，并将其作为货币政策的参考指标纳入到货币政策反应函数，实证检验包含金融形势指数的前瞻型货币政策反应函数在中国的适用性问题。

二、文献回顾

国外方面，Eika & Nymoen（1996）、Ericsson & Jansen（1998）利用加权平均的短期利率和汇率构建了货币形势指数（Monetary Condition Index，MCI）。Ball（1999）对如何修正泰勒规则进行了研究，建议用 MCI 代替利率作为货币政策规则。实践中，加拿大和新西兰中央银行曾把 MCI 作为货币政策操作目标。国内方面，陈雨露和边卫红（2003）基于 MCI 探讨了开放经济中货币政策操作目标理论，认为我国中央银行应适时将 MCI 作为参考指标，货币当局应避免追求精确 MCI 的误区，保持在一个弹性区间将是一个更佳的选择。卜永祥、周晴（2004）在估计中国总需求曲线和菲利普斯曲线之后，综合考虑利率、汇率和货币供应量，分别定义了实际 MCI 指数和名义 MCI 指数，并建议将 MCI 指数作为我国制定货币政策时的重要参考指标。在开放经济下最优货币政策探讨的基础上，卞志村（2008）推导得到修正的 MCI，其与传统的 MCI 有着明显的区别，修正的 MCI 中实际汇率的权重取决于所有的模型参数及货币当局的偏好，通过分别构造实际 MCI 与名义 MCI，发现虽然基于传统 MCI 的货币政策操作在中国是行不通的，但可用名义 MCI 来监测通货膨胀率的变动情况，以最终提高我国货币政策的操作效率。

为了探索资产价格的货币政策信息作用，Goodhart & Hofmann（2000）最早提出金融形势指数，在 MCI 的基础上加入资产价格变量，即除了包含 MCI 中的短期实际利率与实际有效汇率外，还加入了房价与股价等资产价格，并指出金融形势指数对于 G7 的 CPI 通货膨胀率在样本内具有良好的预测效果。王玉宝（2005）分别用 OLS 与 VAR 方法初步估算了中国的 FCI，认为包含真实短期利率、真实汇率、真实房地产价格和真实股权价格的 FCI 可以作为货币政策的辅助参照指标。封北麟等（2006）运用 VAR 模型估计了中国的 FCI，研究表明 FCI 对通货膨胀率具有良好的预测能力。在此基础上，将 FCI 作为目标和信息变量纳入泰勒规则，结果表明 FCI 与短期利率存在正向关系，可以作为货币政策的短期指示器。何平等（2007）基于 FCI，运用 VAR 模型分别构建了包含房价与不包含房价的两个 FCI，结果表明包含房价指数的 FCI 更适合作为未来通货膨胀率的先行指标。陆军等（2007）通过一个简单的静态模型，从各变量的传导机制入手推导其在 FCI 的符号，在此基础上，通过综合总需求模型与超额需求模型构建了中国的 FCI，研究发现在样本期内 FCI 与 GDP 增长率走势较吻合，且 FCI 对 CPI 有较强的预测能力，并建议将 FCI 作为中国货币政策的一个重要参考指标。戴国强等（2009）运用 VECM 模型构建了我国的金融形势指数，比较相关研究发现我国 FCI 中汇率指标系数普遍高于国外，认为可能是人民币未国际化以及我国外贸依存度高的原因。同样，其结果也表明金融形势指数能够对通货膨胀率做出及时、有效的预测。

通过上述文献可以发现，学界已基本达成一点共识，即 FCI 包含着未来通货膨胀的信息。但是，以上文献中所估计的 FCI 的权重都是固定的，未能反映出经济和金融结构的变化。为此，王雪峰（2009）基于状态空间模型估计了中国参数时变的 FCI，同样发现 FCI 可以充当中国货币政策中介目标的辅助目标。此外，陆军等（2011）采用递归广义脉冲响应函数方法构建了中国动态金融形势指数。虽然国内出现过关于包含金融形势指数

FCI 的货币政策反应函数研究（封北麟等，2006；王彬，2009），但尚无学者将 FCI 同时纳入数量型和价格型的货币政策反应函数作对比分析。本节正是在构建我国参数时变的金融形势指数的基础上，比较分析包含 FCI 的麦克勒姆规则与泰勒规则在中国的适用性问题，从中甄别出在引入前瞻型指标之后，价格型货币政策与数量型货币政策究竟孰优孰劣。

三、基于状态空间模型构建 FCI

Goodhart & Hofmann（2001）把金融形势指数 FCI 定义成真实短期利率、真实有效汇率、真实房地产价格和真实股票价格的加权平均数，并用这个指数作为未来通货膨胀水平和经济运行情况的先行指标，其具体形式为：

$$FCI_t = \sum_{i=1}^{n} \omega_{it}\left(\frac{\Gamma_{it} - \overline{\Gamma}_{it}}{\overline{\Gamma}_{it}}\right) \tag{5.1}$$

其中，FCI_t 为 t 时刻的金融形势指数，ω_{it} 为 t 时刻 Γ_{it} 变量的权重，Γ_{it} 为 t 时刻 Γ_i 变量的取值，$\overline{\Gamma}_{it}$ 为 t 时刻 Γ_i 变量的长期均衡值，$\frac{\Gamma_{it} - \overline{\Gamma}_{it}}{\overline{\Gamma}_{it}}$ 为 t 时刻 Γ_i 变量对其长期均衡值的相对偏离程度。

我们将采用同样的变量，构造中国的金融形势指数，具体形式如下：

$$FCI_t = \omega_{1t}ri_t + \omega_{2t}re + \omega_{3t}rh + \omega_{4t}rs \tag{5.2}$$

其中，ri 为真实利率，re 为真实有效汇率，rh 为真实房价，rs 为真实股价。

首先，借鉴 Goodhart & Hofmann（2001）的简化总需求方程构建状态空间模型，设定量测方程为：

$$Y_t = c + \sum_{j=1}^{m} \alpha_j Y_{t-j} + \sum_{i=1}^{p} \sum_{k=1}^{n} \beta_{ik} X_{i,t-k} + \varepsilon_t \text{ [①]} \tag{5.3}$$

---

① 在构建简化总需求方程时，对 m、n 和 p 分别作如下设定：设定 m、n 都为 8，即（5.3）式中各变量的最大滞后期为 8；设定 p 为 4，因为在构建 FCI 时具体涉及四个变量，即实际利率、实际有效汇率、真实房价与真实股价。

其中，Y_t 代表产出变量，Y_{t-j} 表示产出的 j 期滞后变量，$X_{i,t-k}$ 为自变量 i 的第 k 期滞后变量，α_j、β_{ik} 为各变量系数。

状态方程设为：

$$\alpha_j = A_1 \alpha_{j-1} + u_1 \tag{5.4}$$

$$\beta_{ik} = A_2 \beta_{ik-1} + u_2 \tag{5.5}$$

其中，A_1、A_2 分别为参数 α_j、β_{ik} 的系数向量，u_1、u_2 为白噪声序列。在以 (5.3) 式、(5.4) 式、(5.5) 式构成的状态空间模型基础上，可以利用卡尔曼滤波算法计算出时变参数，最后确定 FCI 中各个变量的权重。为了更恰当地体现资产价格因素对总需求的影响，我们尝试将简化总需求方程的产出变量滞后期系数纳入到权重计算公式的分母中，具体形式为：

$$\omega_i = \frac{\sum_{k=1}^{n} \beta_{ik}}{\sum_{j=1}^{m} \alpha_j + \sum_{i=1}^{p} \sum_{k=1}^{n} |\beta_{ik}|} \tag{5.6}$$

1. 数据选取与处理

以季度数据为样本，相关变量的数据取 1996 年第 1 季度至 2011 年第 4 季度，样本容量为 64。除了利率外，各变量都进行了对数化处理。实际有效汇率数据源自国际货币基金组织的《国际金融统计》，其他原始数据均取自中经网。

真实通货膨胀。利用 CPI 代替真实通货膨胀水平。由于我国并没有编制定基 CPI，因此我们利用 CPI 月度环比计算出月度 CPI，再对其取算术平均数得到季度 CPI，选取 1995 年第 4 季度为基期。

真实产出。将季节调整后的名义 GDP 除以定基 CPI 作为真实产出的代理变量。

实际短期利率。名义利率数据采用七天期银行间同业拆借利率的季度平均数，真实短期利率由名义利率减去当期 CPI 通胀率水平计算求得。

真实有效汇率。选取国际货币基金组织在《国际金融统计》中公布的人民币真实有效汇率。

房地产价格。选取国房景气指数中的房地产销售价格指数作为房地产价格的代理指标。

股票价格。采用上证综指每季度最后一个交易日收盘价格作为名义股票价格指数代理指标,并通过上证综指除以当期 CPI 计算得到真实股票价格指数。

2. 实证分析

(1) 平稳性检验

为了避免宏观经济变量的不平稳产生伪回归,我们首先采用单位根检验判断数据的平稳性。利用 ERS 点最优检验判断数据的平稳性,发现经季节差分后各变量均平稳(见表 5 - 1),可以有效避免伪回归。

表 5 - 1　季节差分后各变量的平稳性检验

变量	ERS 统计值	检验形式	平稳性
$\Delta_4 lncpi$	0.959 ***	$(C,0,2)$	平稳
$\Delta_4 lngdp$	2.533 **	$(C,0,0)$	平稳
$\Delta_4 ri$	1.133 ***	$(C,0,5)$	平稳
$\Delta_4 lnre$	3.165 *	$(C,0,0)$	平稳
$\Delta_4 lnrs$	6.430 *	$(C,T,3)$	平稳
$\Delta_4 lnrh$	0.207 ***	$(C,0,5)$	平稳

注:Δ_4 表示季节差分;*、** 和 *** 分别表示 10%、5% 和 1% 的显著性水平(下表同);(C,T,L) 中的 C 表示 ERS 最优点检验时的常数项,T 表示趋势项($T=0$ 表示不含趋势项),L 表示滞后阶数。

(2) 构建 FCI

由表 5 - 1 显示,各变量稳定性良好,这说明本节的状态空间模型不会产生伪回归。为了确定(5.3)式中各变量具体的滞后形式,我们采取从一般到特殊的方法,得出了量测方程的具体形式:

$$\Delta_4 lngdp = c(1) + sv7 \cdot \Delta_4 lngdp(-7) + iv1 \cdot \Delta_4 ri(-1)$$

$$+ ev8 \cdot \Delta_4 \mathrm{ln} re(-8) + gv1 \cdot \Delta_4 \mathrm{ln} rs(-1)$$

$$+ fv2 \cdot \Delta_4 \mathrm{ln} rh(-2) + \left[var = \exp(c(2)) \right] \qquad (5.7)$$

相应地，状态方程的递归形式如下：

$$sv7 = sv7(-1)$$

$$iv1 = iv1(-1)$$

$$ev8 = ev8(-1) \qquad\qquad (5.8)$$

$$gv1 = gv1(-1)$$

$$fv2 = fv2(-1)$$

其中，$sv7$、$iv1$、$ev8$、$gv1$ 和 $fv2$ 为量测方程（5.7）中各相应变量的时变系数。由卡尔曼滤波算法对状态空间模型进行估计，估计结果见表5-2。

表5-2　卡尔曼滤波算法估计结果

因变量	$\Delta_4 \mathrm{ln} gdp$					
自变量系数	$C(1)$	$sv7$	$iv1$	$ev8$	$gv1$	$fv2$
最终系数	9.179	0.204	-0.245	-0.115	0.025	0.067
Z检验量	8.04 ***	11.12 ***	-2.68 ***	-2.98 ***	4.83 ***	1.92 **
极大似然值	-147.85					
AIC值	5.764					
SC值	5.839					

由表5-2可知，（5.3）式的各变量系数都已通过显著性检验，极大似然值也很大，而赤池信息量（AIC）和施瓦茨信息量（SC）分别为5.764和5.839，在所有模型形式中为最小，表明模型的统计性能良好。

利用（5.3）式估算出来的各变量时变参数，再结合方程（5.6）给定的FCI中各变量时变权重的计算公式，我们求得了各变量的相应时变权重，如图5-2所示。由图5-2可以清晰地看到，各变量对FCI的贡献度不是固定的，而是动态变化的，总体来讲，各变量符号也与经济意义基本相符。房地产价格、股票价格的上升会通过财富效应、托宾Q效应以及信贷渠道带动宏观经济走向扩张，导致金融扩张；而利率的提高和汇率的升值是典型的金融收缩行为，无疑会导致 FCI 的下行。从图 5 - 2 还可以得出，在样本观测期内，股票市场对 FCI 的影响相对较小。这表明随着资本市场的进一步发展，其对金融形势的影响有较大上升空间。

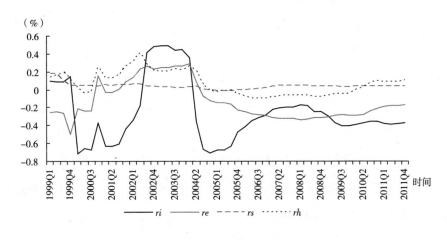

图 5 - 2　FCI 中各变量的时变权重

知道各变量的权重，我们就可求得 FCI，如图 5 - 3 所示①。1999 年前两个季度国内国际因素共同推动 FCI 上扬：一方面为治理亚洲金融危机所引发的通货紧缩，我国实施了扩张性的货币政策，1998 年末人民银行开始降息；另一方面，由于盯住单一美元货币，1998 年末由于部分国家汇率对美元汇率回升间接导致我国实际有效汇率下降。不过到了 1999 年下半年，FCI 下行，金融形势趋紧，这可能是因为亚洲金融危机后房地产市场持续低迷。2000 年末美元逐步走强而导致人民币实际有效汇率上升，带动金融形势趋紧。2002 年末至 2004 年末，FCI 虽为负值，但呈现上扬趋势，这主要由于自 2002 年第 2 季度开始，美元持续两年的下跌趋势带动人民币贬值，以及 2003 年 SARS 期间的银行信贷猛增及其年末开始的房价攀升。

---

① 图中将 FCI 值与零值比较，零以上部分表示金融形势宽松，零以下部分表示金融形势趋紧。

2005 年第 2 季度到 2006 年第 3 季度期间，FCI 呈现负值状态，表示当时我国整体金融形势趋紧。2006 年第 3 季度到 2007 年第 4 季度，中国股市迎来了繁荣期，2007 年 10 月 16 日股市达到了 6124.04 点的历史高点，期间 FCI 呈现正值状态，我国整体金融形势宽松。但是随后美国次贷危机逐步向金融危机转变，全球金融形势恶化，我国作为全球第二大经济体难脱影响，金融形势恶化，2009 年第 1 季度，FCI 一度逼近 −9% 的十年低点。紧接着，为了稳定经济运行态势，政府采取了一系列扩张性宏观经济政策，FCI 止跌上升，2009 年第 3 季度 FCI 由负转正，金融形势得到好转。2010 年 1 季度以后，随着经济复苏进程中的通胀风险日益加剧，为了抗通胀，货币政策基调相应地由宽松转为稳健，人民银行连续上调存款准备金率以及人民币升值趋势明显共同导致了 FCI 的下降。总体来看，中国金融运行基本平稳，金融形势指数的波动幅度大部分时间都在（−5%,5%）的区间内，并且与 GDP 和 CPI 的走势基本吻合。

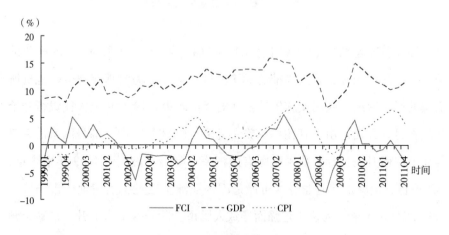

图 5 - 3　金融形势指数 FCI

（3）FCI 与 CPI 和 GDP 的经验结果

FCI 是由利率、汇率、房价和股价按照一定权重求得的，包含了资产价格因素。构建 FCI 的一个主要目的就是通过检验其是否包含未来经济趋势的信息，该指数能否作为未来宏观经济趋势的先行指标，对央行宏观政策的有效性具有重要意义。

①动态相关性

时间序列分析中，判断一个变量对其他变量的预测能力，变量间的相关性是一个重要指标。为此，我们计算了不同滞后期 FCI 与通货膨胀和 GDP 之间的相关系数（见图 5 - 4）。图 5 - 4 显示，本期的 FCI 与 1 个季度后的实际 GDP 相关系数达到最高（0.469），与其他各季度后的 GDP 相关系数呈现逐渐下降的趋势，在 4 个季度后为负值；与 CPI 的相关系数总体上也为下降趋势，与 2 个季度后 CPI 的相关系数达到最高值 0.319，与 5 个季度后的 CPI 相关系数皆为负值。这表明 FCI 作为反应整体金融宽紧程度的指标，对未来宏观经济信息进行预测时，短期内较为准确，但长期稳定性不足，一定程度上可以作为中央银行调控通货膨胀和保持经济平稳增长的指示器。

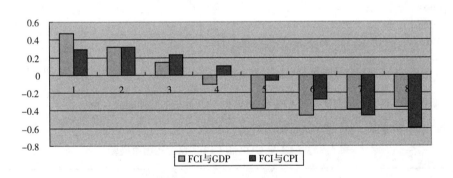

图 5 - 4　FCI 与 GDP 和 CPI 的动态相关系数

②因果检验

图 5 - 4 揭示了 FCI 与 GDP 和 CPI 的动态相关系数，只能说明他们具有一定的相关性，他们之间是否存在因果关系还需要严格的检验。为此，我们将 FCI 与 CPI 和 GDP 分别作了格兰杰因果关系检验，如表 5 - 3 的结果显示，在 5% 与 10% 的显著性水平下，FCI 分别是 CPI 和 GDP 的格兰杰

原因。随后，我们构造两变量 VAR 模型，观察 CPI 和 GDP 对 FCI 变化的脉冲响应（如图 5 - 5 所示）。基于 VAR（2）模型的脉冲响应检验显示，CPI 和 GDP 均对来自 FCI 的冲击产生了较为显著的脉冲响应。其中，CPI 对 FCI 的脉冲响应在 2 个季度后达到高点，9 个季度后逐渐消失并趋于平稳；GDP 对 FCI 的脉冲响应在 2 个季度后达到高点，7 个季度后影响显著减少，最终呈现趋零的收敛趋势。这再次表明 FCI 作为反应金融形势宽松程度的指标，包含着未来宏观经济信息，其变动可以影响未来通胀和产出水平，一定程度上可以作为中央银行调控通货膨胀和保持经济平稳增长的指示器。

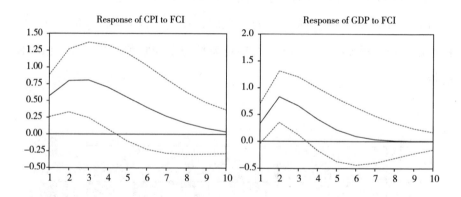

图 5 - 5　CPI 和 GDP 对 FCI 冲击的脉冲响应

表 5 - 3　FCI 与 GDP 和 CPI 的格兰杰因果检验

原假设	滞后值	F 统计量	P 值
FCI 不是 *CPI* 的格兰杰原因	1	4.743 **	0.034
CPI 不是 *FCI* 的格兰杰原因		5.094 **	0.029
FCI 不是 *GDP* 的格兰杰原因	1	3.963 *	0.052
GDP 不是 *FCI* 的格兰杰原因		0.979	0.327

四、包含 FCI 的货币政策反应函数

货币政策反应函数是一种外生设定的货币政策规则，主要指货币当局通过承诺的货币政策工具对与货币政策目标紧密相关的主要经济变量做出反应的货币政策规则，主要有价格型和数量型之分，如泰勒规则（Taylor, 1993、1999）和麦克勒姆规则（McCallum, 1988、1997）。资产价格包含未来产出与通货膨胀的有用信息，本节构建的 FCI 作为各资产价格的综合测度，实证研究已表明其包含着未来宏观经济信息，可以作为货币政策的重要参考指标。接下来我们进一步尝试将 FCI 纳入到货币政策反应函数中，以泰勒规则和麦克勒姆规则为基础，对比研究价格型和数量型货币政策规则在中国的适用性问题，从中甄选出最优货币政策。

1. 包含 FCI 的麦克勒姆规则

麦克勒姆规则是麦克勒姆（1984）提出的一种以名义收入为目标、以基础货币为操作工具的货币政策工具规则，其形式可表达为：

$$\Delta b_t = \Delta b_{t-1} + \lambda(x_{t-1} - x_{t-1}^*), \lambda < 0 \qquad (5.9)$$

其中，b_t 是 t 期的基础货币对数值，x 为名义 GNP 对数，x^* 为 x 的目标路径值，λ 是客观选择的系数，作为基础货币增长对名义 GNP 偏离值的反应系数。随着后续研究的继续，学者们对该规则进行了不同形式的扩展。考虑央行在调控宏观经济时，不仅关注经济增长，而且需要控制通货膨胀，江曙霞等（2008）参照 Judd & Motley（1991），设定了如下模型：

$$\Delta mbr_t^* = \lambda(y_{t-1} - y_{t-1}^*) + \gamma(\pi_{t-1} - \pi_{t-1}^*) + \varepsilon_t \qquad (5.10)$$

其中，$y_{t-1} - y_{t-1}^*$ 表示上期实际 GDP 对目标路径的偏离，$\pi_{t-1} - \pi_{t-1}^*$ 表示上期通货膨胀对目标路径的偏离。$\Delta mbr_t^* = \Delta mbr_t - \Delta v_t$，$\Delta mbr_t$ 为本期基础货币增长率与上期基础货币增长率之差，Δv 为货币流动速度的变化。考虑到 FCI，在（5.10）式的基础上，拓展麦克勒姆规则如下：

$$\Delta mbr_t^* = \lambda(y_{t-1} - y_{t-1}^*) + \gamma(\pi_{t-1} - \pi_{t-1}^*) + \tau(f_{t-1} - f_{t-1}^*) + \varepsilon_t$$

$$(5.11)$$

其中，$f_{t-1} - f_{t-1}^{*}$ 为上期 FCI 对目标路径的偏离。实证分析中，我们沿用本节第三小节相关数据[①]，运用 Eviews 6.0 对（5.11）式中各变量系数值进行 GMM 估算，估计结果见表 5 – 4。

表 5 – 4　包含 FCI 的麦克勒姆规则的 GMM 估计结果

λ	γ	τ	调整 R^2	DW 值
– 0.371	– 0.504 **	0.987 ***	0.296	1.997

注：工具变量分别选取产出缺口、通胀率缺口和 FCI 缺口的一期滞后值，表中第二行为估计系数。

2. 包含 FCI 的泰勒规则

泰勒规则最初是由泰勒（1993）提出的，其简单形式可表述为：

$$i_t^{*} = r^{*} + \pi_{t-1} + \alpha_1(\pi_{t-1} - \pi_{t-1}^{*}) + \alpha_2(y_{t-1} - y_{t-1}^{*}) \quad (5.12)$$

其中，i_t^{*} 表示名义联邦基金利率，r^{*} 表示均衡的实际联邦基金利率，π_t 表示前四个季度的平均通货膨胀率，π^{*} 表示目标通货膨胀率，$y_{t-1} - y_{t-1}^{*}$ 表示上期实际 GDP 对其目标路径的偏离。考虑到加入 FCI，拓展泰勒规则（5.12）式如下：

$$
\begin{aligned}
i_t^{*} = {} & r^{*} + \pi_{t-1} + \alpha_1(\pi_{t-1} - \pi_{t-1}^{*}) + \alpha_2(y_{t-1} - y_{t-1}^{*}) \\
& + \alpha_3(f_{t-1} - f_{t-1}^{*})
\end{aligned}
\quad (5.13)
$$

其中，$f_{t-1} - f_{t-1}^{*}$ 为上期 FCI 对目标路径的偏离。由于保持利率运动的方向能维护中央银行的信誉（Williams，1999）以及考虑到实际经济运行的非确定性，中央银行将倾向于通过缓慢调整利率以实现调控目标，中央银行在调整利率水平时一般会遵循平滑行为：

$$i_t = \rho i_{t-1} + (1 - \rho)i_t^{*} + \varepsilon_t \quad (5.14)$$

---

① 这里比本节第三小节增加了两组数据：基础货币，即央行资产负债表中的储备货币；货币流通速度，由 $V = $ 名义 GDP/M 计算求得。在进行 GMM 估计前，已对各变量进行平稳性检验，皆为平稳数据，限于篇幅，没有列出。

其中，参数 $\rho \in (0,1)$，反映平滑程度，ε_t 为白噪音扰动项，i_t 为货币当局设定的当前利率水平。考虑到利率平滑行为，把（5.13）式代入（5.14）式，有：

$$i_t = \beta_0 + \rho i_{t-1} + (1 - \rho)\pi_{t-1} + \beta_1(\pi_{t-1} - \pi_{t-1}{}^*) + \beta_2(y_{t-1} - y_{t-1}{}^*)$$
$$+ \beta_3(f_{t-1} - f_{t-1}{}^*) + v_t$$

$$(5.15)$$

其中，$\beta_0 = (1 - \rho)r_t{}^*$，$\beta_1 = (1 - \rho)\alpha_1$，$\beta_2 = (1 - \rho)\alpha_2$，$\beta_3 = (1 - \rho)\alpha_3$。设 Ω_t 是中央银行决定利率时的信息集合向量，则（5.15）式存在隐含的正交条件 $E(v_t \mid \Omega_t) = 0$。同样，运用 Eviews 6.0 对（5.15）式中各变量系数值进行 GMM 估算，估计结果见表 5-5。

表 5-5　包含 FCI 的泰勒规则的 GMM 估计结果

平滑系数	β_1	β_2	β_3	调整 R^2	DW 值
0.884 ***	-0.059 ***	0.030	0.053 *	0.888	1.420

注：工具变量分别选取各变量一期滞后值，表中第二行为估计系数。

3. 比较分析：数量型还是价格型？

就麦克勒姆规则而言，其内在稳定条件为 $\lambda < 0, \gamma < 0, \tau < 0$，因为当 GDP 增长率小于目标值或通货膨胀率小于目标通货膨胀率时，在其他条件不变的情况下，为稳定宏观经济运行，货币当局应采取逆周期的货币政策，通过增加基础货币投放来改善宏观经济环境。表 5-4 显示，我国中央银行在调整基础货币时，对产出缺口和通胀缺口的反应系数分别为 -0.371 和 -0.504，符合麦克勒姆规则的稳定性要求，但产出缺口系数不显著；对 FCI 缺口代表的金融形势宽松度的反应系数为 0.987，这是一种顺周期的货币政策行为，没能起到稳定市场波动的逆周期效果。我们认为由于外汇储备占款等问题，我国基础货币投放的内生性可能是导致这种现象的一个重要原因。

包含 FCI 的泰勒规则估计结果如表 5－5 所示，利率对 FCI 代表的金融整体形势的反应系数为 0.053，表明在产出缺口和通货膨胀率保持不变的情况下，当金融整体形势高于其长期趋势或均衡水平 1% 时，中央银行将提高名义短期利率约 0.053%，显然这是一种逆周期的货币政策行为，对金融市场而言，是一种稳定化政策；利率对通胀缺口的反应系数为 －0.059，这是一种顺周期行为，不具备内在稳定性；利率对产出缺口的反应系数虽然为正，符合泰勒规则的稳定性要求，但是估计结果显示系数不显著。总体来说，如果仅考虑调整的拟合优度，可以得出包含 FCI 的泰勒规则拟合效果（0.888）良好，能够很好地描述我国短期利率具体走势的结论，但是如果综合考虑利率对各变量偏离均衡时的反应系数，我们会发现，泰勒规则在我国货币政策实践中，同样缺乏内在稳定性。

五、结论及政策建议

本节利用状态空间模型构建了时变系数的金融形势指数（FCI）。研究发现，这一指数较好地反映了我国经济金融形势的变化。实证表明，作为各资产变量综合测度的 FCI，包含着未来宏观经济信息，监测对产出和通胀有预示作用的 FCI，有助于央行及时采取措施控制物价波动，保持经济平稳较快增长。

随后，本节将 FCI 纳入到货币政策反应函数中，以泰勒规则和麦克勒姆规则为基础，对比研究价格型和数量型货币政策规则在中国的适用性问题。结果表明：

第一，较纳入 FCI 的麦克勒姆规则而言，泰勒规则对以综合各类资产价格的 FCI 为代表的整体金融形势作出了逆周期的政策反应，表明目前条件下，价格型货币政策操作规则在我国货币政策的资产价格传递效应较为理想。

第二，纳入 FCI 的麦克勒姆规则和泰勒规则 GMM 估计的调整拟合优度分别为 0.296 和 0.888，很明显，从模型拟合效果角度看，较麦克勒姆规则而言，泰勒规则在我国的货币政策实践中具有更好的适用性。

第三，虽然纳入 FCI 的泰勒规则中各变量的系数具有一定的不稳定性，但是产出缺口和金融形势指数缺口的反应系数均为正，我们相信随着利率市场化改革的不断推进，泰勒规则将能更好地刻画我国货币政策的变化规律。

着眼长远，我们认为，随着各类金融创新快速发展、弹性汇率制度的逐步建立和利率市场化改革的不断推进，资产价格在货币政策传导中会发挥更为重要的作用，价格型工具将会成为未来中国货币政策的主要调控手段。FCI 综合反映了金融市场的宽松程度，较包含 FCI 的麦克勒姆规则而言，包含 FCI 的泰勒规则将会在我国未来货币政策实践中发挥重要作用。

第二节　金融形势指数与非线性泰勒规则在中国的检验

一、研究背景

近年来国外学者研究发现，随着经济金融形势的日益复杂，经济危机的频发，影响央行货币政策制定的因素日渐增多，为了找出更好地描述央行行为的利率反应函数，各国学者纷纷就央行是否盯住其他经济变量进行研究，具体来说就是将资产价格、汇率、金融市场波动、MCI（货币状况指数）、FCI（金融形势指数）等因素加入泰勒规则中进行研究，多数研究结果表明央行在制定货币政策时会考虑除通胀和产出外的其他因素。此外，随着非线性时间序列模型的发展，非线性泰勒规则成为一个重要的研究方向。对于非线性泰勒规则的研究主要是基于以下考虑：一方面，从理论上来看，线性泰勒规则是最优规则的前提是央行损失函数为对称的二次函数以及总供给曲线是线性的，而当上述条件不满足时，最优货币政策规则可能是非线性的。另一方面经济变量本身的变化往往是非线性的，如物价水平上升很快而下降缓慢，再如经济可能很快由繁荣陷于萧条，而复苏的过程则是缓慢的。这意味着为了更精确地调控经济，央行的政策行为也必须是非线性的。在实际经济中，货币当局往往会根据所处经济环境的不同而相应调整货币政策，表现在利率规则操作上就是对通胀缺口和真实产出缺口的非对称调整。综合以上考虑，作为对央行货币政策的后顾性描述，简单线性形式的泰勒规则实证结果不再令人满意，而利用非线性泰勒规则描述货币当局的政策行为是经验合意的。

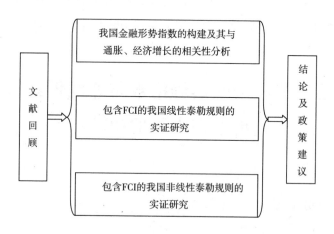

图 5 - 6　FCI 与非线性泰勒规则

　　本章第一节的研究已经显示，包含 FCI 的泰勒规则相比较麦克勒姆规则而言在中国具有更强的适用性。本节进一步使用带有区制转移特征的泰勒规则对中国现实进行实证检验。具体来说，我们进一步研究了金融形势指数与国内经济的相关性，并将 FCI 加入前瞻性泰勒规则进行研究；同时考虑到我国历年来的货币政策操作可能存在的非线性特征，我们还对非线性泰勒规则进行了实证研究，以期找到更好地描述央行政策行为的利率反应函数。本节的主要研究意义是考察我国金融市场的信息预测能力，同时通过线性和非线性泰勒规则的实证分析使我们更好地理解央行的政策行为。

二、文献回顾

1. 国外相关文献

20 世纪 90 年代中后期，随着欧美国家货币政策中介目标由货币供应量向利率的过度基本完成，各国学者纷纷对泰勒规则在本国的适用性进行研究，多数利率市场化国家的经验表明，泰勒规则可以很大程度上解释各国短期利率的变化。由于传统形式的泰勒规则存在一定的局限，后续的研究在泰勒规则原式的基础上进行了很多改进。Clarida 等（1998，2000）在对英国、法国、德国、意大利、日本和美国的利率规则进行实证研究时，提出了前瞻形式的泰勒规则，他认为前瞻性规则更加符合现实的情况。在前瞻性泰勒规则中，央行会根据其对通货膨胀和产出缺口的预期调整短期利率。从理论角度来看，前瞻性规则的优点是通过提前的政策操作引导公众预期，以取得更显著的政策效果并承担更小的福利损失，提高了政策的有效性。除此之外，为了减少政策变动对金融市场的扰动以及维持央行的信誉，各国央行在实际操作中总是试图平滑利率的变化路径，这时利用利率平滑形式的泰勒规则拟合利率走势是合适的。Peersman & Smets（1998）对德国和欧洲地区的利率规则进行了研究，他们的研究结果表明德国和欧洲地区的利率走势可以用利率平滑形式的泰勒规则进行解释，泰勒规则构建了一个很好的货币政策研究框架。Alesina 等（2001）、Gali（2001）、Faust（2001）、Smant（2002）研究了欧洲中央银行（European Central Bank）的政策行为，也得出了类似的结论。在泰勒规则的研究中，所谓的"泰勒条件"是指如果名义利率对通胀的反应系数大于 1，即名义利率上升幅度大于通胀的上升幅度，则政策对通胀有抑制效果，此时泰勒规则是稳定的，否则就是不稳定的。欧美国家的利率市场化较早，所得到的结论大多是泰勒规则是稳定的。

近年来，许多学者开始对货币当局是否应该盯住其他经济变量进行研究，他们认为央行在制定货币政策的时候通常并不只关注通胀和产出缺口，因此他们将其他经济变量加入泰勒规则中，试图更好地描述央行的政策行为，探究央行政策变动的原因。Fourcans & Vranceanu（2004）将汇率加入泰勒规则对欧洲中央银行的货币政策进行研究，结果表明当汇率偏离平均水平时，短期利率会做出反应。Chadha（2004）在对美联储、英格兰银行和日本银行的研究中也得到了类似结论。也有学者将货币供应量指标加入利率规则中，如 Fendel & Frenkel（2006）、Surico（2007）的研究表明货币供应量虽然不能直接影响欧洲央行的行为，但可以准确预测未来通胀水平。在一个完善的金融体系中，资产价格具有很强的信息预测能力，很多研究认为在制定货币政策时可以考虑资产价格，但是对于央行是否应该盯住这类经济变量目前尚没有一个统一的结论。Cecchetti（2000）、Borio & Lowe（2002）、Goodhart & Hofmanm（2002）、Rotondi & Vaciago（2005）认为央行应该盯住资产价格，他们的研究结果显示资产价格为货币政策制定者提供了重要的信息。Montagnoli & Napolitano（2005）对英国、美国、加拿大和欧盟的研究发现英国的利率对资产价格膨胀（Assets Price Inflation）反应明显，FCI 指数可以成为货币政策的短期指示器。与此相反，Bernanke & Gertler（1999，2001）、Bullard & Schaling（2002）认为只要在制定政策时考虑到资产价格对通胀的影响，央行可以不盯住资产价格变量。

在上面的讨论中，泰勒规则都是一个线性规则，线性泰勒规则是在央行损失函数为对称的二次函数且总供给曲线为线性的情况下的最优政策规则。如果央行在政策调整时有非对称的偏好，那么非线性的泰勒规则更适合用来描述央行的政策。最近，各国学者开始利用非线性模型对时变系数的泰勒规则进行研究。Petersen（2007）利用平滑转换模型（STR）研究了美联储是否遵循非线性泰勒规则，结果表明非线性泰勒规则可以更好地拟合利率轨迹。美联储有一个时变的通胀目标，在通货膨胀率接近目标值的时候，美联储对通胀的反应将显著增强。Martin & Milas（2005）利用非线性二次 Logistic 平滑转换模型（LSTR2）研究了英格兰银行的货币政策行为，结果表明英国货币当局试图把通胀控制在一定区间内，在区间外，利率对通胀的反应很明显。Castro（2008）构建了欧盟的 FCI 和 EFCI（包含信用溢价、期货利率溢价的扩展形式（FCI）指数，并利用平滑转换模型研究了包含 FCI 和 EFCI 的非线性泰勒规则，结果表明，与美联储（FED）相比，欧洲央行（ECB）和英格兰银行（BOE）更有可能遵循非线性泰勒规则；同时，ECB 比 FED 和 BOE 更加重视金融市场的信息。Helle Bunzel（2010）利用门限回归模型（TR）研究美联储的货币政策时，发现美联储在不同情况下其政策力度是不同的：当通胀高于目标的时候，美联储对通胀的反应系数显著增强，同时对负产出缺口的反应大于正产出缺口。Assenmacher-Wesche（2006）利用马尔科夫转换模型研究了美国、英国和德国的利率反应函数，实证结果表明：泰勒规则中通货膨胀率和产出缺口的系数是随时间变化而变化的，可以据此将各国的货币政策分为两个不同的体制。Castelnuovo、Greco & Raggi（2008）也基于马尔科夫转换模型研究了第二次世界大战后美联储的货币政策行为，研究结果表明美国的货币政策行为存在着时变通胀目标，同时表现出区制转移特征。

2. 国内相关文献

同业拆借市场利率最早实现了市场化，这为我国学者研究泰勒规则提供了条件。我国泰勒规则的研究虽然起步较晚，但是研究成果十分丰富。谢平、罗雄（2002）最早使用广义矩估计方法估计了我国前瞻性货币政策反应函数，此后国内学者对泰勒规则在我国的适用性进行了许多研究。卞志村（2006）利用 GMM 方法和协整检验对利率平滑形式的泰勒规则进行研究，结果表明我国泰勒规则是不稳定的，利率对通胀的反应系数小于 1，泰勒规则目前不适合在我国运用。陆军和钟丹（2003）、王建国（2006）的研究也得到了类似的结论。此外，我国学者也将其他因素加入利率规则中进行研究，张屹山、张代强（2007）将货币供应量加入前瞻性利率反应函数中，发现这样可以较好地拟合我国同业拆借利率的走势。郭福春、潘锡泉（2012）则通过加入汇率因素的泰勒规则对中国货币政策进行实证检验，发现利率对汇率变动的反应并不显著。

随着我国金融市场的不断完善，资产价格所包含的信息越来越被我国学者所重视，金融市场可以提供给政策制定者很多市场中的信息，因此可以作为货币政策的指示器。目前，我国学者越来越多地关注资产价格对于货币政策的影响，纷纷利用中国数据构建 FCI 并用于货币政策的研究。王玉宝（2005）分别利用 OLS 与 VAR 方法估算了中国的 FCI，他认为包含真实短期利率、真实汇率、真实房地产价格和真实股权价格的 FCI 可以作为货币政策的辅助参照指标。封北麟等（2006）运用 VAR 模型构建了中国的 FCI，实证结果表明 FCI 对通货膨胀率具有良好的预测能力。在此基础上，将 FCI 作为目标和信息变量纳入泰勒规则，结果表明 FCI 与短期利率存在正向关系，可以作为货币政策的短期指示器。戴国强等（2009）运用 VECM 模型估计了我国的 FCI，在他构建的我国金融形势指数中汇率指标系数较高，他认为可能是人民币未国际化以及我国外贸依存度高的原因。与之前文献相似，其结果也表明金融形势指数能够对通货膨胀率做出及时、有效的预测。卞志村、孙慧智（2012）利用卡尔曼滤波估计构建了时变权重的 FCI，并用于泰勒规则和麦克勒姆规则的研究，结果发现与包含 FCI 的麦克勒姆规则相比，纳入 FCI 的泰勒规则的拟合优度较高，因此在我国有较好的适用性。

我国泰勒规则的研究多表明短期利率对通货膨胀的反应系数很小，短期利率的变化不能起到有效抑制通货膨胀的作用，因此我国的泰勒规则是不稳定的。与线性规则相比，非线性泰勒规则可以捕捉到更多货币政策变化的特征，有助于更好地解释我国短期利率的变化。王建国（2006）利用著名的 Chow 断点检验将研究区间以 1997 年亚洲金融危机为界分为两段，检验结果表明，Chow 断点在统计上是显著的，可以部分解释两个时期经济波动的差异。Chow 检验虽可以检验断点在统计上的显著性，但由于断点的选择取决于主观判断，故可能出现误判。张屹山、张代强（2008）使用

Hansen（2000）提出的门限回归方法对加入货币供应量的利率规则进行研究，他们的研究结果表明包含货币因素的利率规则是存在非线性特征的。郑挺国、刘金全（2010）基于 Gibbs 抽样的马尔科夫链蒙特卡洛（MCMC）方法发现了我国货币政策的区制转移特征：我国货币政策可以分为惰性和活性两个区制，在不同的区制下，短期利率对通胀和产出缺口的反应是不同的。中国人民银行营业管理部课题组（2009）利用非线性二次 Logistic 平滑转换模型（LSTR2）研究了我国时变参数的泰勒规则，并发现了货币当局对通胀的反应区间。平滑转换模型是基本的非线性时间序列模型，我国学者使用该模型对央行的政策行为进行了很多研究，如刁节文和章虎（2012）、任琇卿等（2012）利用平滑转换模型对我国非线性泰勒规则进行研究时也得出了类似的结论。

如上所述，目前主要的非线性时间序列模型主要有门限回归模型、平滑转换模型和马尔科夫转换模型。其中，门限回归模型和平滑转换模型都属于门限模型，都假定体制的变化是内生的，不同在于平滑转换模型的体制变化是平滑的，而门限回归模型中体制是突变的；而马尔科夫转换模型假定政策的变化是外生的，实证中直接通过经济数据估计体制的变化。平滑转换模型可以拟合政策的平滑变化，且能够找到政策变化的原因，这更加符合实际情况。因此，在本节的研究中，我们选用 STR 模型对我国非线性泰勒规则进行研究。

三、利用 VAR 方法构建 FCI

1. FCI 的定义

Goodhart & Hofmann（2001）给出了金融形势指数的定义，他们认为 FCI 是实际利率、实际房地产价格、实际股票价格和实际有效汇率偏离均衡水平的加权平均，具体的定义如下：

$$FCI = \sum_{i=1}^{n} \omega_i (p_{it} - p_{it}^*) \tag{5.16}$$

其中，p_{it} 是资产 i 在 t 期时的真实价格，p_{it}^* 是资产 i 在 t 期的均衡值或趋势值，ω_i 是每个变量的权重，FCI 构建的关键在于各个经济变量权重的确定。

我们选用 VAR 方法确定各经济变量在 FCI 中的权重，各变量的权重是通过（5.17）式得出的。

$$\omega_i = \frac{|z_i|}{\sum_{i=1}^{n} |z_i|} \tag{5.17}$$

其中，ω_i 是变量 i 的权重系数，z_i 是变量 i 的单位 Cholesky 冲击后在随后的一段时间内对通货膨胀的平均脉冲影响。

在本节的分析中，我们将货币供应量作为构建金融形势指数的考虑因素。我国转轨时期的经济现状决定了货币供应量在宏观经济运行中扮演着重要的角色。货币供应量的调整可以直接影响我国的货币市场和资本市场的资金供求关系，进而对证券市场和房地产市场产生影响，同时货币供应量也能影响我国的通胀水平，因此我国金融形势松紧很大程度上是由货币供应量决定的。综上，本节构建了一个包含短期利率缺口、实际汇率缺口、实际房地产价格缺口、实际股票价格缺口和实际货币供应量缺口的金融形势指数。

2. 数据选取与平稳性检验

本部分使用 1998 年 1 月至 2013 年 3 月的月度数据构建我国月度金融形势指数，在实证过程中具体指标选取说明如下。

通货膨胀率。我们选用消费者价格指数 CPI 作为通货膨胀变量。相比其他价格指标如生产者价格指数、GDP 平减指数，CPI 的优点在于公布频率高，且其关系到民生问题，因而是政府更加重视的价格指标。在 VAR 模型中我们选用的是月度同比 CPI，在剔除价格因素时本处使用的是基期为 1997 年 1 月的定基比 CPI，数据来自中经网。

短期利率。一般而言，金融形势指数选用的利率应为对资金供求关系反映准确的市场化利率。我国利率市场化进程正在不断推进，目前贷款利率已经实现市场化，但是由于市场化的时间较短，不能满足研究需要，因此我们选用七天期同业拆借利率作为短期利率的代理变量。我国同业拆借市场始于 1996 年，在以往的货币政策研究中，同业拆借利率一般被选为市场利率的代理变量，这是由于同业拆借市场规模不断扩大，同业拆借利率基本上可以反映全社会的资金供求关系，且对货币政策操作反应较灵敏。基于以上考虑，我们将同业拆借利率纳入 FCI 构建中，数据来自中经网。将名义利率减去同比通胀率得到实际利率。

实际有效汇率。实际有效汇率是剔除了不同国家之间通胀因素的贸易加权汇率，是一国货币竞争力的标志。实际有效率汇率的变化不仅会影响一国对外贸易，同时也能够影响国内的通胀压力，因此是与宏观经济密切相关的经济变量。我们选用国际清算银行（BIS）网站公布的实际有效汇率数据。

房地产价格。房地产泡沫是资产泡沫的重要成因，近年来我国城市房价节节攀升，国内外学者普遍认为我国楼市存在泡沫。我们选用国房景气指数作为房地产价格的代理变量，国房景气指数可以综合反映我国的房地产基本运行状况，且已剔除了价格因素，数据来自中经网。

股票价格。股票价格指数作为反映股票价格水平的指标，种类繁多，一般根据不同的研究需要选用相应的股票价格指数。本处选取能够综合反映我国股市行情的上证综指作为股价代理变量，数据来自中经网。由于股票价格是名义值，我们将上证综指月度收盘价除以定基比 CPI 得到实际股票价格。

货币供应量。货币供应量根据统计口径不同分为 M_0、M_1 和 M_2，随着金融创新的不断涌现，广义货币供应量 M_2 是衡量我国货币存量的最佳指标。我们将 M_2 除以定基比 CPI 得到实际货币供应量，M_2 数据来自中经网。

在构建 FCI 指数时我们使用的是利率、汇率、房地产价格、股价和货币供应量偏离其潜在水平的百分比。除利率外，我们使用 HP 滤波方法得到各变量的潜在值；对于利率来说，我们直接使用实际利率作为利率缺口。经济中的潜在利率在短期内应当为一个正的常数，而我国处于经济转轨时期，本节不试图估计潜在利率，实证中认为实际利率为 0，所以利率缺口就是实际利率。

平稳的序列是计量结果可靠的前提，因此在进行实证研究之前有必要对所用数据的平稳性进行检验。最早的平稳性检验方法是 Dickey—Fuller 检验，然而传统 DF 检验效率低下已经阻碍了其在研究中的应用。我们使用更有效的单位根检验方法（ADF 检验）对所选序列的平稳性进行检验，检验结果如表 5 – 6 所示。

表 5 – 6　平稳性检验结果

检验 变量	ADF 检验值	检验形式 (C, T, L)	临界值		
			1%	5%	10%
CPI	– 3. 2043	$(C, T, 12)$	– 4. 0129	– 3. 4365	– 3. 1424
RR	– 3. 0334	$(0, 0, 0)$	– 2. 5777	– 1. 9426	– 1. 6155
$NEERGAP$	– 4. 5684	$(C, 0, 1)$	– 3. 4666	– 2. 8774	– 2. 5753
$HOUSEGAP$	– 5. 5399	$(0, 0, 3)$	– 2. 5779	– 1. 9426	– 1. 6155
$STOCKGAP$	– 2. 8299	$(0, 0, 0)$	– 2. 5777	– 1. 9426	– 1. 6155
M_2GAP	– 4. 9668	$(0, 0, 12)$	– 2. 5786	– 1. 9427	– 1. 6155

注：(C, T, L) 中的 C 表示 ADF 检验时的常数项，T 表示趋势项（$T = 0$ 表示不含趋势项），L 表示系统根据 SIC 准则自动选取的滞后阶数。

CPI、RR、$NEERGAP$、$HOUSEGAP$、$STOCKGAP$ 和 M_2GAP 分别对应着同比通胀率、实际利率、汇率缺口、房价缺口、股价缺口以及货币供应量缺口，表 5 – 6 显示本节所选数据在 10% 置信水平下均为平稳序列，我们可以继续进行下面的讨论。

3. 基于 VAR 方法构建 FCI

（1）VAR 模型构建以及冲击分析

在本节的分析中，我们将货币供应量作为构建金融形势指数的考虑因素，建立了一个六变量 VAR 模型，其中内生变量顺序为 RR、$NEERGAP$、$HOUSEGAP$、M_2GAP、$STOCKGAP$ 和 CPI。模型建立后，我们进行脉冲响应分析，通货膨胀对各变量冲击的响应情况如图 5-7 所示。

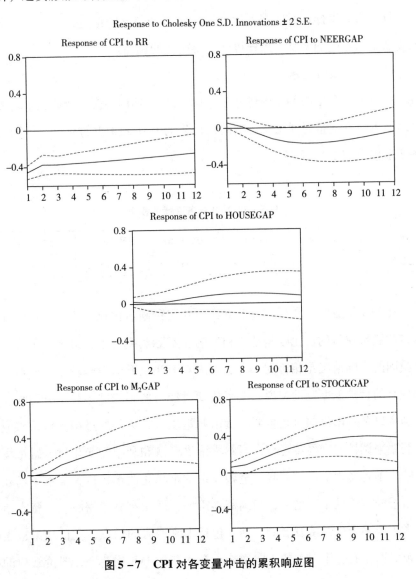

图 5-7　CPI 对各变量冲击的累积响应图

脉冲响应图所显示结果与经济理论是相符合的。实际利率的升高在短期内可以抑制通胀；而汇率缺口变大时，本国货币升值将会缓解国内的通胀。房地产价格、货币供应量以及股价高于潜在水平时，说明有资产泡沫的形成，这将会推动通胀的加剧。上述实证结果也说明我国目前经济中市场机制日趋成熟，货币政策传导渠道基本畅通，货币政策变量以及金融市场波动对宏观经济运行影响明显。随着经济市场化改革的不断推进，央行在进行货币政策操作时应当更加重视金融市场包含的信息，适当对金融市场波动做出相应的调整，这样可能取得更优的调控效果。

（2）FCI 指数构建

根据上文介绍的 FCI 构建方法，我们将 12 期内各变量对通胀平均影响绝对值占所有变量对通胀总影响的比例作为其在 FCI 中的权重，计算所得各变量权重如表 5 - 7 所示。

表 5 - 7　FCI 中各变量的权重

变量	RR	$NEERGAP$	$HOUSEGAP$	M_2GAP	$STOCKGAP$
权重	0.3302	0.0930	0.0679	0.2426	0.2662

在 FCI 构成中，实际有效汇率缺口和房价缺口占比较小，货币供应量缺口和股价缺口的占比则是基本相当的，实际利率的占比最大。上述结论与我国的实际情况是相符的。房价高涨对 CPI 上升的影响较小；而对于我国现有的特殊汇率制度来说，汇率波动对经济的影响并不是十分明显。短期利率以及货币供应量是重要的货币政策工具，央行通过调整货币供应量和利率来调控宏观经济运行，因此货币供应量和利率的变化对金融市场的影响是不容忽视的。随着我国金融体系的市场化改革推进，资本市场在金融市场的重要性不断增强，我国资本市场与通胀有着紧密联系。资本市场包含了很多未来经济发展的预期，包括未来通胀的信息，实证结果也表明股市对通胀有一个较大的正向影响，在本节的 FCI 构建中，股价缺口的权

重较大。

　　通过 FCI 与 CPI 走势图 5 - 8 我们可以看出金融形势与国内通胀水平是密切相关的，金融市场的波动领先于宏观经济形势的变化。整体来看，FCI 和 CPI 走势基本保持一致，且 FCI 变动领先于 CPI 变动，这种先行趋势从 2007 年美国次贷危机以后表现得十分明显，金融形势松紧程度可以很好地预测未来通胀形势。2008 年以来我国 FCI 大部分时间为负值，这主要是股市低迷造成的。

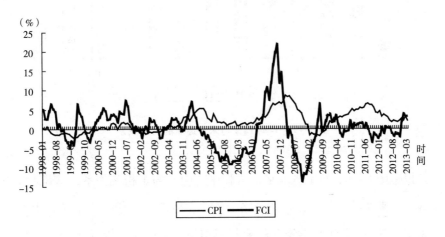

图 5 - 8　月度 FCI 和 CPI 走势图

四、FCI 指数可以预测通胀吗？——基于 MSVAR 的实证分析

　　在上一部分中，我们利用利率、汇率、房价、股价和 M_2 的缺口数据构建了月度金融形势指数。一个具有实践价值的金融形势指数应该含有未来经济的信息，并能够给央行制定货币政策提供参考。本部分我们将通过相关性分析以及脉冲响应分析检验 FCI 能否较好地预测通胀，利用马尔科夫区制转移向量自回归模型检验 FCI 对 CPI 的影响是否具有稳定性。

1. 动态相关性分析

动态相关性系数是短期经济分析中的一个重要工具，通过相关系数我们可以回答不同的经济变量在短期是否存在关联、存在怎样的关联的问题。图5-9给出了当期FCI与一年以内通货膨胀的相关系数。

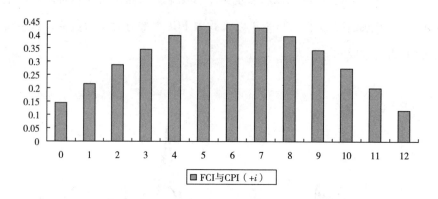

图5-9 当期FCI与未来通胀的动态关系

根据图5-9，FCI与未来通货膨胀有明显的正相关关系，这说明FCI包含有未来通胀的信息，资产价格上涨、金融形势宽松与未来物价上涨关系密切。其中，FCI与半年后的通胀率相关系数最大，接近0.45，之后逐月递减，但是一年内FCI与CPI均为正相关关系。综上所述，作为衡量我国资产泡沫程度的FCI指数，能够在短期内准确预测未来通胀信息，且这种预测具有稳定性。央行在进行宏观调控时应当关注资产价格，以便更有前瞻性地预防未来可能产生的通胀压力。

2. 格兰杰因果检验

图5-9只是反映了FCI和CPI短期内的相关关系，要弄清FCI是否是CPI的原因，则需要进一步进行因果关系的检验。本部分选用格兰杰因果检验对FCI同CPI之间的因果关系进行检验。虽然格兰杰因果检验得到的是统计上的因果关系，但是在经济分析中，统计上的因果关系是有意义的，在短期经济预测中有着很大的应用价值。格兰杰因果检验的前提是时

间序列为平稳序列，之前的检验表明 CPI 为平稳序列，我们对 FCI 序列进行平稳性检验，结果表明在 5% 的置信水平下 FCI 为平稳序列。

表5-8　FCI 与 CPI 之间格兰杰因果检验结果

原假设	滞后阶数	F 统计量	P 值
FCI 不是 CPI 的格兰杰因果原因	3	4.8090	0.0030
CPI 不是 FCI 的格兰杰因果原因		3.1801	0.0254

在格兰杰因果检验中，滞后阶数的选择对检验结果影响很大，因此我们在实证过程中对滞后值取 1 至 4 分别进行检验，结果发现在 4 阶内，CPI与 FCI 之间存在明显的双向因果关系（置信水平 5% 之下），其中当滞后阶数取 3 时，这种相互因果关系最强。因果检验结果表明，我国 FCI 和 CPI具有双向因果关系，FCI 可能是未来通胀的成因，而经济的通胀水平也可能是未来资产价格波动的原因。

相关性分析和格兰杰因果检验结果表明短期内 FCI 和 CPI 之间存在着较明显的相关性，且是互为因果关系的。但是，对于其中一个变量的变化会对另一个变量产生怎样的影响仍然是待研究的问题，下面我们将利用 MSVAR 模型对 FCI 与 CPI 相互冲击影响进行更深入的研究。

3. 基于 MSVAR 模型的脉冲响应分析

向量自回归（VAR）模型引入宏观经济研究后，已经成为研究经济变量如何相互影响的重要手段，虽然 VAR 模型缺乏理论基础，但是实证所得的多数结论与传统经济理论观点保持一致，且在短期预测的应用中也取得了较好的效果。本节使用的马尔科夫转换向量自回归（MSVAR）模型是改进的 VAR 模型，与传统 VAR 模型相比，MSVAR 模型的主要改进是假设经济形势是变化的，在不同的经济形势下变量之间的冲击关系是不同的，这就赋予了脉冲响应函数时变的特征。

我们首先对使用的 MSVAR 模型进行简单介绍，继而通过实证分析找出 FCI 与 CPI 相互影响的非线性特征。

（1）MSVAR 模型的介绍

MSVAR 模型根据回归中向量均值、截距、自回归方程系数和回归方差是否依赖于状态变量可以分为很多类型，在具体选择模型时需要考虑经济意义以及计量上的可行性。本书在实证中选择两区制的二阶 MSIH（2）—VAR（2）模型，在这个模型截距和回归方差是随着经济体制发生变化的。选择 MSIH（2）—VAR（2）模型主要是基于以下几点考虑：首先，对于 FCI 的波动来说，一般情况下 FCI 平稳变动，而当遭遇外部冲击或者金融危机的情况时，往往会剧烈变化，因此我们认为平稳和危机的两区制划分是符合实际的。在以往的研究中，MSIH—VAR 模型经常被用来研究我国经济波动的特征，这个模型既能够刻画不同区制下 FCI、CPI 水平的不同，也能够反映在不同的区制下经济波动幅度的差异。MSIH（2）—VAR（2）模型有如下形式：

$$y_t = \nu(s_t) + A_1 y_{t-1} + A_2 y_{t-2} + \mu(s_t) \qquad (5.18)$$

其中，s_t 是状态变量，在不同体制下取不同的值。在这个模型中，回归系数矩阵不随体制变化而改变，截距和回归方差则会发生改变。截距的变化体现了通胀和 FCI 水平因体制不同而发生变化，随机扰动项的方差的变化体现了不同体制下经济波动水平的变化。此处选择两状态的模型，s_t 取 1 或 2，且服从一阶马尔科夫链过程，其常数转移概率假设为：

$$p_{11} = Pr(s_t = 1 \mid s_{t-1} = 1)$$

$$p_{12} = Pr(s_t = 2 \mid s_{t-1} = 1)$$

$$p_{21} = Pr(s_t = 1 \mid s_{t-1} = 2)$$

$$p_{22} = Pr(s_t = 2 \mid s_{t-1} = 2)$$

其中，$p_{ij} = Pr(s_t = j \mid s_{t-1} = i)$ 表示 $t-1$ 时刻状态 i 转移到 t 时刻状态 j 的发生概率，且 $\sum_{j=1}^{2} p_{ij} = 1, i = 1,2$。

以上 MSVAR 模型，改进了传统向量自回归模型，可以反映出经济变化的特征，因此可以帮助我们分析不同的经济形势下 FCI 与 CPI 之间的影响关系是否会发生变化。

（2）模型估计结果

我们利用基于 OX 软件的 MSVAR 软件包对 MSIH（2）—VAR（2）模型进行估计，具体估计是通过 EM 算法实现的。模型的估计结果如表 5-9 所示。

表 5-9 MSIH（2）—VAR（2）模型估计结果

系数	FCI	CPI
C（体制1）	- 0.000392	0.129825
C（体制2）	0.468752	- 0.011422
FCI（-1）	0.967993	0.022772
FCI（-2）	- 0.072222	0.017601
CPI（-1）	0.399464	0.967114
CPI（-2）	- 0.458428	- 0.013023
S.E（体制1）	1.419323	0.594254
S.E（体制2）	3.608000	0.643459
$\begin{pmatrix} p_{11} & p_{12} \\ p_{21} & p_{22} \end{pmatrix}$	$\begin{pmatrix} 0.9785 & 0.0215 \\ 0.0799 & 0.9201 \end{pmatrix}$	
log-likelihood	- 535.8364	

注：C 为 VAR 模型中的截距，$S.E$ 是每个体制下随机扰动项的标准差。汉密尔顿（Hamilton，1994）认为在马尔科夫体制转移模型中，传统系数显著性检验效果很差，且在向量自回归模型中系数显著性并不是非常重要，因此表中没有给出系数的显著性。

根据表 5-9，MSIH（2）—VAR（2）模型拟合效果较好，整体显著性明显，且卡方统计量的相伴概率和 Davies 检验的相伴概率均为 0，显著拒绝了模型为线性的假设。根据模型的设定，截距和扰动项会随体制变化而发生改变，表中结果证实了这个假设。

（3）各体制的概率估计

MSVAR 模型的一个核心部分是将整个区间分为不同的体制，在估计马尔科夫转换模型的同时，我们可以估计出区间内每个时点处于各体制的滤波概率（Filtered Regime Probabilities）、预测概率（Predicted Regime Probabilities）和平滑概率（Smoothed Regime Probabilities）。滤波概率是根据 t 时刻所能得到的所有信息计算出来的某一状态的概率，它提供了这样一个信息，即根据样本所处时期所能得到的信息来确定政策最可能处于什么体制；预测概率是根据 $t-1$ 期的信息，预测 t 时刻处于某体制的概率，是一个一步预测过程；而平滑概率是在已知的所有样本信息条件下对每一时点所处的体制进行推断。图 5-10 给出了各时刻处于两个体制的滤波概

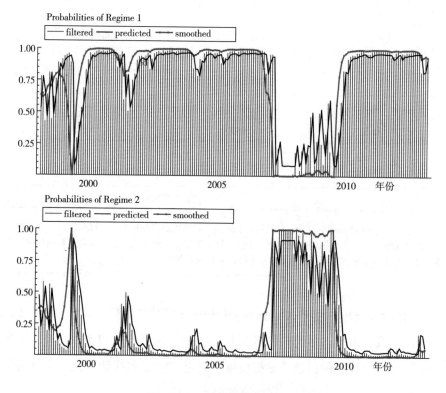

图 5-10　各体制的概率估计

率、预测概率和平滑概率。对于后顾性的研究来说，平滑概率根据全样本信息估计每一时刻所处各体制的概率，可靠性更高，因此本书以平滑概率为依据对样本进行划分。

根据每个时期货币政策处于各体制的平滑概率（以处于体制 2 的平滑概率为例）可以看出，当平滑概率值越大时，货币政策处于体制 2 的可能性更大；当概率值越小时，政策处于体制 1 的可能性更大。我们以概率值是否大于 0.5 为判断标准，平滑概率大于 0.5 我们认为该时期政策处于体制 2，反之则处于体制 1。根据上述原则，表 5-10 给出了样本区间的划分。

从表 5-10 可知，体制 1 多出现在宏观经济形势平稳的背景下，而体制 2 则出现在两次国际金融危机的背景下，即东南亚经济危机和美国次贷危机引起的全球经济危机。体制划分表明，国外经济形势与宏观金融形势是息息相关的，FCI 指数体现了一国的金融形势，而国际性经济危机会对国内金融形势产生明显的影响——估计结果表明，在体制 2 下 FCI 的波动程度远远大于体制 1 下的波动。反观 CPI 指数，两个体制下波动差距并不明显，说明国外的经济形势对国内宏观经济运行影响并不大，表现为两体制下扰动项的方差差别并不明显。

表 5-10　样本的划分

	样本区间
体制 1	1998.1—1999.3；1998.8—2007.2；2009.9—2013.3
体制 2	1999.4—1999.7；2007.3—2009.8

MSVAR 模型将整个区间分为宏观经济运行稳定的体制 1 以及受国外经济危机影响的体制 2。从历史情况来看，国外经济危机并没有对我国经济增长产生较大影响。从实证结果来看，外部的冲击对国内的金融市场仍会产生较大影响，在两次国外金融危机发生后，FCI 指数的波动远远大于处于平稳外部环境的条件下。

东南亚金融危机严重打击了我国的对外贸易，同时由于东南亚国家在我国外资占比很高，危机也影响了我国的外商投资。总体来看，我国因为金融市场开放程度较低而避免了危机的影响，但是主要贸易国家的经济不景气以及外商投资的明显减少给国内对未来经济的预期蒙上了一层阴影。我国 A 股没有对外资开放，但是外部冲击影响了股民的预期，因而股市波动也较为明显。此外，实际利率持续下滑，房地产市场也因国内对房地产泡沫的质疑而陷入暂时的低迷。综上，在这一阶段，反映资产价格的 FCI 指数骤降。

相比东南亚金融危机，美国次贷危机引起的全球经济危机对我国的影响更大、更全面。首先，此次危机导致急剧外需萎缩，政府不得不启用庞大的刺激内需的投资计划以抵御危机的影响；同时，与财政手段相应的是央行宽松的货币政策，危机期间货币供给大大增加，实际利率大部分时间处于负值。其次，基本面和全球股市受挫的影响使我国股市短短一年间由最高点跌至低位，危机的影响十分明显。最后，在危机前，我国房地产一直保持高速增长，蓬勃发展的房地产业是我国经济保持强劲增长的重要动力，然而危机使得居民的购房意愿受到影响，此外股市套牢了大量资金，且政府在调控房价方面显示了较强的决心，这三方面因素导致了房地产业资金短缺，发展乏力。综上，经济危机对国内金融市场的影响表现在 FCI 指数上就是 FCI 指数由最高点跌至最低点，金融形势很好地刻画了我国金融市场的走势。

（4）脉冲响应分析

前文中，我们对两变量的 MSVAR 模型进行估计，所得的结果与现实情况基本符合。本部分我们基于估计结果进行脉冲响应分析，得到图 5 - 11 和图 5 - 12①。

---

① 脉冲响应结果由 OX 软件得出，为了更直观地看到比较结果，笔者根据所得数据用 EX-CEL 重新作出冲击图。

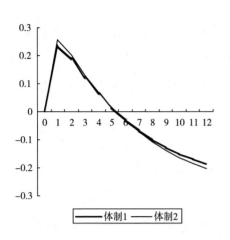

图 5 – 11　CPI 对 FCI 冲击的响应图

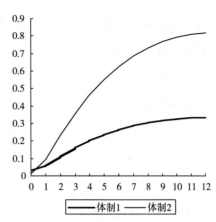

图 5 – 12　FCI 对 CPI 冲击的响应图

资产价格偏高（相对于均衡水平）或者相对宽松的金融环境将会拉高社会的通胀预期，最终导致通胀水平上升。例如，房价上升意味着社会对水泥、钢筋等原材料需求将持续高涨，这就会引起需求拉动通胀的预期；再如，股市处于牛市，预示着社会中投资需求将增加，这也会导致预期通胀的上升。冲击响应图显示，FCI 正向冲击将在 6 个月内对 CPI 有明显的正向影响，半年后，正向影响变为负面影响，这说明 FCI 对通胀的影响在半年内具有较好的稳定性。除此之外，两个体制下，FCI 对 CPI 的影响基本保持一致，这说明作为宏观经济的指示器 FCI 指数在影响宏观经济方面具有较好的稳健性，并不会随着经济形势的变化而发生改变。对于货币当局来说，可以通过对 FCI 指数的监测，准确预测未来经济走势，并及时做出逆风向的调整以稳定经济运行。

同时，国内价格水平上升将会导致未来 FCI 快速上升。通胀升高使得投资的回报率相应降低，所以投资者将会要求更高的回报率，这是拉高资产价格的一个因素；通货膨胀上升使得实际利率下降，融资成本降低直接刺激了投资需求的增长，抬升了资产的价格。值得注意的是，不同的体制下 CPI 对 FCI 的影响是不同的：体制 1 下，CPI 升高对 FCI 有一个持续的正向影响；而体制 2 下，这个正向影响的程度大大升高。这种情况出现的主要原因是当有外部冲击来临时（以经济危机为例），受国外因素影响金融形势将转冷，此时如果我国经济受到影响（通胀下降意味着经济不再过热），公众对于未来资产价格的预期将受到重挫，因此 FCI 受到的影响比体制 1 中显著增强。

4. 小结

以上的相关性分析、格兰杰因果检验的结果表明，FCI 和 CPI 之间存在较明显的正相关关系，且在统计上互为因果；MSVAR 的脉冲响应分析表明 FCI 和 CPI 之间存在着相互影响，FCI 对 CPI 的影响较为稳健，不会随着经济形势的变化而改变，但是 CPI 对 FCI 的影响受经济环境影响明显。综合以上的结论，在短期中，FCI 能够较准确地预测未来的通胀变化。因此，对于我国货币当局来说，编制反映资产价格波动的 FCI 指数具有很强的现实意义。通过 FCI 指数反馈，央行可以提早对未来经济走势进行预判并可以对政策做出及时的调整，也能够通过对金融市场的干预来稳定公众对通货膨胀的预期，通过对公众预期的引导，货币政策将会产生更好的效果，并大大降低政策变动造成的经济波动。

五、FCI 与经济增长的相关性研究

1. 走势图直观分析

上一部分的研究表明 FCI 能够较为准确地预测未来可能的通货膨胀，央行可以将 FCI 作为货币政策的指示器。一般来说，FCI 包含未来通胀的信息，然而纵观 FCI 的构成，利率、汇率和货币供应量无论从理论上还是从实际上都会对宏观经济运行产生重要影响，因此我们不能忽视 FCI 对经济增长的预测作用。本部分主要研究 FCI 与我国经济增长是否存在着某种联系、FCI 能否作为我国经济增长的晴雨表。在具体研究方法上参考上一小节，利用格兰杰因果检验以及脉冲响应函数研究金融形势指数与国民经济增长之间的关系。

国民经济核算一般是季度数据，因此我们使用季度 GDP 增长率作为经

济增长指标①，将月度 FCI 进行简单的算术平均得到季度 FCI。GDP 增速和季度 FCI 走势如图 5 – 13 所示。

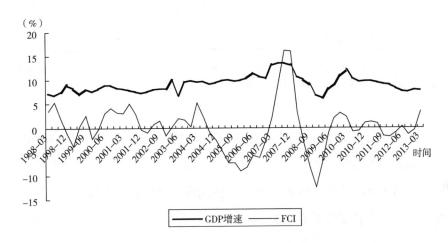

图 5 – 13　季度 GDP 增速和 FCI 走势图

从图 5 – 13 中来看，我国 GDP 增长速度基本保持平稳，而 FCI 的波动则比较大。除了 2004 年第 2 季度至 2005 年底两者出现明显差异之外，整体来看 FCI 对 GDP 增速有一定的预测效果，如 2009 年经济增长低迷，以及 2010 年增速回升，FCI 走势比 GDP 增速提前一个季度的时间。以上是走势图反映的信息，为了得到金融形势和经济增长之间的关系，我们还需要更严格的实证检验。

2. 数据平稳性检验和相关性分析

表 5 – 11 中 FCI 为季度金融形势指数，GDP 为季度增速，ADF 检验结果显示，在 10% 置信水平下两时间序列均为平稳序列。

---

① 季度 GDP 增长率数据来自每年初国家统计局初步核算结果，是没有经过后来调整的经济增长率。我们认为初步核算的数据最能够准确反映当时的经济增长情况。数据取自每年初的新闻报道，其中 1999 年第 2 季度至 2000 年第 4 季度数据缺失，这 6 个数据由中经网 GDP 累积增速替代。

表 5 – 11　变量平稳性检验

检验 变量	ADF 检验值	检验形式 (C, T, L)	临界值		
			1%	5%	10%
FCI	– 5.0112	(0, 0, 1)	– 2.6047	– 1.9465	– 1.6132
GDP	– 2.6277	(C, 0, 0)	– 3.5441	– 2.9109	– 2.5931

注：(C, T, L) 中的 C 表示 ADF 检验时的常数项，T 表示趋势项（$T = 0$ 表示不含趋势项），L 表示系统根据 SIC 准则自动选取的滞后阶数。

序列通过平稳性检验之后，我们考察两列数据的短期（一年内）相关性，动态相关图如图 5 – 14 所示。在半年内，FCI 与 GDP 增速是正相关的，从第 3 季度开始，转为负相关。从预测经济增长的角度看，FCI 指数在短期存在着稳定性不足的缺点。

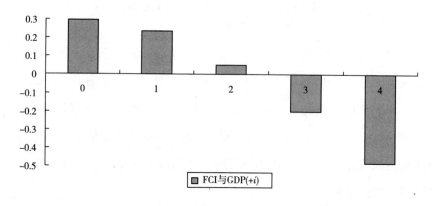

图 5 – 14　当期 FCI 与 GDP 增速的动态关系

3. 格兰杰因果检验和脉冲响应分析

我们使用向量自回归模型研究 FCI 和 GDP 增速如何相互影响，与之前对通胀和 FCI 的研究不同，由于样本数量较少，我们使用普通的 VAR 模型而不是之前的 MSVAR 模型进行研究。我们建立一个两变量 VAR 模型，模型中内生变量的顺序为 FCI、GDP，滞后阶数为 2 阶。模型建立之后我们进行格兰杰因果检验和脉冲响应分析，格兰杰因果检验结果如表 5 – 12 所示，脉冲响应如图 5-15 所示。

表 5-12 FCI 与 CPI 之间的格兰杰因果检验结果

原假设	滞后阶数	F 统计量	P 值
FCI 不是 GDP 的格兰杰因果原因	2	7.7912	0.0203
GDP 不是 FCI 的格兰杰因果原因		0.1628	0.9218

Response to Cholesky One S.D. Innovations ± 2 S.E.

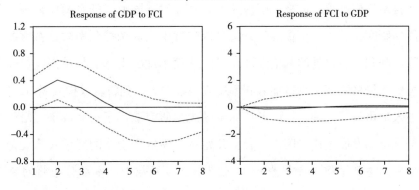

图 5-15 FCI 和 GDP 的脉冲响应图

格兰杰检验结果表明 FCI 是 GDP 增速的格兰杰原因，而 GDP 增速并不是 FCI 的格兰杰原因。脉冲响应图也显示 FCI 可以较为显著的影响 GDP 增速，而 GDP 增速的变化则不能够明显地影响 FCI 走势。FCI 正向变化，会在一年内有利于 GDP 的增长，资产价格上升反映了经济处于上升的阶段，房地产景气，股票市场回报很高，都将促进居民的消费投资热情，因而经济增长加速。

4. 小结

本部分我们主要研究了金融形势指数能否作为经济增长的晴雨表，研究结果表明 FCI 对 GDP 增速的预测性相对较差，无论从走势图看，还是从相关性分析来看，FCI 对 GDP 增速的预测效果逊于对 CPI 的预测效果。之所以产生这种结果多由于我国经济增长长期处于政府的干预之下，即便是金融市场严重不景气，政府也能通过有效的财政货币政策的调整稳定经济的增长。FCI 作为反映我国金融市场景气程度的指标，可以部分预测未来的经济发展水平，更重要的是，随着金融衍生产品市场日益成熟，FCI 指数将成为整个金融市场形成对未来预期的重要渠道，因此在以后的货币政策调控中，货币当局可以适当关注 FCI 指数来及时进行逆风向的调控。

六、FCI 在我国前瞻性泰勒规则中的应用

自泰勒规则提出以来，国内外学者已经对不同形式的泰勒规则进行了广泛的研究，其中一个重要的方向是探究货币当局调控利率时是否可能盯住除通胀和产出以外的其他经济变量。从简单地将汇率、货币供应量以及各种资产价格等变量直接加入利率反应函数中去，到将合成指数 MCI、FCI 等加入货币政策规则，扩展形式的泰勒规则研究取得了很多成果。由于我国金融市场发展迅速，国内学者也开始对考虑资产价格的货币政策规则进行研究，主要是将 FCI 等直接加入利率反应函数中。本部分也将对考虑 FCI 的泰勒规则进行研究，与之前研究类似，对加入 FCI 的泰勒规则进行估计；除此之外，一个创新之处是将 FCI 作为工具变量加入前瞻性泰勒规则的估计中。

1. 前瞻性泰勒规则的介绍

泰勒（1993）认为美联储的目标名义利率是由通胀压力和实际产出缺口决定的，当通货膨胀和产出缺口偏离其目标水平时，央行会主动调整名义利率水平以使宏观经济平稳运行。在泰勒规则提出之后，国外学者对泰勒规则的具体形式进行了很多扩展，最主要的两个方面是将预期和利率平滑因素加入货币政策制定中。本部分研究的是前瞻性泰勒规则，主要基于 Clarida（1998）提出的前瞻性模型进行研究。Clarida 的主要思想是货币当局会根据期望目标名义利率以及向前预期的通胀和产出对其目标值的偏离调整当前的利率水平。作为逆周期的政策调控，货币政策时滞较长是影响货币政策效果的主要原因之一，而前瞻型的货币政策调控可以大大减少货

币政策时滞的影响，提高货币政策效率。前瞻性泰勒规则的形式如下：

$$i_t^* = \bar{i} + \alpha(\bar{\pi}_{t+n} - \pi^*) + \beta\bar{y}_{t+p} \tag{5.19}$$

其中，i_t^* 表示目标名义利率，$\bar{i}$ 长期均衡名义利率[①]，$\bar{\pi}_{t+n}$ 是 $t+n$ 期预期通货膨胀水平，π^* 表示目标通货膨胀水平，$\bar{y}_{t+p}$ 是 $t+p$ 期预期产出缺口。在实证研究中，n 和 p 可以相等也可以不相等，这主要是由于货币政策对产出和通胀影响的时滞长短不同。α 和 β 均为常数。根据传统经济理论，产出不可能一直偏离潜在水平，因此在（5.19）式中产出缺口的目标值一般为零，也有学者认为央行试图在一段时间内保持一个正的产出缺口，这时候产出缺口目标为一个正值；而目标通胀水平一般为正，这是由于学者们通常认为一个低水平的通胀要远远好于通货紧缩。

我国学者对于央行利率调整中注重平滑操作这一现象基本达成共识。利率平滑指央行并不会直接将利率调整至目标水平，而是在前一期利率水平的基础上针对未来的通胀和产出预期做出相应的微调，具体过程可以用如下的方程来描述：

$$i_t = (1 - \rho)i_t^* + \rho i_{t-1} + v_t \tag{5.20}$$

其中，$\rho \in [0,1]$ 是平滑系数，i_{t-1} 是上期名义利率，v_t 是央行调整利率时的偏差。将目标名义利率代入（5.20）式中可以得到如下货币政策反应函数：

$$i_t = (1 - \rho)[\bar{i} + \alpha(\bar{\pi}_{t+n} - \pi^*) + \beta\bar{y}_{t+p}] + \rho i_{t-1} + v_t \tag{5.21}$$

对于（5.21）式所描述的货币政策函数而言，参数值反映了货币当局的偏好：ρ 越大，表示中央银行在执行利率调整政策时越注重平滑利率轨迹；$\alpha > 0$ 是稳定经济的条件，如果 $\alpha < 0$，通胀率的上升将导致实际利率的下降，并会刺激产出增加；β 值越大，说明央行在调整利率时越重视熨平产出缺口。

---

① 长期名义均衡利率这一定义参考了谢平和罗雄（2002）的《泰勒规则及其在中国货币政策中的检验》。Clarida（1998）的原文中是以实际利率为讨论对象，本节借鉴国内的研究以名义利率作为研究对象，因此模型的形式上有所不同。

在实际操作中，我们不能直接对预期变量进行估计，根据以下两个恒等关系，可以将泰勒规则中的预期值变为实际值，以便进行实证估计。

$$\bar{\pi}_{t+n} = \pi_{t+n} + (\bar{\pi}_{t+n} - \pi_{t+n}) \tag{5.22}$$

$$\bar{y}_{t+p} = y_{t+p} + (\bar{y}_{t+p} - y_{t+p}) \tag{5.23}$$

其中，π_{t+n} 表示 $t+n$ 期实际的通胀水平，y_{t+p} 表示 $t+p$ 期实际的产出缺口。将（5.22）式和（5.23）式代入（5.21）式中，得到如下形式的前瞻性泰勒规则，预期因素则包含在随机扰动项中：

$$i_t = (1-\rho)[\bar{i} + \alpha(\pi_{t+n} - \pi^*) + \beta y_{t+p}] + \rho i_{t-1} + \varepsilon_t \tag{5.24}$$

此时，$\varepsilon_t = -(1-\rho)[\alpha(\pi_{t+n} - \bar{\pi}_{t+n}) + \beta(y_{t+p} - \bar{y}_{t+p})] + \upsilon_t$，一般采用广义矩估计对前瞻性泰勒规则进行估计。

2. 前瞻性泰勒规则估计中的工具变量选择

进行广义矩估计时，我们必须选取一组工具变量 u_t，在泰勒规则研究之中，这些工具变量 u_t 需要满足下列的正交条件：

$$E\{i_t - \{(1-\rho)[\bar{i} + \alpha(\pi_{t+n} - \pi^*) + \beta y_{t+p}] + \rho i_{t-1}\} \mid u_t\} = 0$$

即工具变量与同期随机误差项是正交的。除了要满足这个条件以外，工具变量还应当与解释变量相关。在单方程的估计中，选择工具变量十分困难。在这种情况下，在对时间序列进行建模时可以选择解释变量的滞后期作为工具变量。确定工具变量之后，另一个难点则是工具变量个数的确定。理论上来说，工具变量个数等于待估计参数个数时[1]，模型是恰好识别的。而一般来说，工具变量个数都会多于待估系数个数，此时模型是过度约束的。因此，我们要对过度约束是否合理进行检验，只有工具变量选取合适，广义矩估计才能取得稳健的效果。

泰勒规则的研究中，工具变量是货币当局制定政策当期的信息集。之前的研究均选用模型中变量的滞后值作为工具变量，具体来说如表5－13

---

[1] 工具变量个数多于待估计参数个数的这个条件还有一个前提是工具变量矩阵是满秩的，下同。

所示。本部分的研究主要分为两个部分，在之前的研究中已经证实 FCI 与 CPI 是高度相关的，因此我们首先将 FCI 作为工具变量对前瞻性泰勒规则进行 GMM 估计，利用 Hanson 过度识别检验说明加入 FCI 能否提高模型的稳健性，如果 FCI 的确可以提高模型的稳健性，那么这将给未来泰勒规则研究中工具变量选择问题提供很好的借鉴；接下来，将 FCI 直接加入利率反应函数中以检验央行在实际的货币政策调控中是否考虑金融市场的波动。

表 5 – 13　前瞻性泰勒规则估计中工具变量选择情况

文献	泰勒规则形式	数据频率	工具变量选择
谢平、罗雄（2002）	平滑	季度	产出缺口、通胀率、名义利率和真实 GDP 增长率的 1 期滞后值
卞志村（2006）	平滑	季度	常数项；产出缺口、通胀率、名义利率和真实 GDP 增长率的 1 期滞后值
张屹山、张代强（2007）	平滑，包含货币供应量	月度	常数项；名义利率、通胀率、产出缺口和货币供应量的 12 期滞后值
中国人民银行营业部课题组（2009）	平滑，包含货币供应量	季度	常数项；名义利率、通胀率、产出缺口、GDP 实际增长率和货币供应量的 1 期滞后值
郑挺国、王霞（2011）	平滑	季度	名义利率、通胀率、产出缺口的 1 至 4 期滞后值

注："平滑"指考虑利率平滑的泰勒规则，包含货币因素指将货币供应增长率加入泰勒规则中。

3. 前瞻性泰勒规则实证研究：基于工具变量选择的分析

本部分主要讨论将 FCI 作为工具变量是否能够提高泰勒规则的拟合效果，在进行建模之前我们首先要对选用数据进行简单说明，之后对数据的平稳性进行检验。

　　本部分选用 1998 年第 1 季度至 2013 年第 1 季度的季度数据对我国前瞻性泰勒规则进行研究。我们对七天期同业拆借利率、居民消费品价格指数、季度国内生产总值和前文构建的金融形势指数进行必要处理，得到本研究所需数据。

　　对七天期同业拆借利率、通货膨胀率（CPI）和 FCI 月度数据进行简单的算术平均得到所需的季度数据。产出缺口的计算过程较为复杂，因此有必要单独说明。产出缺口是指实际产出偏离潜在产出的程度，产出缺口大小取决于经济中的全部资源是否得到充分利用。产出缺口被广泛应用于经济周期以及央行的货币政策行为的研究中。在泰勒规则的研究中，产出缺口的估计可以帮助我们更好地理解央行的货币政策意图，然而由于潜在产出是难以估计的，如何准确地计算产出缺口目前尚无统一结论。在以往研究中，一般采用生产函数法和时间序列分解法来计算潜在产出。生产函数法主要是根据潜在产出的定义，通过生产函数和全社会总资源计算潜在产出，这种方法依赖于准确的生产要素数据和符合实际的生产函数。在我国，不仅没有可靠的生产要素数据公布，且转型期经济决定了我国的生产函数也是难以设定的，因此我们采用目前在估计产出缺口时经常使用的时间序列分解方法——HP 滤波法估计潜在产出。首先对季度名义 GDP 进行季节调整，然后直接使用 HP 滤波方法得到潜在产出并计算出产出缺口[①]。

　　（1）数据平稳性检验

　　在建立时间序列模型之前首先要对所用序列的平稳性进行检验。最初学者们采用 DF 检验对序列平稳性进行检验，这种检验方法假设扰动项是独立同分布的，但实际情况往往是扰动项存在着某种形式的相关性。ADF 检验和 PP 检验都是基于 DF 检验进行改进的序列平稳性检验方法，两种检验均放宽了随机扰动项的假设，检验效果优于 DF 检验，因而是在研究中

---

　　① 计算产出缺口的公式为：$产出缺口 = \dfrac{GDP - 潜在\ GDP}{潜在\ GDP} \times 100\%$。在计算产出缺口时，价格因素会直接消除，因此我们没有对 GDP 剔除价格因素。

更常用的方法。为了避免主观判断错误，我们分别采用两种方法对用到的序列进行平稳性检验。检验结果如表 5 – 14 所示。

表 5 – 14　数据平稳性检验结果

检验 变量	检验形式 (C, T, L)	ADF 检验值	PP 检验值
R	(0, 0, 1)	– 3.5014 **	– 5.1413 ***
CPI	(0, 0, 4)	– 0.2509	– 1.8479 *
GAP	(0, 0, 1)	– 3.4241 ***	– 2.8953 ***
FCI	(0, 0, 1)	– 5.0112 ***	– 2.7977 ***

注：（C, T, L）中的 C 表示 ADF 检验时的常数项，T 表示趋势项（$T=0$ 表示不含趋势项），L 表示系统根据 SIC 准则自动选取的滞后阶数。*、** 和 *** 分别表示在 10%、5% 和 1% 置信水平下序列是平稳的。

表 5 – 14 中，R 是同业拆借利率，CPI 为通货膨胀率，GAP 是产出缺口，FCI 是金融形势指数。平稳性检验显示，R、GAP、FCI 在两种检验下的结果均平稳；而对于 CPI 来说，只有在 PP 检验下的结果是平稳的，不同检验结果产生的原因是两种检验方法对扰动项分布的假设不同，一般认为只要在一种假设下序列是平稳的则认为该序列平稳。综上所述，上述序列均为平稳序列，可以进行下一步的分析。

（2）FCI 作为 GMM 估计中工具变量的实证分析

与以往的研究不同，首先将 FCI 作为广义矩估计中的工具变量对前瞻性泰勒规则进行估计。泰勒规则估计中，工具变量是一组与解释变量相关的经济变量，在前面的实证过程中我们已经证实 FCI 与通胀和产出均有较明显的相关性，且能够较好地预测未来的通胀和产出水平。基于这方面考虑，如果将 FCI 作为工具变量加入泰勒规则估计后，提升了模型的拟合效果，那么可以认为 FCI 是泰勒规则估计中合适的工具变量。这为以后前瞻性泰勒规则研究中工具变量的选择问题提供了有价值的参考。

在前瞻性泰勒规则估计中，我们使用如下形式的简化利率规则，这是（5.24）式的简化形式：

$$i_t = \beta^0 + \beta^1 \pi_{t+n} + \beta^2 y_{t+p} + \beta^3 i_{t-1} + \varepsilon_t \tag{5.25}$$

在（5.25）式中，我们没有对长期均衡名义利率 i 和通胀目标值 π^* 进行估计，而是直接将其包括在常数项中。这样做的好处是，直接估算利率对于通胀和产出缺口的反应系数，有助于我们更好地理解央行的政策意图。此外，如果给定经济中的长期均衡利率或者通胀目标，我们也可以计算出在目标利率中央行赋予通胀和产出缺口的权重。

虽然这里讨论的是泰勒规则，但是严格来说实证得到的泰勒规则应该被称为货币政策反应函数。实证研究能帮助公众理解央行的政策意图，同时也有助于预测央行的政策行为，这有利于提高央行政策透明度，因此这种后顾性的政策评价是具有现实意义的。在前瞻性泰勒规则的估计中，变量前瞻期数的设定即 n 和 p 的取值是十分重要的，一般来说，这个取值是根据不同央行的预期形成过程以及货币政策时滞的长短确定的。作为后顾性的评价，如果货币政策对经济的影响较为迅速，那么可以设定 $n = p = 0$，当期的市场利率是央行根据之前对本期的产出缺口和通胀的预期确定的；如果货币政策的时滞较长或者央行形成预期所需的时间较长，那么应当适当增加前瞻的期数。在本研究中我们设定 $p = 0$，$n = 0$，1，2，$\cdots$，这样的设定主要基于以下的考虑：第一，从我国的实践中来看，货币政策往往能及时影响产出，即货币政策对产出影响的时滞较小，而货币政策对通胀的影响的时滞较长。如以 2010 年下半年的通胀为例，虽然央行采取了紧缩的货币政策，但是一直到 2012 年初才基本控制住物价水平。因此，在货币政策制定时对通胀的调控应更具前瞻性。n 的变化使研究央行在制定货币政策时的前瞻时期成为可能。第二，除了对货币政策时滞的考虑之外，在实证时我们发现将 n 和 p 设为相等时，产出缺口的系数一直是不显著的，只有当通胀前瞻期数大于产出缺口时产出缺口才显著。这在一定程度上印证了在实践中央行对于通胀的前瞻期数比对产出的多。

根据以上讨论，我们对前瞻性泰勒规则进行 GMM 估计，估计结果如表 5 - 15 所示。

表 5 - 15 前瞻性泰勒规则估计结果

变量 \ n	A			B		
	$n = 0$	$n = 1$	$n = 2$	$n = 0$	$n = 1$	$n = 2$
β^0	0.5513 ** (0.2195)	0.5524 *** (0.1844)	0.6287 *** (0.1487)	0.5386 *** (0.1402)	0.5123 *** (0.1247)	0.5835 *** (0.1167)
β^1	0.0596 ** (0.0244)	0.0667 *** (0.0233)	0.0708 *** (0.2449)	0.0606 ** (0.0229)	0.0684 *** (0.0212)	0.0726 *** (0.0219)
β^2	0.0157 (0.0501)	0.0320 (0.0416)	0.0698 * (0.0354)	0.0140 (0.0365)	0.0240 (0.0309)	0.0618 ** (0.0281)
β^3	0.7456 *** (0.0691)	0.7338 *** (0.0565)	0.6977 *** (0.0469)	0.6548 *** (0.0489)	0.7453 *** (0.0429)	0.7103 *** (0.0405)
$\bar{R}^2$	0.8928	0.9072	0.9127	0.8928	0.9065	0.9125
DW	1.4475	1.5869	1.6704	1.4516	1.5986	1.6894
J 统计量	1.6559 (0.1981)	1.0239 (0.3112)	0.2746 (0.6003)	1.7089 (0.4255)	1.0982 (0.5775)	0.5382 (0.7641)

注：①A 组中工具变量为常数项、通胀、产出缺口、短期利率以及实际 GDP 增速的 1 阶滞后值；B 组中工具变量为常数项、通胀、产出缺口、短期利率、实际 GDP 增速以及金融形势指数的 1 阶滞后值。②"*"表示估计系数在 10% 置信水平下显著不为零，"**"表示在 5% 置信水平下显著，"***"表示在 1% 置信水平下显著；③系数下面小括号内是标准差。④Hansen 检验原假设为：模型设定正确，过度约束合理。J 统计量下面括号内是相应的概率值。

根据表 5 - 15，整体上来看，我国短期名义率对通胀和产出缺口均具有正的反应，这意味着当经济过热时，央行会根据经济形势，提高利率以治理通胀或熨平产出缺口；如果产出下降或者通缩严重，央行则会降息以刺激经济，保证经济平稳运行。此外，为了减轻货币政策给金融市场带来的波动，我国央行在实际操作中一直以来坚持微调，结果显示，利率平滑系数在 0.7 左右，说明央行在调整利率时确实十分注重平滑操作。本部分估计所得的系数与传统理论是相符的，即央行会根据其对经济走势的预期，进行逆风向的调控。由于我国利率尚未市场化，同时政府在调控过程中注重平滑操作，从实际效果来看，名义利率上升的幅度远远小于通胀的上升，实际利率是下降的，这将会继续推高通胀，因此从理论上看在我国泰勒规则仍然是不稳定的规则。

从实证效果来看，模型的拟合优度是较高的。其中，通胀的系数一直是非常显著的，而在 $n = 0$，1 时，产出缺口的系数是不显著的，这与我国以前的研究结论是类似的。当 $n = 2$ 时，所有系数均显著，模型的拟合效果最好，这表明在实际的货币政策制定时，货币当局对通货膨胀的前瞻期数可能多于产出缺口。

为了研究工具变量选择对 GMM 估计结果的影响，本部分在进行估计时使用两组工具变量做比较分析，结果表明，将 FCI 作为工具变量对模型进行估计时，Hansen 检验概率值比工具变量中不含 FCI 时明显变大，这说明工具变量的有效性大大提高。同时，加入 FCI 以后，模型中解释变量的显著性也有一定的改善。比较分析结果显示，FCI 是前瞻性泰勒规则估计中合适的工具变量，其不仅与宏观经济变量相关性强，且从计量角度来看也是有效的工具变量。在 GMM 估计中，工具变量是信息变量，其包含着经济中的信息，并为政策制定提供参考，因此本实证结果也意味着央行即使不会直接对 FCI 反应，也很有可能在政策制定时考虑金融市场透露的信息。本研究为以后的泰勒规则估计提供了参考，即可以构建一个金融形势指数作为模型的工具变量。

4. 包含 FCI 泰勒规则的实证研究

前文对传统的前瞻性泰勒规则进行了实证研究，此处我们要对包含金融形势指数的泰勒规则进行研究。前文的分析表明，FCI 包含着未来经济运行的信息，可以为政策制定提供有价值的参考。金融市场的波动会给实体经济运行带来不确定性，如果在货币政策规则制定时直接盯住 FCI，就可以稳定金融市场，从而有利于宏观经济的稳定。本部分主要对直接将

FCI 加入前瞻性泰勒规则的可能性进行研究。我国学者已经对加入 FCI 的泰勒规则进行了非常多的研究，考虑到 FCI 时数据选择与处理、构建方法不同，本部分参照以前的研究成果重新对这个问题进行研究：

含有 FCI 的泰勒规则只需将 FCI 加入到目标利率表达式中继续前文的推导即可，本部分不对具体推导过程进行说明，实证中我们对如下简化形式的利率规则进行研究：

$$i_t = \beta^0 + \beta^1 \pi_{t+n} + \beta^2 y_{t+p} + \beta^3 i_{t-1} + \beta^4 FCI_{t+q} + \varepsilon_t \qquad (5.26)$$

考虑到货币政策对于金融市场的影响时滞较短，在实证的过程中设定 $p = q = 0$，且由于前面的分析表明通胀和资产价格之间相互影响，为了保持一致性我们增加了通胀的前瞻期数，具体来说令 $n = 0$，1，2。包含 FCI 的泰勒规则估计结果如表 5 - 16 所示。

表 5 - 16　包含 FCI 泰勒规则的估计结果

变量 $\quad$ n	$n = 0$	$n = 1$	$n = 2$
β^0	0.4486 *** (0.1429)	0.4958 *** (0.1245)	0.5783 *** (0.1131)
β^1	0.0554 ** (0.0226)	0.0529 *** (0.0193)	0.0569 *** (0.0188)
β^2	- 0.0072 (0.0350)	0.0138 (0.0269)	0.0479 ** (0.0209)
β^3	0.7736 *** (0.0492)	0.7536 *** (0.0434)	0.7189 *** (0.0388)
β^4	0.0217 ** (0.0088)	0.0119 *** (0.0069)	0.0038 (0.0071)
$\bar{R}^2$	0.8635	0.8736	0.8800
DW	1.6172	1.6286	1.6499

变量 \ n	$n=0$	$n=1$	$n=2$
J 统计量	4. 1068 (0. 6622)	4. 6259 (0. 5926)	4. 3578 (0. 6284)

注：①GMM 模型中工具变量为常数项、通胀、产出缺口、短期利率、实际 GDP 增速以及金融形势指数的 1 阶和 2 阶滞后值。②"＊"表示估计系数在 10% 置信水平下显著不为零，"＊＊"表示在 5% 置信水平下显著，"＊＊＊"表示在 1% 置信水平下显著；③系数下面小括号内是标准差。④Hansen 检验原假设为：模型设定正确，过度约束合理。J 统计量下面括号内是相应的概率值。

　　根据表 5 - 16，利率反应函数中，FCI 和通货膨胀的系数均为正值，而产出缺口系数只有 $n=0$ 时为负值，其他情况下为正值。其中，FCI 的系数很小，最大为 0. 0217，说明虽然考虑到了金融市场和资产价格的因素，但是在货币当局决策中其所占权重较小。由于 FCI 中包含了未来通胀的信息，当央行对 FCI 做出调整时，也会间接地起到调控通胀的作用，因此与传统泰勒规则相比，加入 FCI 后通货膨胀的系数变小了。上述结果表明，从历史数据来看，货币当局在设定利率时，根据通胀水平、产出偏离潜在产出情况以及金融市场宽松程度采取逆风向的操作，这样的操作特点有利于金融市场以及实体经济的稳定。此外，包含 FCI 的泰勒规则利率平滑特征十分明显，都在 0. 7 以上，因而利率对通胀、产出和 FCI 的反应仍然很小。

　　随着 n 的变大，FCI 的系数逐渐变小，且变得不显著。这意味着如果央行试图控制近期的物价水平，那么不仅需要对通胀做出反应，也需要对金融形势做出政策调整以便更好地达到政策效果。如果央行对于通胀的治理前瞻性更强即 n 增加，那就可以减少对 FCI 的反应。与传统形式泰勒规则相似的是，在泰勒规则中通胀的系数较显著，而产出缺口的系数只有 $n=2$ 时才显著。

　　通过使用历史数据的估计，加入 FCI 的泰勒规则对我国短期利率走势的拟合较好，这说明在以往的利率设定中，央行可能会考虑金融市场因素。根据上述结论，我们认为央行直接对金融市场做出反应是可行的，盯住 FCI 的主要好处是可以稳定金融市场，防止资产泡沫加剧；同时，由于 FCI 和通货膨胀之间存在密切的关联，因此对 FCI 的调控也有利于央行对通货膨胀的控制。

5. 小结

自从加拿大将 MCI 作为货币政策操作目标以后，理论界对于能否将除传统经济变量以外的其他经济变量作为货币政策制定的参考指标进行了很多研究，其中将金融形势指数纳入泰勒规则是一个重要的研究方向。虽然不同学者构建 FCI 的方法、视角不同，但是大多数的研究表明 FCI 与经济的相关性很强，包含了未来通胀压力的有用信息，可以作为货币政策制定的参考指标。本部分在前文构建的 FCI 的基础上，从两个角度考虑了 FCI 在泰勒规则中的应用，均取得较好的效果。在研究传统前瞻性泰勒规则时，将 FCI 作为工具变量加入模型，结果表明 FCI 与解释变量的相关性好，且正交于当期残差项，因此改善了模型稳健性。将 FCI 直接加入泰勒规则的分析表明，短期利率会与金融形势同向变化，这样的调整有利于抑制资产泡沫产生、有效防止金融市场产生大波动。

目前，我国央行在货币政策调整时十分注重预调和微调。预调指货币政策制定应具有前瞻性，前瞻性有利于引导公众的预期，可以减少政策执行的福利损失；微调则是强调央行的政策调整幅度不应太大，通过不断的微调不仅可以大大减少政策调整导致的经济波动，也有利央行及时纠错。研究认为短期中 FCI 对经济走势的预测较为准确，通过对金融形势的关注，央行可以更加有效地预调货币政策，FCI 可以作为货币政策的指示器。

七、我国泰勒规则是非线性的吗？

在前面的小节中，我们构建了我国金融形势指数，并将其纳入泰勒规则进行实证研究。研究结果显示，从历史数据所得到的结论来看，金融形势指数可以纳入货币政策制定的框架之中，无论是作为政策目标还是作为参考指标，FCI 都是对现有货币政策框架的有益补充。

上一节主要研究的是线性泰勒规则，然而理论和实践经验显示，央行往往并不遵守一个简单的线性泰勒规则，货币政策调整往往是非线性的。从理论上来讲，线性泰勒规则为货币当局最优规则的前提是央行的损失函数是对称的，且总供给曲线是线性的，如果不能同时满足这两个条件，那么非线性泰勒规则将是最优的。此外，通货膨胀和产出缺口本身具有非对称的变化机制：如危机导致产出在极短的时间内迅速下滑，但经济复苏的过程往往是缓慢的；对于通胀来说，往往形成的很快，但是治理则需要很长时间。经济本身的非线性变化机制也将导致央行政策行为的非线性。从现实经验来看，央行往往会根据不同的经济形势来调整自己的政策行为，最直观的表现就是当央行面临外部冲击或者特殊经济环境时，往往会针对特定的问题制定相应的政策，这样一来，用非线性函数来刻画央行行为则是更加合意的。

本小节中，我们使用平滑转换模型（STR）研究我国非线性利率反应函数，首先对 STR 模型进行必要的介绍。

1. 平滑转换模型

平滑转换模型是一个基本的非线性时间序列模型，与一般的线性回归相比，平滑转换模型能够实现回归系数的动态变化，即系数是时变的，这样就可以刻画政策体制的变化。对于货币政策的研究来说，除了平滑转换模型以外，常用的非线性模型还包括普通的门限回归模型和马尔科夫转换模型，这两个模型都认为体制会发生突变，而平滑转换模型可以实现体制的平滑变化。从本质上来说，平滑转换模型属于门限型非线性模型，这类模型与马尔科夫转换模型的不同在于马尔科夫转换模型假定体制是外生的，而门限模型（包括平滑转换模型和普通门限回归模型）则认为体制变化是内生的，通过转换变量的选择可以找出政策发生变化的原因。

平滑转换模型是 Bacon & Watts（1997）在 Quandt（1958）提出的门限回归模型基础上改进得到的，标准的平滑转换模型有如下形式：

$$y_t = \varphi' z_t + \theta' z_t G(\gamma, c, \lambda_t) + \mu_t$$

$$= \{ \varphi' + \theta' G(\gamma, c, \lambda_t) \} z_t + \mu_t \qquad t = 1, 2, \cdots, T \qquad (5.27)$$

其中，y_t 是被解释变量向量，$z_t = (1, z_{1t}, z_{2t}, \cdots, z_{mt})'$ 是解释变量向量，$\varphi = (\varphi_0, \varphi_1, \cdots, \varphi_m)'$ 是线性部分的系数向量，$\theta = (\theta_0, \theta_1, \cdots, \theta_m)'$ 是非线性部分的系数向量，μ_t 是随机误差项。转换函数 $G(\gamma, c, \lambda_t)$ 是有界的，其中 γ 为斜率参数，其大小决定了体制转变的速度；c 为定位参数向量，相当于一个门限值，一般我们根据 c 划分体制；λ_t 为转换变量，转换函数在转换变量 λ_t 的定义域内连续有界。时变参数主要靠转换函数实现，当 λ_t 取不同值时，转换函数发生变化，从而估计线性部分和非线性部分的系数之和 $\varphi + \theta G(\gamma, c, \lambda_t)$ 发生改变。

平滑转换模型的核心部分是转换函数 $G(\gamma, c, \lambda_t)$，一般来说，转换函数有如下一般形式：

$$G(\gamma, c, \lambda_t) = \left(1 + \exp \left\{ -\gamma \prod_{k=1}^{K} (\lambda_t - c_k) \right\} \right)^{-1} \qquad (5.28)$$

其中，$\gamma > 0$ 是一个识别约束。转换函数为上述形式的平滑转换模型时称为逻辑平滑转换模型（LSTR）。当 $k = 1$ 时，模型为一阶 LSTR 模型，即 LSTR1 模型，此时系数 $\{ \varphi + \theta G(\gamma, c, \lambda_t) \} \in [\varphi, \varphi + \theta]$，且随着转换变量单调变化。当 $k = 2$ 时模型为 LSTR2，此时转换函数关于 $(c_1 + c_2)/2$ 对称，转换函数的变化是非单调的。在货币政策分析中，如果央行的目标不是一个固定值而是一个区间，那么可以认为 $[c_1, c_2]$ 是央行的目标区间。

在进行 STR 模型建模之前必须首先确定转换变量。一般来说，转换变量需要满足两个条件：首先从经济意义来看，转换变量应当是体制发生变化的原因；其次从计量角度来看，选用这个变量作为转换变量时，模型的非线性特征显著，可以使用 STR 模型进行建模。目前，已有文献对 STR 的线性检验进行了很多讨论。我们在这里简单介绍一下 STR 模型的线性检验问题。

模型的转换变量 λ_t 是 z_t 中的一个元素，令 $z_t = (1, \tilde{z}_t')$，$\tilde{z}_t'$ 是一个 $m \times$

1 阶向量，令 $K=1$，将转换函数在 $\gamma=0$ 处进行泰勒展开，经过整理可以得到如下辅助回归：

$$y_t = \beta'_0 z_t + \sum_{j=1}^{3} \beta'_j \tilde{z}_t \lambda_t^j + u_t^* \qquad t = 1,2,\cdots,T \qquad (5.29)$$

在这里，$u_t^* = u_t + R_3(\gamma,c,\lambda_t)\theta'z_t$，余项是 $R_3(\gamma,c,\lambda_t)$。零假设为 $H_0:\beta_1 = \beta_2 = \beta_3 = 0$。如果拒绝原假设，为了确定模型为 LSTR1 还是 LSTR2，还要进行短期序贯检验：

（1）检验 $H_{04}:\beta_3 = 0$

（2）检验 $H_{03}:\beta_2 = 0 \mid \beta_3 = 0$

（3）检验 $H_{02}:\beta_1 = 0 \mid \beta_2 = \beta_3 = 0$

如果检验 H_{03} 明显地拒绝了原假设，且在所有检验结果中相伴概率最小，那么选择 LSTR2 模型，否则就选择 LSTR1 模型。我们利用 JMuLTi 软件进行 STR 模型估计，根据模型形式不同，软件会给出最优的模型选择。事实上，通过上述方法确定模型的形式也有可能出现误判断，因此行之有效的方法是在模型的评估阶段再根据回归效果对模型进行调整。本部分首先还是进行非线性的检验，如果模型拒绝了线性假设，继而根据序贯检验结果确定模型的具体类型，再对非线性模型进行估计，最后根据评估结果判断模型选用是否合适，如果模型的拟合效果较差则调整模型的形式。上述建模顺序可以有效避免事先假定模型类型造成的错误。

2. 非线性泰勒规则的实证研究

根据前文的研究，我们只对简化形式的利率反应函数进行实证检验，即直接估计利率赋予通胀和产出缺口的权重。在进行非线性泰勒规则的研究时，仍然延续这一思想。简化的非线性泰勒规则有如下形式：

$$\begin{aligned} i_t = {} & \varphi_0 + \varphi_1 \pi_t + \varphi_2 y_t + \varphi_3 i_{t-1} + \varphi_4 FCI \\ & + (\theta_0 + \theta_1 \pi_t + \theta_2 y_t + \theta_3 i_{t-1} + \theta_4 FCI)G(\gamma,c,\lambda_t) + \mu_t \end{aligned} \qquad (5.30)$$

（5.30）式是最基本的平滑转换模型，在实际估计中我们将视模型的拟合效果进行调整。由于本节的研究重点是泰勒规则的非线性，因此在实证过程中我们并没有对前瞻期数的选择进行比较分析，而是直接默认设为最基本的当期前瞻。首先，从经济意义上确定转换变量以及模型的基本形式。我国货币当局会根据不同的时期的通胀和产出情况做出针对性的政策调整，因此将通胀和产出作为转换变量是符合经济意义的。同时，前文也证实了金融市场的确能够成为货币政策的重要参考，所以本节还对 FCI 作为模型的转换变量的可行性进行实证检验。

非线性泰勒规则的主要意义在于可以发现中央银行在不同的经济形势下对通胀、产出或 FCI 做出的非对称调整。而利率平滑行为是央行货币政策操作的一般特点，例如我国央行一贯有着微调的特点，这并不会随着货币政策体制的变化而发生变化，因此在本部分的研究中利率的平滑系数是不变的。综上，本部分构建的非线性泰勒规则可以研究央行赋予通胀、产出缺口和 FCI 的权重变化，而政策的平滑性则不随着政策体制发生改变。在（5.30）式中令非线性部分利率滞后项系数 $\theta_3 = 0$ 即可得到实证所用的模型。本部分分别对不包含 FCI 的（5.31）式（模型 1）和包含 FCI 的（5.32）式（模型 2）进行实证估计。

$$i_t = \varphi_0 + \varphi_1\pi_t + \varphi_2 y_t + \varphi_3 i_{t-1} + (\theta_0 + \theta_1\pi_t + \theta_2 y_t)G(\gamma, c, \lambda_t) + \mu_t$$

$$(5.31)$$

$$i_t = \varphi_0 + \varphi_1\pi_t + \varphi_2 y_t + \varphi_3 i_{t-1} + \varphi_4 FCI$$
$$+ (\theta_0 + \theta_1\pi_t + \theta_2 y_t + \theta_4 FCI)G(\gamma, c, \lambda_t) + \mu_t$$

$$(5.32)$$

（1）非线性检验

建立非线性模型必须首先确定转换变量，然后根据所选转换变量对模型的非线性特征进行检验。对于模型 1，给出了以通货膨胀和产出缺口作为转换变量的检验结果；而对于模型 2，我们给出以通货膨胀、产出缺口和 FCI 作为转换变量的线性检验结果。

表 5 - 17　非线性检验结果

	转换变量	H_0	H_{04}	H_{03}	H_{02}	推荐模型
1	通货膨胀率	1. 2754e - 08	0. 0031	2. 0713e - 05	6. 8458e - 04	LSTR2
	产出缺口	4. 3791e - 06	0. 0039	0. 1778	2. 8208e - 05	LSTR1
2	通货膨胀率	2. 4858e - 07	0. 0090	8. 4094e - 05	1. 5127e - 03	LSTR2
	产出缺口	7. 8343e - 06	0. 0035	0. 1098	1. 1708e - 04	LSTR1
	FCI	0. 0169	0. 6993	0. 0140	0. 0306	LSTR2

根据表 5 - 17，对于所有的转换变量来说，模型都拒绝了线性假设，可以用非线性模型进行回归。由于在两个模型中以通货膨胀率为转换变量时模型的非线性最强，因此在下面的分析中我们以通货膨胀率作为转换变量，同时根据序贯检验结果，应当选用 LSTR2 模型进行建模。

（2）非线性泰勒规则的估计

JMuLTi 软件利用带有数值导数的迭代 BFGS 算法估计 LSTR2 模型中的参数，这种算法结果对初值的依赖性很强，因此必须事先找到合适的初值。软件中提供了一种网格搜索法，我们只需设定转换函数中的相关参数（对于 LSTR2 模型来说就是 c_1、c_2 和 γ）的变化范围，系统会依次选取范围内的一组参数估计模型，最终将残差最小的那个模型对应的参数（c_1、c_2 和 γ）作为初始值。我们设置 $c_1, c_2 \in [-2.5, 10]$、$\gamma \in [0.1, 10]$，在区间内等距离选取 100 个值进行初值的搜索，确定迭代的初始值。初值确定后，直接进行迭代估计参数，所得结果如表5 - 18 所示。

表 5 - 18 显示，模型 1 和模型 2 的线性部分与线性泰勒规则的情况是类似的，名义利率对通胀和产出均有显著的正向反应，且由于平滑系数较高利率对通胀的反应是不足的。在模型 2 中，线性部分中 FCI 的系数显著为正，但是绝对值较小，总体来看在利率的确定中 FCI 所占权重小于通胀和产出缺口，这也与前文的研究保持一致。两个模型中，非线性部分中通胀 i 的系数均为负值，产出缺口的系数仍然为正。模型 2 中非线性部分 FCI 的系数为负。对于模型 1 来说，转换函数临界值是 $c_1 = -1.4442$，$c_2 = $

7.7351，转换函数在区间内关于（$c_1 + c_2$）/2 = 3.1455 对称，当通货膨胀为3.1455时，转换函数值为0。上述结果经济上的含义是货币当局的通胀目标区间为 [-1.4442, 7.7351]，在通胀区间内，线性部分的作用较大，因此利率调整能够起到一定的稳定物价水平和熨平产出波动的作用。$\gamma = 7.0694$ 说明当通货膨胀超出区间时，转换函数向1转变较快，此时非线性部分的作用较大。由于非线性部分中通胀的系数为负，当经济中出现严重的通胀或者通缩时，央行的调整往往会加重我国物价水平的偏离。对于模型2来说，随着FCI的加入，央行的通胀目标区间变为 [-1.4020, 6.8126]，$\gamma = 4.8487$ 意味着当通胀超过区间范围，货币政策向非线性变化也较快。与模型1类似，由于非线性部分中通货膨胀和FCI的系数均为负、产出缺口的系数为正，所以当通胀超出目标区间时，利率的变化反而会加重金融市场和宏观经济的波动，此时央行的重心将偏向维持产出稳定增长。

整体来看，非线性泰勒规则的拟合效果较好，拟合优度达到了0.9以上，与线性模型相比有明显的提高，这说明我国短期利率有可能是非线性变化的。此外，残差正态性检验也显示回归残差具有良好的正态性。

表5-18 非线性泰勒规则的估计结果

系数 \ 模型	模型1	模型2
φ_0	0.8066 *** (0.1837)	0.7403 *** (0.1814)
φ_1	0.0800 *** (0.0249)	0.0999 *** (0.0276)
φ_2	0.0715 ** (0.0307)	0.0601 * (0.0332)
φ_3	0.6200 *** (0.0595)	0.6363 *** (0.0593)

模型 系数	模型 1	模型 2
φ_4	—	0.0186 * (0.0104)
θ_0	0.3921 (0.2588)	0.4147 (0.2648)
θ_1	- 0.2215 *** (0.0756)	- 0.1960 *** (0.0716)
θ_2	0.1122 (0.1224)	0.1068 (0.1001)
θ_4	—	- 0.1079 * (0.0654)
γ	7.0694 (14.7254)	4.8487 (5.2272)
c_1	- 1.4442 *** (0.1221)	- 1.4020 *** (0.1729)
c_2	7.7351 *** (0.2241)	6.8126 *** (0.2404)
$\bar{R}^2$	0.9193	0.9273
AIC	- 2.0962	- 2.1333
JB 统计量	0.2799 (0.8694)	0.2240 (0.8851)

注：①"＊"表示估计系数在 10% 置信水平下显著不为零，"＊＊"表示在 5% 置信水平下显著，"＊＊＊"表示在 1% 置信水平下显著；②系数下面小括号内是标准差。③JB 检验的原假设为：序列是正态分布的。

（3）回归参数的非线性特征

非线性模型的主要优点是克服了线性模型回归参数固定的缺点，更加符合现实情况。上一部分我们完成了 LSTR2 模型的估计，当通货膨胀率处于不同的水平时，央行会调整政策：当通胀在目标区间内，模型的线性部分占主要地位；而当通胀超出目标区间时，模型的非线性部分作用明显。这样的分析不能直观地反映央行赋予通胀、产出以及 FCI 权重的变化，因此在本部分中我们通过简单的计算，得到不同时期各经济变量的系数，可以更加深入地理解央行行为的时变特征。

由于已经估计出转换函数的所有参数，因此只需将通胀率数据代入转换函数就可以得到转换函数在各期的函数值，将各变量线性部分系数和非线性部分系数与转换函数值的乘积相加就可以得到实际的系数（$\varphi + \theta G(\gamma, c, \lambda_t)$）。

根据图 5 – 16 至图 5 – 19，两个模型的结论基本是一致的，为了避免重复，我们以模型 2 为例分析央行政策的非线性变化。我们选用通货膨胀作为模型的转换变量，估计出央行的通胀目标区间，结合估计结果和系数变化图可以看出：第一，当通货膨胀在目标区间内，模型的线性部分起到主要作用，非线性部分为 0。此时，通货膨胀、产出缺口和 FCI 的系数为正，利率的调整是逆风向的，对实体经济和金融市场的波动有一定的抑制效果。第二，当通货膨胀超出目标区间时，非线性部分发挥作用。此时，通货膨胀和 FCI 的系数变小甚至为负，而产出缺口的系数变大，这样一来，央行对通胀和 FCI 的反应其实加剧了宏观经济和金融市场的波动。

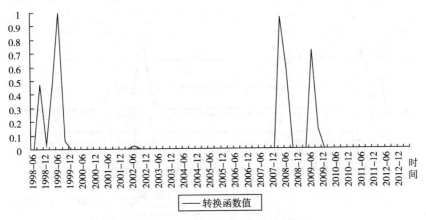

图 5 – 16　模型 1 转换函数值

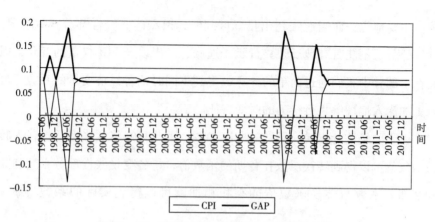

图 5 - 17　模型 1 通胀和产出缺口的系数变化

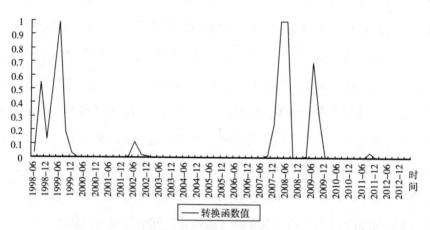

图 5 - 18　模型 2 转换函数值

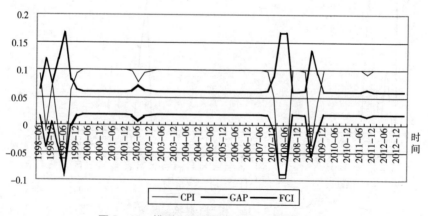

图 5 - 19　模型 2 通胀和产出缺口的系数变化

　　如果将这样的非线性泰勒规则作为我国央行确定短期利率时遵循的规则，那么从实践或者理论角度都是讲不通的。事实上，如前文所述，本节研究的泰勒规则本质上是刻画短期利率走势的利率反应函数，而使用非线性模型也是为了捕捉央行行为的非线性特点从而更好地拟合利率走势，因此从这个角度看，货币当局的行为则是可以理解的。我们认为可以从以下两个角度解释模型：首先，模型中货币政策体制发生变化的时间基本上是1998—1999年亚洲金融危机期间和2007—2009年国际金融危机发生期间，这时候经济中的不确定因素增多，央行往往会从全局出发调控经济，而不是仍然以维持物价水平合理作为主要任务。从实际的政策效果来看，虽然利率的变动主要是由产出缺口的变化导致的，但是通胀和产出的走势基本是一致的（如图5-20），央行针对产出缺口做出的调整也能够起到调控物价水平、稳定金融市场的作用。其次，当我国物价水平基本处于一个比较合理的区间时，央行可以成熟地运用各种货币政策工具调控通胀；而当通胀过高或者通缩严重时，此时货币政策不能有效调控物价水平，政府会视情况综合运用财政货币政策进行全面调控，而这也会打破央行平时的调控习惯。

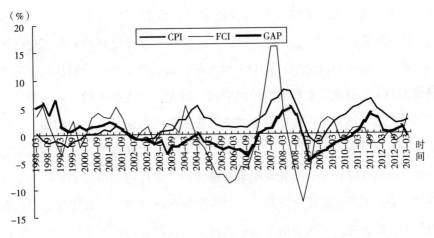

图5-20　通货膨胀、金融形势指数和产出缺口走势图

3. 小结

本部分我们研究了非线性泰勒规则在我国的适用性，非线性检验结果表明，以通货膨胀为转换变量时，我国利率变化的 LSTR2 形式的非线性特征明显。我们分别对不包含和包含 FCI 的非线性泰勒规则进行实证研究，结果显示与线性泰勒规则相比，非线性泰勒规则不仅能够刻画央行在大部分时间内的政策行为变化，还能够捕捉在特殊经济时期政策的变化，克服了线性模型参数不能变化的缺点，更加符合现实情况。此外，LSTR2 模型的拟合效果优于线性模型。概而述之，随着影响经济平稳运行的不确定性因素增多，货币当局往往会在特殊情况下打破以往的行事习惯，这样一来，用非线性模型拟合货币政策变化将有诸多优点，能够为货币政策的研究提供更好的参考。

八、结论及政策建议

本节实证主要由三个部分组成。在第一部分中，我们利用 VAR 方法构建了一个包含短期利率、汇率房地产价格、股票价格和货币供应量的金融形势指数，并通过严格的统计检验说明了 FCI 与我国通货膨胀和经济增长的确存在一定的相关性：FCI 可以较好地预测未来的通胀水平，但是对经济增长的预测性相对较差，这与经济增长被政府干预过多有关。整体来看，FCI 提供了很多与经济有关的信息，有利于央行更好地对经济进行前瞻性调整。在第二部分中，将 FCI 纳入泰勒规则的分析，分别从两个方面研究了 FCI 在前瞻性泰勒规则中的应用。首先，对传统泰勒规则进行广义矩估计，估计结果表明短期利率对通货膨胀和产出缺口有正向的反应，但是由于我国利率市场化尚未完成且调控时太过注重利率平滑导致利率对通胀和产出的反应较小，泰勒规则是不稳定的。估计过程中将 FCI 作为工具变量，提高了模型的拟合效果，这为泰勒规则研究中的工具变量选择问题提供了一定参考。其次，借鉴以往的研究，我们直接将 FCI 加入利率反应函数中进行估计，结果 FCI 的系数为正，这说明货币当局会根据金融形势做出逆风向的调整，有利于金融市场的稳定。在第三部分中，我们对我国非线性泰勒规则进行了实证研究。由于经济本身的变化具有一定的非线性特点，且央行的行为也被越来越多的实证证明是非线性的，因此利用非线性模型研究货币政策行为是合适的。经过检验，通货膨胀是我国政策体制发生变化的原因，短期利率的变化可以用 LSTR2 形式的非线性模型刻画。模型的估计结果显示，在目标区间内，央行仍然主要以线性操作为主，而当通胀超出目标区间，利率调整的非线性特征明显。与线性模型相比，LSTR2 模型的拟合优度更高，与实际情况更加符合，可以更好地解释政策的变化。

我们建议：央行可以编制金融形势指数来监测金融市场，通过 FCI 的编制使央行更好地察觉金融市场的波动，并能及时采取措施防范和化解可能发生的金融风险；应当继续推进我国利率市场化进程，畅通货币政策的利率传导途径；数量型调控弊端已经显现，央行货币政策的调控应当尽快向价格型规则转型。货币供应量一直以来都是我国的货币政策中介目标，然而数量型调控的问题很多，往往不能很好地达到央行的政策目标，因而在实际的操作中，为了达到更好的调控效果，遵循泰勒规则应当成为我国下一步货币政策转型的方向。

第六章　完美学习、理性预期
与我国最优货币政策

　　与前几章的局部均衡分析方法不同，本章和下一章将转入新凯恩斯一般均衡分析框架。通过建立包含总需求方、总供给方和货币当局在内的三部门动态一般均衡模型进行最优货币政策分析。本章主要基于包含理性预期假设的标准新凯恩斯模型进行分析，在这一框架内，我们假定公众预期具有学习上的完美特性，即预期是完全理性的且不存在任何预测误差。在此假定下，本章将对影响货币政策效应的诸多因素（如央行政策偏好、利率平滑、货币政策操作范式、宏观冲击等）进行系统分析。这一研究的意义在于揭示在长期经济中，当公众预期无限逼近理性预期水准时，中央银行应如何制定合理有效的货币政策执行方案以熨平经济波动。相应的实证分析结论可为长期经济中的货币政策调控提供一些合理化建议。

第一节　研究概述

一、研究背景

　　为较好地克服卢卡斯批判，新凯恩斯主义经济学吸收了理性预期假设，该假设认为公众对现实经济具有完全的认知能力，平均来说，公众能够准确预期到除随机冲击以外的宏观变量基本走势。理性预期理论蕴含了公众的自我学习机制，即公众通过学习能够利用正确的模型和信息资料，计算经济中主要变量的期望值，并且公众能够通过学习不断纠正错误，最终形成与经济系统相一致的、无偏的估计，即在长期中公众不会犯系统性错误（徐亚平，2009）。理性预期假设虽然过于理想化，难以适用于短期经济分析，但从长期来看，随着信息的流动性和公众学习能力的增强，预期值与实际值之间的差距将变得很小。正如西方俗语所言："你在一段时期内可以欺骗所有人，或在长期中欺骗一部分人，但绝不能在长期中欺骗所有人。"因此，基于完美学习视角下的理性预期假设进行最优货币政策分析对于长期经济具有至关重要的意义。

建立在理性预期、名义价格粘性等基础上的新凯恩斯模型从一般均衡理论出发，通过最优化方法推导出各经济主体的跨期最优条件，所得最优行为方程拥有较强微观基础且表现出前瞻性特点，逐步成为近年来货币政策分析的重要框架（Orphanides & Williams，2004）。在新凯恩斯模型中，总需求一般用 IS 曲线表示，总供给通常采用菲利普斯曲线表示，在描述中央银行政策行为时，依据具体研究需要，可通过设定中央银行目标函数，求出相应约束下的最优一阶条件作为央行的政策方程，也可直接给定表示央行行为的货币政策反应函数。基于这一框架进行最优货币政策分析具有明显优势，即可以将中央银行的货币政策操作范式、政策偏好以及利率平滑、经济冲击等众多关键因素纳入一个统一的框架内，综合考量货币政策效应。

二、文献回顾

货币政策操作范式是指中央银行制定和实施货币政策时所遵循的行为准则或模式，按规则行事和相机抉择是其中较为典型的两种。自基德兰德和普雷斯科特（Kydland & Prescott，1977）首次提出"动态不一致性"概念并将其引入宏观经济学以来，有关规则与相机抉择的争论更是此起彼伏。在 Barro & Gordon（1983）的研究中，规则与相机之争逐步转向，按规则行事开始被视为一种事前承诺机制，他们指出事前承诺较相机抉择来说，其优点就类似于博弈理论中的合作解要优于非合作解一样。由于相机抉择型央行在货币政策操作中不受任何原则束缚，因而在政策操作上十分灵活，这使得市场难以对未来的经济走势形成一致性预期，从而可能引起经济波动，因此相机抉择被广为诟病。事前承诺型央行由于事先确定了一系列基本原则，因此在政策操作中受到诸多限制，这使得中央银行的货币政策取向具有了可预测性，有助于稳定公众预期。刘斌（2003）的研究表明，最优泰勒规则能够很好地近似完全承诺的最优规则，而相机抉择带来的福利损失要大于其他两种决策模式。Evans & Honkapohja（2006）也指出，经由政府制定的跨期最优政策往往存在动态不一致性问题，政策制定者在执行政策时经常会偏离其过去定下的最优政策；而经由动态优化的相机抉择型政策虽然不存在时间不一致性问题，但在长期中可能导致更高的社会福利损失。

虽然事前承诺机制有助于消除通货膨胀倾向，但在稳定宏观冲击造成的经济波动方面则缺乏相机抉择所具有的灵活性。Blanchard & Fisher（1989）认为作为一种积极的反周期政策，相机抉择可能较动态一致解更加富有效率。事实上，影响货币政策效果的关键不在于货币政策操作本身变化与否，而在于货币当局是否执行其承诺的货币政策（卞志村，2007）。按事前承诺的规则行事之所以具有降低经济波动的作用，是因为央行将自身的政策调整机制置于了一个相对透明的环境中，从而便于公众理解和分析未来经济走势，做出合理判断。即使是富于变化的相机型政策，一旦其决策模式被公众所理解，也可能降低公众预期的不稳定程度。如果央行公开承诺其将始终秉承按相机抉择行事的原则，那么相机行为本身也就兼具了规则的优点。如 Svensson（1999a）在研究通胀目标制时就提出了"相机抉择型规则"的概念，他认为通胀目标制在实现事先确定的目标时，允许央行采取相机抉择行为，从而将规则和相机抉择的优点结合起来。

在新凯恩斯框架内，中央银行的调控动机被简化为追求某种形式的效用损失函数最小化，即在总需求约束（以 IS 曲线表示）和总供给约束（以 NKPC 表示）条件下，通过调整利率以减小目标变量的波动。相机型央行追求单期效用最大化，而承诺型央行则希望实现跨期效用最大化，因此两类操作范式的差别最终可通过最优化方法的不同转变成最优利率规则设定的差异。在这里，利率调整的路径主要有两种：一是利率只对需求冲击、供给冲击和产出缺口等基本面因素作出反应；二是除此以外，还加入了通胀预期和产出缺口预期，即前瞻型利率规则。不少实证研究均表明，中央银行的货币政策具有前瞻性。如 Clarida、Gali & Gertler（1998）对美、日、德国三国的经验研究证实，中央银行在货币政策操作中普遍存在前瞻性特点。张屹山、张代强（2007）也发现前瞻性货币政策反应函数能够较好地描述我国利率走势，我国央行的货币政策实践也体现出一定的前瞻性特征。近年来，货币政策操作中的惯性现象——利率平滑被广为关注，众多学者（Rudebusch，2002；Castelnuovo，2007；谢平、罗雄，2002；郑挺国、王霞，2011 等）都将利率平滑引入货币政策分析。English 等（2003）通过对泰勒规则进行一阶差分发现美联储货币政策操作存在利率平滑特点。李成等（2010）发现，在我国无论是否将资产价格和汇率因素引入利率反应函数，利率规则均显示较强的平滑行为。对此，徐亚平（2009）认为央行在政策规则指导下引入利率平滑操作，有助于公众预测未来的基准利率走势，从而利于市场形成较为一致的预期，能够更加平稳地调控宏观经济、增强货币政策有效性。而 Welz 等（2005）则认为利率平滑可能是由于估计得到的政策方程未被正确定义导致的，平滑现象所体现的政策惯性实际是一种幻觉。

作为宏观经济的两大核心变量，通货膨胀和产出一直是政策当局所重点关注的目标。虽然完全盯住通货膨胀的政策体制在诸多国家取得了成功，但 Svensson（1999a，1999b）强调货币政策的主要目标仍是兼顾通货膨胀和产出缺口的稳定，大部分中央银行除了关注通胀目标外，仍然会关注产出甚至汇率、资产价格等目标，体现在央行效用损失函数中就是赋予产出等目标一定的权重，从而促使央行在利率调整中对其作出适当反应。如卞志村、孙俊（2011）发现由灵活通胀目标制、资本自由流动和完全浮动的汇率构成的货币政策目标体系能够有效吸收冲击、减缓经济波动，相比而言，严格通胀目标制反而无法有效吸收冲击。

本章试图在新凯恩斯框架内，分析不同货币政策操作范式在稳定宏观波动方面的差异，同时将利率平滑和央行政策偏好等因素引入模型，通过对不同操作方案的政策效应进行对比研究，从而更加全面、系统地揭示货币政策与宏观经济间的关系。本章内容安排如下：第二节是相机抉择和事前承诺范式下的最优利率规则推导；第三节对各种货币政策执行方案进行模拟分析，以甄别影响政策效果的因素；第四节是敏感性分析；第五节是结论与启示。

第二节　最优货币政策规则推导

假设中央银行只通过名义利率调控经济，因此相机抉择与事前承诺范式的差异最终都可体现在对利率的调控上。由此，通过研究利率反应函数可以间接判断相机抉择与事前承诺行为对经济的影响。为此，须首先给出基本新凯恩斯模型[①]以及中央银行的目标函数，然后通过最优化方法推导出相应的利率规则。本书采用的新凯恩斯主义模型包括动态 IS 曲线和新凯恩斯菲利普斯曲线（NKPC）。

动态 IS 曲线：$y_t = -\varphi(i_t - E_t\pi_{t+1}) + E_t y_{t+1} + d_t$　　　　(6.1)

NKPC：　　　　　$\pi_t = \beta E_t\pi_{t+1} + \lambda y_t + s_t$　　　　(6.2)

---

① 基本的新凯恩斯模型是在家户和厂商的最优消费及生产行为基础上推导出来的具有严格微观基础的一般均衡模型。由于本文的研究重心是以新凯恩斯模型为分析框架，进一步探讨最优的货币政策执行效果，因此省略了模型的具体推导过程。

$$\begin{pmatrix} d_t \\ s_t \end{pmatrix} = \begin{pmatrix} \kappa & 0 \\ 0 & \nu \end{pmatrix} \begin{pmatrix} d_{t-1} \\ s_{t-1} \end{pmatrix} + \begin{pmatrix} \tilde{d}_t \\ \tilde{s}_t \end{pmatrix} \qquad (6.3)$$

其中，参数 φ、β、λ 一般为正数，κ、ν 分别为需求冲击和供给冲击的一阶自回归系数。y_t 为当期产出缺口，i_t 为当期名义利率，π_t 为当期通货膨胀，d_t 为当期需求冲击，s_t 为当期供给冲击，$\tilde{d}_t$ 和 $\tilde{s}_t$ 是白噪声，$E_t\pi_{t+1}$ 和 $E_t y_{t+1}$ 分别是当期对下期的通胀预期和产出缺口预期。使用一个二次型损失函数表示央行的目标函数：

$$E_t \sum_{s=0}^{\infty} \beta^s (\pi_{t+s}^2 + \omega y_{t+s}^2) \qquad (6.4)$$

（6.4）式表明当通货膨胀或产出缺口偏离各自目标水平时，中央银行的效用损失将变大，中央银行的目标就是尽量降低期望效用的贴现损失。为简化分析，假设（6.4）式中的央行通胀目标和产出缺口目标均为0。产出缺口的相对权重 ω 通常决定于中央银行的偏好，央行越关注产出，则 ω 越大。下面，在 McCallum & Nelson（2000）的基础上，分别推导相机抉择和事前承诺两种货币政策范式下的最优利率规则。

一、相机抉择范式

在相机抉择范式下，央行每期均会对自身目标函数进行最优化，以得到当期最优的货币政策反应函数。此时的决策问题实质上是一个单期优化问题。

$$\begin{aligned} \min \quad & \pi_t^2 + \omega y_t^2 \\ st. \quad & \pi_t = \beta E_t \pi_{t+1} + \lambda y_t + s_t \end{aligned} \qquad (6.5)$$

利用拉格朗日方法处理（6.5）式，可得相机抉择下的最优规则：

$$\pi_t = -\frac{\omega}{\lambda} y_t \qquad (6.6)$$

（6.6）式是一个最优目标规则，它表明中央银行的最优政策是通过制造紧缩以降低正向成本冲击带来的通货膨胀，此时抵消通货膨胀完全以牺牲产出为代价。由于（6.6）式并未阐明央行应采取何种具体工具规则来实现这一目标，因此接下来继续推导目标规则对应的工具规则。

1. 以基本面为基础的政策规则（简称"基本面规则"）

将（6.6）式代入（6.2）式中，以消去通货膨胀和通胀预期项，经整理得：

$$\frac{\omega + \lambda^2}{\lambda} y_t = \frac{\beta\omega}{\lambda} E_t y_{t+1} - s_t \qquad (6.7)$$

下面，使用待定系数法求解由（6.2）式和（6.6）式构成的动态系统的理性预期均衡解（REE），解的具体形式可表示为最小状态变量解（MSV）。首先，假设系统的 REE 解形式如下：

$$y_t = \delta_1 s_t \qquad (6.8)$$

$$\pi_t = \delta_2 s_t \qquad (6.9)$$

对（6.8）式和（6.9）式更新一期且两边同时取期望，可得：

$$E_t y_{t+1} = \delta_1 \nu s_t \qquad (6.10)$$

$$E_t \pi_{t+1} = \delta_2 \nu s_t \qquad (6.11)$$

再将（6.10）式代入（6.7）式并使其系数与（6.8）式相等，经计算得：

$$\delta_1 = -\frac{\lambda}{\lambda^2 + \omega - \beta\omega\nu} \qquad (6.12)$$

将（6.12）式代入（6.8）式并结合（6.6）式、（6.9）式，可得：

$$\delta_2 = \frac{\omega}{\lambda^2 + \omega - \beta\omega\nu} \qquad (6.13)$$

则由（6.2）式和（6.6）式构成的动态系统的理性预期均衡解如下：

$$y_t = -\frac{\lambda}{\lambda^2 + \omega - \beta\omega\nu} s_t \qquad (6.14)$$

$$\pi_t = \frac{\omega}{\lambda^2 + \omega - \beta\omega\nu} s_t \qquad (6.15)$$

结合（6.1）式便可求出相机抉择下的最优货币政策规则，此时最优规则表示为"基本面规则"：

$$i_t = \theta_s s_t + \theta_d d_t \tag{6.16}$$

其中：$\theta_s = \dfrac{\lambda + \varphi\omega\nu - \lambda\nu}{\varphi(\lambda^2 + \omega - \beta\omega\nu)}, \theta_d = \varphi^{-1}$。

由 (6.16) 式可以看出，在相机抉择范式下，基于基本面的最优利率是需求冲击和供给冲击的函数，而不包含预期变量。与事前承诺范式下的最优利率规则一样，这类形式的利率反应函数通常被称为 "以基本面为基础的政策规则" （Evans & Honkapohja，2003a、2003b、2006）。

2. 以预期为基础的政策规则 （简称 "预期规则"）

将 (6.6) 式代入 (6.2) 式中：

$$y_t = -\frac{\lambda\beta}{\omega + \lambda^2}E_t\pi_{t+1} - \frac{\lambda}{\omega + \lambda^2}s_t \tag{6.17}$$

再将 (6.17) 式代入 (6.1) 式中，可得包含预期项的利率规则：

$$i_t = \left[1 + \frac{\lambda\beta}{\varphi(\omega + \lambda^2)}\right]E_t\pi_{t+1} + \frac{1}{\varphi}E_t y_{t+1} + \frac{1}{\varphi}d_t + \frac{\lambda}{\varphi(\omega + \lambda^2)}s_t$$

$$\tag{6.18}$$

(6.18) 式即 "以预期为基础的政策规则"，简称 "预期规则"，因为此时利率不仅对需求冲击和供给冲击进行反应，而且还对预期变量进行反应。在相机抉择下，央行无论采取以 (6.16) 式表示的 "基本面规则" 还是采取以 (6.18) 式为代表的前瞻型 "预期规则"，均是最优的，因为执行这两类规则都能实现最优目标规则 (6.6) 式。

二、事前承诺范式

在事前承诺范式下，央行将事先承诺当前与未来的通货膨胀和产出缺口变动路径，即通过在一定约束条件下，使当期和未来效用损失的贴现值最小化从而得到最优承诺规则。此时的最优决策变为多期优化问题。

$$\min \quad E_t\sum_{s=0}^{\infty}\beta^s(\pi_{t+s}^2 + \omega y_{t+s}^2) \tag{6.19}$$

$$st. \quad \pi_t = \beta E_t\pi_{t+1} + \lambda y_t + s_t$$

利用拉格朗日方法处理（6.19）式，可得央行在承诺下的目标规则：

$$\pi_t = -\frac{\omega}{\lambda} y_t \qquad\qquad (6.20)$$

$$\pi_{t+s} = -\frac{\omega}{\lambda}(y_{t+s} - y_{t+s-1}), s = 1,2,3,\cdots \qquad (6.21)$$

（6.20）式和（6.21）式表明央行在 t 期和以后各期的最优反应是不一致的。因此，在事前承诺范式下，央行存在制造时间非一致性的动机。本书按 Woodford（2003）提出的"永久视角下的事前承诺"方法，将（6.21）式定义为央行在事前承诺下的最优规则，即中央银行在 t 期也将按照其承诺的未来反应路径行事。因此，永久视角下的最优承诺规则表示为：

$$\pi_t = -\frac{\omega}{\lambda}(y_t - y_{t-1}) \qquad\qquad (6.22)$$

与相机抉择下的最优目标规则（6.6）式不同，由于实施事前承诺的央行具有引导公众预期的能力，因此面对正向成本冲击，无须完全依靠以牺牲产出为代价的紧缩政策来抵消通货膨胀，最优通货膨胀只须对同期产出缺口增量进行反应。接下来，继续推导目标规则所对应的工具规则。

1. 事前承诺下的"基本面规则"

将（6.22）式代入（6.2）式中，以消去通货膨胀和通胀预期项，经整理得：

$$(1 + \beta + \frac{\lambda^2}{\omega})y_t = \beta E_t y_{t+1} + y_{t-1} - \frac{\lambda}{\omega} s_t \qquad (6.23)$$

下面，同样使用待定系数法求解由（6.2）式和（6.22）式构成的动态系统的理性预期均衡解。首先，假设系统的 REE 解形式如下：

$$y_t = \varphi_{11} y_{t-1} + \varphi_{12} s_t \qquad\qquad (6.24)$$

$$\pi_t = \varphi_{21} y_{t-1} + \varphi_{22} s_t \qquad\qquad (6.25)$$

对（6.24）式和（6.25）式更新一期且两边同时取期望，经计算可得：

$$E_t y_{t+1} = \varphi_{11}^2 y_{t-1} + (\varphi_{11}\varphi_{12} + \varphi_{12}\nu) s_t \qquad (6.26)$$

$$E_t \pi_{t+1} = \varphi_{21}\varphi_{11} y_{t-1} + (\varphi_{21}\varphi_{12} + \varphi_{22}\nu) s_t \qquad (6.27)$$

再将（6.26）式代入（6.23）式并使其系数与（6.24）式对应相等，经计算得到：

$$\beta\varphi_{11}^2 - (1 + \beta + \frac{\lambda^2}{\omega}) + 1 = 0 \qquad (6.28)$$

记 $\vartheta = 1 + \beta + \lambda^2/\omega$，取方程（6.28）的其中一根 $\dfrac{\vartheta - \sqrt{\vartheta^2 - 4\beta}}{2\beta}$ 作为 φ_{11} 的解，因为此时对所有结构参数来说，总有 $0 < \varphi_{11} < 1$[①]，满足稳定性条件。经一系列计算[②]，可得其他参数的解：

$$\varphi_{21} = \frac{\omega}{\lambda}(1 - \varphi_{11}) \qquad (6.29)$$

$$\varphi_{12} = -\left[\lambda + \beta\varphi_{21} + \frac{\omega}{\lambda}(1 - \beta\nu)\right]^{-1} \qquad (6.30)$$

$$\varphi_{22} = -\frac{\omega}{\lambda}\varphi_{12} \qquad (6.31)$$

在得到系统 REE 解中参数 φ_{11}、φ_{12}、φ_{21} 和 φ_{22} 的具体数值后，将其代入（6.24）式和（6.25）式，并结合（6.1）式便可求出事前承诺下的最优货币政策规则，此时最优规则表示为"基本面规则"：

$$i_t = \chi_y y_{t-1} + \chi_s s_t + \chi_d d_t \qquad (6.32)$$

其中：$\chi_y = \varphi_{11}[\varphi^{-1}(\varphi_{11} - 1) + \varphi_{21}]$，$\chi_s = \varphi_{12}[\varphi_{21} + \varphi^{-1}(\varphi_{11} + \nu - 1)]$ $+ \varphi_{22}\nu$，$\chi_d = \varphi^{-1}$。与相机抉择下的"基本面规则"不同，在事前承诺规则中，利率不仅对外生冲击 s_t 和 d_t 进行反应，而且还对前一期产出缺口进行反应。这暗示着实施事前承诺机制的中央银行在货币政策操作中具有内在连续性，因为利率设定会影响同期产出缺口，而产出缺口又会继续反映

---

　　① 由于另一个根总是大于 1 的，因而将生成爆炸解路径，具体可参见 Evans & Honkapohja（2006）。

　　② 篇幅所限，在此省略了具体求解过程，如需要可向作者索要，或参考 McCallum & Nelson（2002）、卡尔·瓦什（2012）等。

在下一期的利率操作上。因此，各期利率在事前承诺范式下具有"一脉相承"的连续性。

2. 事前承诺下的"预期规则"

将（6.22）式代入（6.2）式中，可得：

$$y_t = \frac{\lambda}{\omega + \lambda^2}(\frac{\omega}{\lambda}y_{t-1} - \beta E_t\pi_{t+1} - s_t) \tag{6.33}$$

再将（6.33）式代入（6.1）式中，可得包含预期项的利率规则：

$$i_t = -\frac{\omega}{\varphi(\omega + \lambda^2)}y_{t-1} + \left[1 + \frac{\lambda\beta}{\varphi(\omega + \lambda^2)}\right]E_t\pi_{t+1} + \frac{1}{\varphi}E_ty_{t+1} \tag{6.34}$$
$$+ \frac{1}{\varphi}d_t + \frac{\lambda}{\varphi(\omega + \lambda^2)}s_t$$

与相机抉择下的"预期规则"（6.18）式相比，事前承诺范式下的前瞻型利率规则不仅是预期变量以及供给和需求冲击的反应函数，而且还受到前一期产出缺口的影响。

（6.16）式、（6.18）式、（6.32）式、（6.34）式是对应于相机抉择和事前承诺范式的均衡利率反应函数。因此，（6.16）式和（6.18）式可看做"相机抉择型规则"，而（6.32）式和（6.34）式可视为"事前承诺型规则"。通过新凯恩斯模型这一简单框架的分析，本书将抽象的相机抉择和事前承诺范式表示成了如（6.16）式、（6.18）式、（6.32）式和（6.34）式这样的均衡名义利率行为，为相机抉择、事前承诺和利率规则之间架起了一座桥梁，从而通过分析各自利率规则的效果可以间接评价货币政策范式之优劣。由上述最优货币规则的推导可知，央行采取何种货币政策操作范式将直接决定其对利率的调整行为，进而最终影响现实经济。在既定操作范式下，政策偏好即（6.4）式中产出缺口的相对权重 ω 将影响利率的调整幅度，从而影响最终的政策效果。此外，央行在实际执行利率政策时通常不会将目标利率定为理论分析所得的最优水平 i^*，而是在上期利率与最优利率 i^* 之间取一个折中值，以防止利率的过分调整造成金融市场剧烈波动。

$$i_t = \rho i_{t-1} + (1 - \rho) i_t^* \qquad (6.35)$$

（6.35）式即引入平滑操作后均衡名义利率的最终调整公式。其中，平滑参数 ρ 介于 0—1 之间，ρ 越大表明利率平滑特征越明显，最优利率 i_t^* 对目标调整利率 i_t 的影响也越小。当 ρ 取 0 时，央行将不采取利率平滑操作。在此基础上，前文推导的最优利率规则将被纳入（6.35）式的 i_t^* 中。在后文的分析中，我们将比较四种最优利率规则以及利率平滑程度 ρ、政策偏好 ω 对货币政策效果的影响。

第三节　货币政策模拟

一、建立状态空间模型

为方便进行货币政策模拟分析，首先分别将由（6.1）—（6.3）式、（6.9）式、（6.17）式，（6.1）—（6.3）式、（6.11）式、（6.17）式，（6.1）—（6.3）式、（6.15）式、（6.17）式，（6.1）—（6.3）式、（6.16）式、（6.17）式构成的新凯恩斯模型改写成状态空间形式。下面，仅将由（6.1）—（6.3）式、（6.9）式、（6.17）式组成的模型进行状态空间改写，其余模型可依样改写①。

对应的新凯恩斯模型可表示为如下状态空间形式：

$$HX_{t+1} = CX_t + D\xi_t \qquad (6.18)$$

其中：向量 $X_{t+1} = (d_t, s_t, i_t, E_t y_{t+1}, E_t \pi_{t+1})'$，$d_t$、$s_t$、$i_t$ 为状态变量，$E_t y_{t+1}$、$E_t \pi_{t+1}$ 为跳跃变量；$X_t = (d_{t-1}, s_{t-1}, i_{t-1}, y_t, \pi_t)'$，矩阵

---

① 模型的状态空间表达形式并不唯一，且其余三组模型可照例改写成相应的状态空间表示形式，由于篇幅限制，具体过程在此省略，如有兴趣可向作者索要。

$$H = \begin{pmatrix} 1 & 0 & 0 & 0 & 0 \\ 0 & 1 & 0 & 0 & 0 \\ \dfrac{\rho-1}{\varphi} & \dfrac{(\rho-1)(\lambda+\varphi\omega\nu-\lambda\nu)}{\varphi(\lambda^2+\omega-\beta\omega\nu)} & 1 & 0 & 0 \\ 1 & 0 & -\varphi & 1 & \varphi \\ 0 & 1 & 0 & 0 & \beta \end{pmatrix}, \quad C = \begin{pmatrix} \kappa & 0 & 0 & 0 & 0 \\ 0 & \nu & 0 & 0 & 0 \\ 0 & 0 & \rho & 0 & 0 \\ 0 & 0 & 0 & 1 & 0 \\ 0 & 0 & 0 & -\lambda & 1 \end{pmatrix},$$

ξ_t 是冲击源，当经济中同时存在对称的需求冲击和供给冲击时[①]，向量 $D =$ $(1, 1, 0, 0, 0)'$。

不难发现，将（6.1）—（6.3）式、（6.9）式、（6.17）式改写成如（6.18）式的过程中，我们假定了一个前提条件：$E_{t-1}y_t = y_t$，$E_{t-1}\pi_t = \pi_t$。这一条件即完美学习视角下的理性预期假设在新凯恩斯模型中的体现。它表示公众在完美学习的情况下，可以充分利用一切所需信息以及分析工具来准确预测未来的通货膨胀和产出缺口，并且预期值与真实值之间没有随机冲击引发的预测误差。此时，公众的宏观经济预期值就等于将来的实现值。

二、参数校准

传统新凯恩斯菲利普斯曲线建立在统一劳动力市场假设基础上，与我国实际情形并不相符。巩师恩、范从来（2013）考虑到在我国二元经济结构下，从事非农业劳务的劳动力具有二元特性，因此他们基于新凯恩斯菲利普斯曲线模型构建了二元劳动力结构下的通货膨胀动态方程。实证结果显示，当前我国预期通胀率对实际通胀率的影响系数达到0.76，这说明预期在我国经济运行中具有重要影响。目前我国各地区经济发展和对外开放程度差异较大，东西部差距尤为明显，这一不平衡现状将对菲利普斯曲线产生重要影响。吕越、盛斌（2011）考虑到上述问题，在研究时采用了

---

① 更为普遍的非对称冲击情形将在下文进一步讨论。

2001—2009 年我国 30 个省的面板数据进行分析，他们发现在考虑到地区差异后我国通胀预期的影响系数大约在 0.814 左右。以上研究较好兼顾了我国经济的特殊性，故本章采用他们的研究结果并取均值，将通胀预期反应系数 β 定为 0.787，这也与众多学者的研究结果基本相近（曾利飞等，2006；杨小军，2011；王艺明、蔡昌达，2013 等）。

据奚君羊、贺云松（2010）的估计，我国产出缺口对实际通胀的影响力大约在 0.28 左右，与此相近，刘斌（2003）的估计结果为 0.27。耿强、张永杰等（2009）在开放经济下实证研究了我国通货膨胀的动态特性，在充分考虑汇率传递的滞后效应、工具变量选择的稳健性等问题后，他们计算出产出缺口的影响系数在 0.16—0.23 之间。于光耀、徐娜（2011）的研究也显示产出缺口的影响力应该在 0.2—0.3 之间。目前学界对产出缺口影响力的估计存在较大分歧，如陈彦斌（2008）认为产出缺口对通货膨胀的影响存在滞后效应，当期产出缺口影响系数为负且不显著；而在刘金全、姜梅华（2011）的估计中，产出缺口系数则高达 2.25。经验结果的差异很大程度源于样本区间、数据频率及模型设定等诸多因素，与多数研究一致，本章将产出缺口权重定为 0.25。

目前国内多数研究是在动态随机一般均衡框架内分析 *IS* 曲线的，如李春吉、范从来等（2010），而鲜有专门关于动态 *IS* 曲线的经验文献。刘斌（2003）利用 GMM 方法估计了我国的动态 *IS* 曲线，结果显示实际利率系数为 −0.14；McCallum 和 Nelson（1999）的基准研究发现在美国这一系数为 −0.164。考虑到我国利率尚未完全市场化，经济增长中由政府主导的投资占比较大，因而我国的产出对利率敏感度应该不及美国。基于以上考虑，本章选取刘斌（2003）的实证结果，令 $\varphi = 0.14$。另外，需求冲击和供给冲击的一阶自回归系数 κ 和 ν 均取 0.7。

三、不同货币政策组合的经济效应

最优的货币政策执行方案应是使得主要经济变量在面对冲击时，回归稳态过程中波动幅度最小的方案。在本书建立的新凯恩斯框架内，货币政策效果主要取决于四个因素：货币政策操作范式（是相机还是承诺）、利率规则的类型（规则是否要前瞻）、利率平滑程度（是高还是低）以及央行对通货膨胀和产出缺口的重视程度。如果将央行视为一个"理性经济人"，那么反映其偏好的参数 ω 将取决于央行自身的属性。因此，排除偏好因素后，基本的货币政策执行方案就有 12 种，具体见表 6 - 1。

表 6 - 1　基本的货币政策执行方案

前瞻性 \ 范式	相机抉择	事前承诺
非前瞻	无平滑($\rho = 0$)：DBN 体制	无平滑($\rho = 0$)：CBN 体制
	低度平滑($\rho = 0.2$)：DBL 体制	低度平滑($\rho = 0.2$)：CBL 体制
	高度平滑($\rho = 0.8$)：DBH 体制	高度平滑($\rho = 0.8$)：CBH 体制
前瞻	无平滑($\rho = 0$)：DEN 体制	无平滑($\rho = 0$)：CEN 体制
	低度平滑($\rho = 0.2$)：DEL 体制	低度平滑($\rho = 0.2$)：CEL 体制
	高度平滑($\rho = 0.8$)：DEH 体制	高度平滑($\rho = 0.8$)：CEH 体制

注："D"代表"相机抉择"，"C"代表"承诺"，"B"代表"基本面"，"E"代表"预期"，"N"代表无平滑，"L"代表"低度平滑"，"H"代表"高度平滑"。如"DEL 体制"表示中央银行采取低度利率平滑的、前瞻型相机抉择体制。表中的低度平滑和高度平滑分别以 ρ 等于 0.2 和 0.8 时的情况说明，取值的特殊性不影响结论的一般性。表中阴影部分表示对应体制不满足 BK 条件的非奇异矩阵要求，表明这是一种不稳定的货币政策体制。下文略去对这一体制下经济波动效应的定量分析。

假设经济在均衡状态下同时面临相同大小的需求冲击和供给冲击。图 6 -1—图 6 -3 显示的是当冲击上升 1% 时，不同货币政策方案下产出缺口（上图）和通货膨胀（下图）对冲击的动态响应。图 6 -1 显示了在央行更重视通货膨胀时的情况。无平滑操作时，DBN 体制下的产出缺口和通货膨胀波动最小；当低度平滑时，DEL 体制下产出缺口波动最小，CEL 体制下通货膨胀波动最小；当高度平滑时，产出缺口和通货膨胀均在 DEH 体制下波动最小。

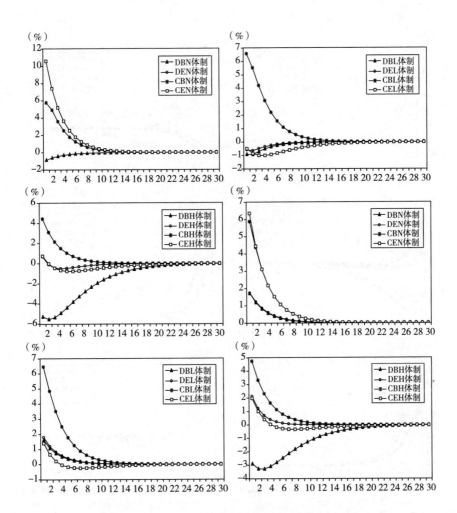

图 6 - 1 $\omega = 0.5$ 时产出缺口和通货膨胀的动态响应

图 6 - 2 为央行对通货膨胀和产出缺口同等重视时的情况。无利率平滑时，DEN 体制下的产出缺口和通货膨胀波动最小；当低度平滑时，产出缺口在 DEL 体制下实现最小波动，而通货膨胀在 CEL 体制下的波动最小；当高度平滑时，DEH 体制将导致最小的产出缺口波动和通货膨胀波动。

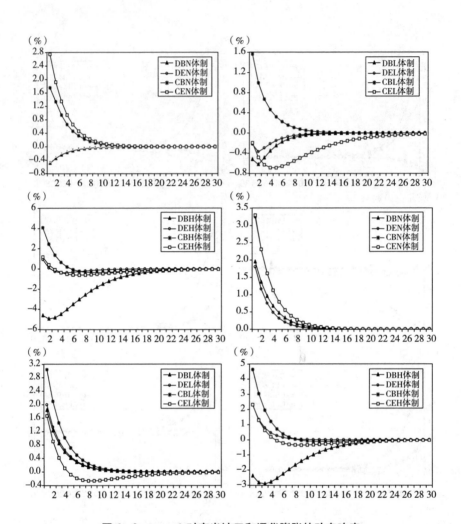

图 6-2 $\omega = 1$ 时产出缺口和通货膨胀的动态响应

图 6-3 显示的是央行更重视产出缺口时的情况。无平滑操作时，DEN 体制可使产出缺口和通货膨胀波动最小；当低度平滑时，DEL 体制下产出缺口波动最小，而 CEL 体制下的通货膨胀波动最小；当高度平滑时，产出缺口和通货膨胀在 DEH 体制下均波动最小。

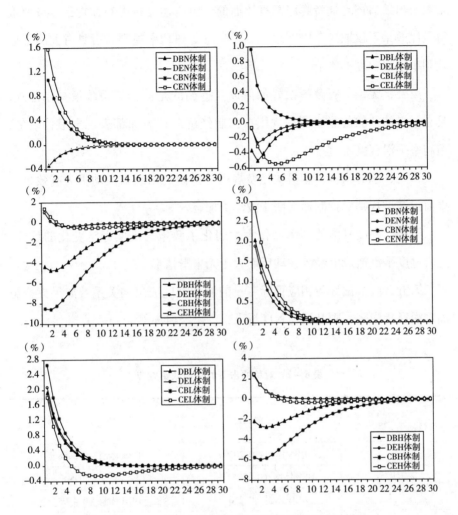

图6-3　$\omega = 1.5$ 时产出缺口和通货膨胀的动态响应

表6-2进一步显示了对称冲击下的各类货币政策效应并标注出局部最优方案和全局最优方案。由表6-2可知，低度平滑的"相机抉择型预期规则"可最为有效地控制产出缺口波动，在央行偏重产出时尤为明显。而低度平滑的"事前承诺型预期规则"在抑制通货膨胀波动方面效果最佳。进一步总结，可得如下结论：

第一，单纯讨论央行应采取相机抉择还是事前承诺行为或者应该更加重视产出缺口还是通货膨胀都是片面的。由前述分析可知，货币政策要取得最优效果不仅取决于以上因素，同时还受到利率规则是否具有前瞻性以及利率平滑程度的影响。

第二，无论央行政策偏好如何以及遵循的是何种货币政策操作范式，具有平滑特征的前瞻型利率规则在抑制经济波动方面都表现出最佳效果，但利率平滑程度不宜过大。

第三，总的来说，相机抉择型规则对抑制产出缺口波动更为有效，而事前承诺型规则对抑制通货膨胀波动更加有效。

第四，高度平滑的利率操作大大弱化了政策对现实经济变化的反应，此时过度平滑造成的经济波动反而大于无平滑情形。

第五，政策偏好与相应目标变量的波动程度成反向关系，如果央行更加重视通货膨胀，则其波动程度越小，产出缺口亦然。

表6－2　对称冲击下的货币政策效应

波动＼偏好	产出缺口	通货膨胀
$\omega = 0.5$	DBN 体制（0.2039）	DBN 体制（0.3988）
	DEL 体制（0.1796）＊	CEL 体制（0.3095）＊＊
	DEH 体制（0.2102）	DEH 体制（0.4505）
$\omega = 1$	DBN 体制（0.1008）	DBN 体制（0.4577）
	DEL 体制（0.0978）＊	CEL 体制（0.3866）＊
	DEH 体制（0.2227）	DEH 体制（0.4909）
$\omega = 1.5$	DBN 体制（0.0795）	DBN 体制（0.4772）
	DEL 体制（0.0688）＊＊	CEL 体制（0.4295）＊
	DEH 体制（0.2329）	DEH 体制（0.5069）

注：标"＊"表示的是局部最优方案，即在同一政策偏好下的最优结果；标"＊＊"表示的是全局最优方案，即在所有政策偏好下的最优结果。括号中显示的是对应体制下变量的标准差。

第四节　敏感性分析

为模拟更加接近现实的情形，本章将进一步通过非对称冲击来分析经济的动态效应。表6－3显示了期初需求冲击上升1%，而供给冲击同时上升0.5%时的情况；表6－4则显示了期初供给冲击上升1%，而需求冲击同时上升0.5%时的情况。与表6－2相比，当经济波动主要由需求冲击引起时，"相机抉择型预期规则"仍是抑制产出缺口波动的良方，而全局最优的方案应在央行偏重产出缺口同时不引入利率平滑操作时实现。在抑制通货膨胀方面，低度平滑的"事前承诺型预期规则"仍是首选，若考虑到偏好问题，DBL体制可成为次优选择。在经济波动主要由供给冲击引起时，熨平产出缺口波动和通货膨胀波动的最佳方案仍与对称冲击时的结论一致，而局部最优方案的选择存在较大不同。

表6－3　需求冲击主导（$d > s$）下的货币政策效应

偏好 波动	产出缺口	通货膨胀
$\omega = 0.5$	DBN 体制（0.1019）	DBN 体制（0.2039）
	DEL 体制（0.0859）	CEL 体制（0.1642）
	DEH 体制（0.2021）	DEH 体制（0.2452）
$\omega = 1$	DBN 体制（0.1144）	DBN 体制（0.4577）
	DEL 体制（0.0511）	DBL 体制（0.1994）
	DEH 体制（0.2173）	DEH 体制（0.2629）
$\omega = 1.5$	DBN 体制（0.0795）	DBN 体制（0.4772）
	DEL 体制（0.0418）	DBL 体制（0.2099）
	DEH 体制（0.2241）	DEH 体制（0.2699）

表6-4 供给冲击主导 ($s > d$) 下的货币政策效应

偏好 波动	产出缺口	通货膨胀
$\omega = 0.5$	DBN 体制 (0.2039)	DBN 体制 (0.4079)
	DEL 体制 (0.1865)	CEL 体制 (0.3000)
	DEH 体制 (0.1442)	DEH 体制 (0.4334)
$\omega = 1$	DBN 体制 (0.1144)	DBN 体制 (0.4577)
	DEL 体制 (0.1012)	CEL 体制 (0.3754)
	DEH 体制 (0.1261)	CEH 体制 (0.4558)
$\omega = 1.5$	DBN 体制 (0.0795)	DBN 体制 (0.4772)
	DEL 体制 (0.0689)	CEL 体制 (0.4172)
	DEH 体制 (0.1293)	DBH 体制 (0.4691)

敏感性分析进一步表明，经济冲击的非对称性会对货币政策效果产生影响。抑制产出缺口或通货膨胀的全局最优方案虽然在面临非对称冲击时表现较为稳健，但局部最优方案的变化较大。而且，无论经济冲击是否对称，都不存在一个方案能同时使产出缺口和通货膨胀波动达到最小，因此任何一个货币政策方案都是利弊共存的，央行应根据自身实际进行权衡。进一步，可总结出以下结论：

第一，事前承诺的操作范式并不一定优于相机抉择范式，在某些情况下相机抉择反而要优于事前承诺，这一点可从表6-2—表6-4看出。

第二，最优货币政策效果是建立在央行权衡利弊的基础上，通过一个综合的协调方案来实现的，过分强调某一因素而忽视其他影响的做法是不可取的。

第三，无论冲击是否具有对称性，具有低度利率平滑特征的前瞻型利率规则在多数情况下都可成为熨平经济波动的最有效方式。

第四，无论冲击是否具有对称性，相机抉择型政策在熨平产出缺口波动方面都是最优的，而事前承诺型政策在减缓通货膨胀波动上更加有效。

第五节　结论及政策建议

本章使用一个基于理性预期假设的新凯恩斯模型，将相机抉择和事前承诺这两种典型的货币政策操作范式引入货币政策分析，并且推导出了对应的最优利率规则。通过对相机抉择型规则和事前承诺型规则的模拟分析，我们发现两类货币政策范式在稳定经济方面各有其优劣，不能一概而论。进一步，货币政策范式只是影响最终政策效果的一个重要因素，而诸如利率平滑、政策偏好以及规则是否具有前瞻性等因素都会对产出缺口与通货膨胀的稳定性产生影响。

研究发现，为有效减小产出缺口和通货膨胀波动水平，央行应从多方面出发制定符合自身实际需要的货币政策方案。当经济面临对称冲击时，为最有效地减小产出缺口或通货膨胀波动，央行可采取具有平滑特征的前瞻型利率规则，但平滑程度不宜过大。相机抉择型规则对抑制产出缺口波动更为有效，事前承诺型规则对抑制通货膨胀波动更加有效。本章的敏感性分析则进一步支持了上述结论。

本章的主要工作在于将相机抉择和事前承诺这两种基本货币政策操作范式纳入新凯恩斯模型，通过将货币政策范式这一抽象概念转化为具体的均衡利率反应函数，然后利用模拟的方法评价政策得失，从而间接甄别政策范式对货币政策效应的影响。在两大基本范式下，本章比较研究了央行政策偏好 ω、利率平滑系数 ρ 以及规则是否具有前瞻性等因素对货币政策的影响，得出最优货币政策效应是以上各因素协调配合的结果这一基本结论。但同时本章采用的货币政策分析框架也存在不足之处，最主要的是新凯恩斯模型隐含了理性预期这一过于严格的假设条件，有脱离现实之嫌。近年来，基于公众不完美认知视角下的预期研究（Orphanides & Williams，2004；Poveda & Giannitsarou，2007；等等）为放松理性预期假设提供了可能，从而使货币政策分析能够在更为接近现实的条件下展开。因此，构建放松理性预期假设的货币政策分析框架应成为今后的重点研究方向。

第七章 适应性学习、通胀预期形成
与我国最优货币政策

　　在转入一般均衡分析后，我们首先研究了完美学习与理性预期假设下的最优货币政策制定。使用这一假设的优势在于为长期经济分析提供一个理想的近似框架，毕竟，一般而言从长期视界来看，公众预期总是能够捕捉经济运行的基本趋势。而在短期中，受外部环境、随机扰动和公众自身预测误差左右，预测误差占比会显著变大，公众不仅可能难以较准确地捕捉经济走势，甚至还会出现悖反情况。基于短期视角，本章开始研究当公众学习具有适应性特征而非完美特征时，即公众预期在不完全理性情况下的最优货币政策选择问题。在本章中，我们假定公众预期是基于适应性学习机制产生的，使用这一学习机制的最大优势在于，通过相关学习参数的设置，可使经适应性学习生成的预期逐渐逼近理性预期情形，也就是说理性预期实际上是适应性学习的极端情况。因此，通过将适应性学习机制嵌入标准的新凯恩斯模型，我们事实上便可以分析学习能力、预期的理性程度以及最优货币政策三者之间的动态传递关系。同时，基于非理性框架的分析也能为央行短期货币政策调控提供有益参考。

第一节   研究概述

一、研究背景

虽然理性预期假设为货币政策分析提供了一个理想框架，但其一系列严格的假设条件难以在现实中得到有效贯彻，因而脱离了分析现实经济的需要。更关键的是，理性预期学说并没有对公众的预期形成机制进行具体描述，而只注重对预期结果的一系列规定。

20 世纪 80 年代后，适应性学习理论开始受到学术界广泛关注。作为有限理性的代表，适应性学习理论被逐步运用于经济动态分析。适应性学习放松了理性预期假设暗含的一系列严格条件，认为现实中的预期不可能具有完全理性性质，公众会基于自身对实际经济的不完全认知，在每期不断获取并更新决策所需的信息，通过运用某种计量手段不断更新自身预期。如果假设公众通过适应性学习形成宏观经济预期，那么便可通过其中关键参数的设定将公众预期的理性程度定量化。从某种意义上讲，理性预期是适应性学习的极端情形。相对于理性预期假设，适应性学习理论在诸多方面进行了有益改进，从而使公众的预期形成机制更加贴近现实。

二、文献回顾

货币政策规则在兼顾相机抉择灵活性的同时又避免了动态非一致性，成为近年来国内外学者进行最优货币政策分析的主要工具。如果中央银行对外宣布未来将按某一规则行事，那么规则同时也将成为一种约束，这一约束不仅避免了央行的机会主义行为，同时也建立了一种承诺机制，如果规则得到良好贯彻，就能提高货币政策的可信度和有效性。但是，如果中央银行宣布按规则行事，就必然面临最优货币政策规则的选择问题。刘斌

（2003）在混合新凯恩斯模型框架内，比较了不同货币政策规则对社会福利的影响，研究发现，最优简单规则在福利损失上能够接近完全承诺的最优规则，他认为货币政策操作不应偏重产出稳定，而应该同时兼顾产出和通货膨胀，过分重视产出将导致通胀偏差和稳定偏差。由于最优货币政策规则往往是在一系列假设条件下得到的，据此推导出的最优规则势必难以吸收现实中的其他重要信息。因此，在执行最优规则时，现实中的众多扰动会对政策效果产生不确定影响，此时通过优化方法得到的最优政策往往并非最佳（郭晔，2007）。

为此，越来越多的学者转而寻求一种简单、可行的货币政策规则使经济尽可能在次优水平上运行。以泰勒规则及其改进形式为代表的简单规则包含了主要的产出和通胀信息，成为当前货币政策规则领域的重要研究方向。Clarida、Gali & Gertler（1998）对美、日、德三国的经验研究证实，中央银行在货币政策操作中普遍存在前瞻性特点。张屹山、张代强（2007）也发现前瞻性货币政策反应函数能够较好地描述我国利率走势，我国央行的货币政策实践也体现出一定的前瞻性特征。据此，本章将参照Clarida、Gali & Gertler（1999）、Evans & Honkapohja（2003a）等人的研究，采用一个前瞻的利率规则描述中央银行政策行为。

传统最优货币政策是在一定约束条件下通过最优化中央银行目标函数得到的。但正如Evans & Honkapohja（2003c）所指出的，忽略对均衡确定性和稳定性影响的政策行为是令人担忧的，在引入适应性学习后，经济能否收敛于理性预期均衡将成为评判货币政策是否最优的重要标准。Evans & Honkapohja（2003a，2003b）指出，中央银行的最优利率规则可能导致经济无法向合意的理性预期均衡收敛，但如果前瞻性利率规则得到良好设计，就能避免不确定性和不稳定性问题。在适应性学习下，由相机抉择或承诺行为得到的最优规则往往表现不佳（Orphanides & Williams，2004），且有可能导致模型出现不确定性或不稳定性问题。究其根源，主要是由于中央银行的传统最优货币政策规则是基于理性预期假设得到的，而现实中公众的预期则更多体现出不完全理性的特点。Bullard & Mitra（2002）考虑了当使用泰勒型规则作为货币政策执行方案时均衡的确定性和稳定性问题，他们发现利率对滞后、当期还是前瞻性变量进行反应所得到的确定性和稳定性条件均不相同。此外，Bernanke & Woodford（1997）、Woodford（1999）、Svensson & Woodford（2003）、Evans & Honkapohja（2006）等人也对利率规则导致的不确定性和不稳定性问题进行了深入研究。由此，在适应性学习假设下，基于简单利率规则寻求能够"对症下药"的最优规则正逐渐成为货币经济学研究的重要方面。

目前，国内关于最优货币政策的研究主要集中在探讨理性预期假设下的货币政策最优设计问题，这类文献可参考刘斌（2003）、许冰和叶娅芬（2009）、王晓芳和毛彦军（2011）等人的研究，而对适应性学习下最优货币政策选择问题的系统研究则较为缺乏。由于基于理性预期假设所推导出的最优货币政策并未考虑预期本身的形成问题，而在公众不完美认知视角下，通过引入适应性学习可将公众的预期形成机制内生于经济系统本身，因此基于适应性学习探讨最优货币政策具有更高的实际应用价值。徐亚平（2006、2009）较早研究了公众学习与预期形成机制对货币政策有效性的影响，他认为由于公众对宏观经济运行认知有限，人们会通过适应性学习或相互间的信息传递等方式来更新预期，如果相关经济信息不透明或透明度不高，就会延缓公众的学习过程，并加大公众的预测误差。陈平、李凯（2010）将适应性学习引入人民币汇率的货币模型后，发现经修正的货币模型能很好模拟汇率的实际波动，他们认为可以将适应性学习拓展到其他众多研究领域，尤其是转型期间参数不稳定的模型。本章在已有研究基础上，进一步将适应性学习引入新凯恩斯模型，因为通过适应性学习产生的公众预期将内生于经济系统本身，从而能克服理性预期假设外生给定的缺陷。同时，通过其中关键参数的设定，可实现对预期理性程度的定量描述，进而分析预期理性程度对实际经济的真实影响。在这一改进的框架内，本章将综合分析偏离度、均值和标准差等指标，进而甄选最优货币政策。

本章将适应性学习引入传统新凯恩斯主义模型，并在此基础上分析我国货币政策的最优选择问题。为此，余下部分的结构安排如下：第二节建立基本的新凯恩斯模型，并将适应性学习引入新凯恩斯模型；第三节是货币政策动态模拟研究；第四节是结论与政策建议。

第二节　模型的建立

一、基本的新凯恩斯模型

本章构造的新凯恩斯主义模型包括动态 IS 曲线、新凯恩斯菲利普斯曲线和前瞻型利率反应函数。模型的具体形式及规定如下：

动态 IS 曲线：$y_t = -\varphi(i_t - E_t\pi_{t+1}) + E_t y_{t+1} + d_t$　　　　(7.1)

新凯恩斯菲利普斯曲线：$\pi_t = \beta E_t \pi_{t+1} + \lambda y_t + s_t$　　　　(7.2)

$$\begin{pmatrix} d_t \\ s_t \end{pmatrix} = \begin{pmatrix} \kappa & 0 \\ 0 & \nu \end{pmatrix}\begin{pmatrix} d_{t-1} \\ s_{t-1} \end{pmatrix} + \begin{pmatrix} \tilde{d}_t \\ \tilde{s}_t \end{pmatrix}$$　　　　(7.3)

其中：y_t 为当期产出缺口，i_t 为当期名义利率，π_t 为当期通货膨胀，d_t 为当期需求冲击，s_t 为当期供给冲击，$\tilde{d}_t$ 和 $\tilde{s}_t$ 分别为独立同分布的白噪声，$\tilde{d}_t \sim iid(0, \sigma_d^2)$，$\tilde{s}_t \sim iid(0, \sigma_s^2)$。$E_t\pi_{t+1}$ 和 $E_t y_{t+1}$ 分别是当期对下期的通胀预期和产出缺口预期。在传统的新凯恩斯模型中，预期一般是指理性预期。下文将对此假设进行适当放松，此处不对预期进行具体描述。

在设定利率规则时一般有两种方法：一是在给定中央银行目标函数的基础上，通过一阶条件得出最优反应函数；二是直接设定一个利率规则。本章采用后一种方式，即直接设定一个前瞻性的利率规则：

$$i_t = \delta_\pi E_t \pi_{t+1} + \delta_y E_t y_{t+1}$$　　　　(7.4)

其中：δ_π 和 δ_y 均为非负常数。（7.4）式本质上属于泰勒型规则，它表明中央银行将通过调控短期名义利率对通胀预期和产出缺口预期进行反应。

由（7.1）—（7.4）式构成的新凯恩斯模型完成了对经济系统的基本描述。在下文引入适应性学习来刻画通胀预期和产出缺口预期形成过程前，首先将上述经济系统改写成矩阵形式以方便下文分析：

$$\begin{pmatrix} y_t \\ \pi_t \end{pmatrix} = \begin{pmatrix} 1 - \varphi\delta_y & \varphi(1 - \delta_\pi) \\ \lambda(1 - \varphi\delta_y) & \beta + \lambda\varphi(1 - \delta_\pi) \end{pmatrix} \begin{pmatrix} E_t y_{t+1} \\ E_t \pi_{t+1} \end{pmatrix} + \begin{pmatrix} 1 & 0 \\ \lambda & 1 \end{pmatrix} \begin{pmatrix} d_t \\ s_t \end{pmatrix}$$

$$(7.5)$$

令 $H_t = \begin{pmatrix} y_t \\ \pi_t \end{pmatrix}$，$A = \begin{pmatrix} 1 - \varphi\delta_y & \varphi(1 - \delta_\pi) \\ \lambda(1 - \varphi\delta_y) & \beta + \lambda\varphi(1 - \delta_\pi) \end{pmatrix}$，$B = \begin{pmatrix} 1 & 0 \\ \lambda & 1 \end{pmatrix}$，

$\eta_t = \begin{pmatrix} d_t \\ s_t \end{pmatrix}$，则（7.5）式可表示为：

$$H_t = AE_t H_{t+1} + B\eta_t \qquad (7.6)$$

令 $\rho = \begin{pmatrix} \kappa & 0 \\ 0 & v \end{pmatrix}$，$\mu_t = \begin{pmatrix} \tilde{d}_t \\ \tilde{s}_t \end{pmatrix}$，则（7.3）式可表示为：

$$\eta_t = \rho\eta_{t-1} + \mu_t \qquad (7.7)$$

由（7.6）式和（7.7）式构成的矩阵经济系统表明，产出缺口和通货膨胀走势受到宏观预期和外生冲击影响，而外生冲击被假定服从 VAR（1）过程。在下文引入适应性学习时，假设公众完全知晓由（7.7）式表示的外生冲击过程，即相关参数 ρ、σ_d^2、σ_s^2 均为已知。

二、模型的改进：引入适应性学习

在传统的新凯恩斯模型中，预期一般是指理性预期，然而理性预期的假设条件过于严格，难以在现实经济中得到良好的贯彻。近年来，货币政策分析的焦点逐渐从理性预期转向适应性学习。本小节将在由（7.6）式

和（7.7）式构成的基本模型中引入适应性学习以刻画通胀预期和产出缺口预期的形成过程。通过适应性学习形成宏观经济预期本质上要求公众事先知晓经济的理性预期均衡解（REE）的形式，在此基础上，通过模仿REE形成感知运转法则PLM[①]。两者的不同之处在于，REE中的相关参数是固定的且不为公众所知晓，而PLM中的参数是时变的，公众在形成每一期预期前，将利用已有的一切信息通过某种事先假定的学习算法来更新参数。

借鉴 McCallum（1983）、Poveda & Giannitsarou（2007）等人的研究，将上述矩阵系统的理性预期均衡形式设为：

$$H_t = \varphi \eta_{t-1} + \tau_t \tag{7.8}$$

其中：均衡解 $\varphi = \begin{pmatrix} \overline{\varphi}_1 & \overline{\varphi}_2 \\ \overline{\varphi}_3 & \overline{\varphi}_4 \end{pmatrix}$，$\tau_t$ 是白噪声冲击。将（7.8）式更新一

期且两边同时取期望有：

$$E_t H_{t+1} = \varphi \eta_t \tag{7.9}$$

将（7.9）式代入（7.6）式有：$H_t = (A\varphi + B)\eta_t \tag{7.10}$

将（7.7）式代入（7.10）式有：

$$H_t = (A\varphi + B)\rho \eta_{t-1} + (A\varphi + B)\mu_t \tag{7.11}$$

（7.11）式即为经济在理性预期均衡水平时的运转法则。

假设公众知晓经济的理性预期均衡表达式（7.8）的结构，而不知道均衡解 φ 的具体大小，但是公众会对经济的均衡方程产生主观判断。假定公众形成的这一主观判断如下：

$$H_t = \varphi_{t-1} \eta_{t-1} + \xi_t \tag{7.12}$$

---

①　关于对感知运转法则和下文提到的实际运转法则的详细说明可参考 Evans & Honkapohja（2001）、徐亚平（2009）等的研究。

（7.12）式即经济的感知运转法则。考虑到模型可能带来的同时性问题[①]，设定公众的预期形成方程如下：

$$E_t H_{t+1} = \varphi_{t-1} \eta_t \tag{7.13}$$

（7.13）式规定了预期的具体形成过程，即公众使用本期更新的数据进行预测，同时假定上一期参数仍适用于本期预测。将（7.13）式代入（7.6）式可得：

$$H_t = (A\varphi_{t-1} + B)\eta_t \tag{7.14}$$

再将（7.7）式代入（7.14）式中，即得经济的实际运转法则 ALM：

$$H_t = (A\varphi_{t-1} + B)\rho\eta_{t-1} + (A\varphi_{t-1} + B)\mu_t \tag{7.15}$$

在（7.15）式中，除 φ_{t-1} 外，其他参数都是事先给定的。而 φ_{t-1} 是公众根据每期更新的信息通过某种计量方法得到的，因而随着信息集的改变，φ_{t-1} 每期均会变化。

在适应性学习理论中，公众更新参数的方法主要有递归最小二乘法（RLS）、常系数最小二乘法（CGLS）以及随机梯度法（SG）等。假定公众使用 CGLS 方法更新参数 φ_{t-1}。令 $\varphi_t = \begin{pmatrix} \varphi_{1t} & \varphi_{2t} \\ \varphi_{3t} & \varphi_{4t} \end{pmatrix}$，其中，$Q_{1t} = (\varphi_{1t} \quad \varphi_{2t})'$，$Q_{2t} = (\varphi_{3t} \quad \varphi_{4t})'$，则有：

$$Q_{1t} = \left(\sum_{i=1}^{t} (1-g)^{i-1} \eta_{t-i} \eta'_{t-i} \right)^{-1} \left(\sum_{i=1}^{t} (1-g)^{i-1} \eta_{t-i} y_{t-i+1} \right) \tag{7.16}$$

$$Q_{2t} = \left(\sum_{i=1}^{t} (1-g)^{i-1} \eta_{t-i} \eta'_{t-i} \right)^{-1} \left(\sum_{i=1}^{t} (1-g)^{i-1} \eta_{t-i} \pi_{t-i+1} \right) \tag{7.17}$$

与 RLS 方法不同，CGLS 对模型的结构性变化较为敏感，从（7.16）式、（7.17）式可以看出，距离 t 期越近，权重 $(1-g)^{i-1}$ 越大，即越近期的经济波动被赋予对参数 Q_t 更大的影响力；而在 RLS 中，各期经济波动对

---

① 同时性问题是指：如果在（7.13）式中使用 φ_t，将会出现 H_t 和 φ_t 相互同时决定的情形。为避免这一问题，我们改用 φ_{t-1} 作为预期形成方程的参数。具体请参见 Poveda & Giannitsarou（2007）及 Gaspar、Smets & Vestin（2010）等人的研究。

Q_t 的影响力均相同。由于我国当前正处于经济转型的重要时期，经济结构尚不稳定，使用 CGLS 方法可以更有效地捕捉实际波动。

令 $R_t = g \sum_{i=1}^{t} (1-g)^{i-1} \eta_{t-i} \eta'_{t-i}$，$N_{1t} = g \sum_{i=1}^{t} (1-g)^{i-1} \eta_{t-i} y_{t-i+1}$，$N_{2t} = g \sum_{i=1}^{t} (1-g)^{i-1} \eta_{t-i} \pi_{t-i+1}$，则 $Q_{1t} = R_t^{-1} N_{1t}$，$Q_{2t} = R_t^{-1} N_{2t}$，经简单推导[①]可得如下迭代方程组：

$$Q_{1t} = Q_{1t-1} + gR_t^{-1} \eta_{t-1}(y_t - \eta'_{t-1} Q_{1t-1}) \tag{7.18}$$

$$Q_{2t} = Q_{2t-1} + gR_t^{-1} \eta_{t-1}(\pi_t - \eta'_{t-1} Q_{2t-1}) \tag{7.19}$$

$$R_t = R_{t-1} + g(\eta_{t-1} \eta'_{t-1} - R_{t-1}) \tag{7.20}$$

其中：R_t 是迭代过程中出现的过渡矩阵。g 一般介于 0 和 1 之间，可看作预测误差对本期参数更新的影响程度。g 越小，说明在参数更新时预测误差影响越小，公众的预期越理性，故理性预期实际上可看作适应性学习在 $g=0$ 时的极端情形（Orphanides & Williams，2004）。（7.18）—（7.20）式便构成了公众更新参数 φ_t 的核心算法，只要给定初始值 R_{t_0} 和 φ_{t_0}，再结合（7.7）式和（7.15）式便可通过迭代运算不断更新参数 φ_t。将由 CGLS 方法得到的参数值代入（7.15）式，即可得到宏观经济变量 H_t 的实际走势。

第三节　货币政策模拟

一、参数校准

本小节在对由（7.7）式、（7.15）式、（7.18）—（7.20）式构成的适应性学习系统进行动态数值模拟分析前，首先对参数进行校准。须校准

---

① 由于篇幅限制，详细过程不再赘述，如有需要可向作者索取。

的模型参数主要包括 IS 曲线中产出缺口的利率弹性 $-\varphi$、菲利普斯曲线中的通胀预期系数 β 和产出缺口权重 λ。这些参数的大小可体现我国当前经济运行状况的基本特征，因此校准结果均选自有关中国现实分析的经验文献。

传统新凯恩斯菲利普斯曲线建立在统一劳动力市场假设基础上，与我国实际情形并不相符。巩师恩、范从来（2013）考虑到在我国二元经济结构下，从事非农业劳务的劳动力具有二元特性，因此他们基于新凯恩斯菲利普斯曲线模型构建了二元劳动力结构下的通货膨胀动态方程。实证结果显示，当前我国预期通胀率对实际通胀率的影响系数达到 0.76，这说明预期在我国经济运行中具有重要影响。同时，目前我国各地区经济发展和对外开放程度差异较大，东西部差距尤为明显，这一不平衡现状将对菲利普斯曲线产生重要影响。吕越、盛斌（2011）考虑到上述问题，在研究时采用了 2001—2009 年我国 30 个省的面板数据进行分析，他们发现在考虑到地区差异后我国通胀预期的影响系数大约在 0.814 左右。以上研究较好兼顾了我国经济的特殊性，故采用他们的研究结果并取均值，将通胀预期反应系数 β 定为 0.787，这也与众多学者的研究结果基本相近（曾利飞等，2006；杨小军，2011；王艺明、蔡昌达，2013 等）。

据奚君羊、贺云松（2010）的估计，我国产出缺口对实际通胀的影响力大约在 0.28 左右，与此相近，刘斌（2003）的估计结果为 0.27。耿强、张永杰等（2009）在开放经济下实证研究了我国通货膨胀的动态特性，在充分考虑汇率传递的滞后效应、工具变量选择的稳健性等问题后，他们计算出产出缺口的影响系数在 0.16—0.23 之间。于光耀、徐娜（2011）的研究也显示产出缺口的影响力应该在 0.2—0.3 之间。目前学界对产出缺口影响力的估计存在较大分歧，如陈彦斌（2008）认为产出缺口对通货膨胀的影响存在滞后效应，当期产出缺口影响系数为负且不显著；而在刘金全、姜梅华（2011）的估计中，产出缺口系数则高达 2.25。经验结果的差异很大程度源于样本区间、数据频率及模型设定等诸多因素，与多数研究

一致，本章将产出缺口权重定为 0.25。

目前国内多数研究是在动态随机一般均衡框架内分析 *IS* 曲线的，如李春吉、范从来等（2010），而鲜有专门关于动态 *IS* 曲线的经验文献。刘斌（2003）利用 GMM 方法估计了我国的动态 *IS* 曲线，结果显示实际利率系数为 -0.14；McCallum & Nelson（1999）的基准研究发现在美国这一系数为 -0.164。考虑到我国利率尚未完全市场化，经济增长中由政府主导的投资占比较大，因而我国的产出对利率敏感度应该不及美国。基于以上考虑，本章选取刘斌（2003）的实证结果，令 $\varphi = 0.14$。以上校准结果与其他参数设定情况见表 7 - 1。

表 7 - 1　适应性学习系统的部分参数校准结果

参数	φ	β	λ	κ	ν	σ_d	σ_s
校准值	0.14	0.787	0.25	0.8	0.8	0.1	0.1

由（7.18）—（7.20）式构成的方程组在迭代前须先给定初始值 R_{t_0} 和 φ_{t_0}，令 $\varphi_{t_0} = \overline{\varphi}$，$R_{t_0} = M(\overline{\varphi})$。其中，$\overline{\varphi}$ 为由（7.6）式和（7.7）式构成的基本模型的理性预期均衡解，$M(\overline{\varphi})$ 是二阶矩阵，由 PLM 到 ALM 的映射所对应的 Jacobian 矩阵变换而来[1]。同时，将迭代次数设为 200 期，y、π、d、s 在模拟中的初始值均设为 0。为尽量平抑（7.3）式中冲击的随机性对模拟结果的影响，同一试验均重复 1000 次。

在本章构造的新凯恩斯模型中，由中央银行控制的政策参数 δ_π、δ_y 及参数更新方程中的常数 g 均会影响实际经济偏离理性预期均衡水平的程度。通过对 δ_π、δ_y 和 g 的不同赋值，可甄别出最优政策反应函数。卞志村、孙俊（2011）在包含汇率因素的利率规则中，依据利率对通货膨胀、产出缺口和汇率的反应程度，将货币政策分为严格通货膨胀目标制、灵活通货

---

[1]　详细求解方法可参考 Evans & Honkapohja（2001）和 Giannitsarou（2005）等人的研究。

膨胀目标制、有管理的浮动汇率制和浮动汇率制。本章继续沿用这一思路，假设中央银行使用利率工具调节经济，依据利率对产出缺口预期和通胀预期的反应力度，将中央银行货币政策反应类型划分为五类[①]（见表7－2），同时适应性学习中的关键参数 g 分别取 0.01、0.05 和 0.25[②]。

表7－2　中央银行货币政策反应类型

政策类型	严格通货膨胀目标制	灵活通货膨胀目标制	混合名义收入目标制	灵活产出缺口目标制	严格产出缺口目标制
(δ_π, δ_y)	(1,0)	(1,0.5)	(1,1)	(0.5,1)	(0,1)

根据 Bullard & Mitra（2002）的分析，当使用前瞻型利率规则作为货币政策反应函数时，为确保理性预期均衡的确定性和稳定性，模型参数必须满足以下条件：

$$\delta_y < \frac{1}{\varphi}\left(1 + \frac{1}{\beta}\right) \tag{7.21}$$

$$\lambda(\delta_\pi - 1) + (1 + \beta)\delta_y < \frac{2}{\varphi}(1 + \beta) \tag{7.22}$$

$$\lambda(\delta_\pi - 1) + (1 - \beta)\delta_y > 0 \tag{7.23}$$

（7.21）—（7.23）式是预期均衡的确定性条件，（7.23）式同时也是预期均衡的稳定性条件。从中可以看出，中央银行对产出缺口预期或通胀预期的过度反应将导致模型出现多重均衡。经计算，本章设定的灵活通货膨胀目标制、混合名义收入目标制和灵活产出缺口目标制满足条件

----

① 这里的目标制规则是根据利率与利率调控对象之间的关系来确定的。而 Svensson（1999）给出的经典目标制定义是依据中央银行目标函数中产出缺口与通货膨胀权重大小确定的，根据这一传统定义可推导出各目标制对应的最优利率规则，具体可参考 Honkapohja & Mitra（2001）、Evans & Honkapohja（2006）等人的研究。

② g 介于 0—1 之间，但越接近 1，所得参数实际值与均衡值的偏离程度也将迅速扩大。借鉴 Orphanides & Williams（2004）将 g 设为 0.025、0.05 和 0.075 的做法，本章也将 g 设在一较小区间内，这一做法只是为了数据表达的简洁，而不会影响最终结论。

（7.21）—（7.23）式，而在严格通货膨胀目标制和严格产出缺口目标制下，模型将出现多重均衡解。

由于中央银行在货币政策实践中需要同时兼顾各方面的考虑，因而实际货币政策操作不会在完全满足（7.21）—（7.23）式的条件下实行。如谢平、罗雄（2002）、陆军、钟丹（2003）和卞志村（2006）等均发现，我国利率对通货膨胀反应不足，泰勒规则会使模型出现多重解。郑挺国、刘金全（2010）采用区制转移形式的泰勒规则进一步分析了我国货币政策操作，他们发现我国在1992年4季度—1993年3季度、1997年4季度—1999年4季度和2008年4季度—2009年2季度的泰勒规则是稳定的，在其他区间内呈现出不稳定性。因此，我国货币政策操作在有些时期的确不会完全满足条件（7.21）—（7.23）式。即使中央银行的货币政策操作会导致经济出现多重均衡，只要将其中满足稳定性条件的解作为公众可学习均衡解，就可进一步深入评判各目标制下经济对均衡水平的偏离程度，从而避免为满足（7.21）—（7.23）式条件而将货币政策参数人为限制在理想水平的做法①。因此，为进一步比较各目标制的优劣，在进行货币政策模拟时，本章将多重均衡解中满足预期稳定性条件的解作为公众的可学习均衡解，从而将评判最优货币政策的标准由是否满足预期确定性和稳定性条件拓展为实际经济对理性预期均衡水平的偏离度最小化。

二、偏离度分析

接下来，我们通过模拟试验比较不同中央银行政策反应类型和适应性学习参数 g 构成的组合中实际经济对理性预期均衡水平的偏离程度，并依据偏离度最小化准则甄别最优货币政策。为比较不同组合的实际值对均衡水平的偏离程度，首先作如下定义：

---

① 在完全满足预期确定性和稳定性条件下进行分析虽然符合理论需要，但实际上，货币政策实践并不一定完全满足这些条件，因而无法与不稳定的货币政策操作进行对比。

$$产出缺口偏离度 = \sum \left| \frac{实际产出缺口 - 均衡产出缺口}{均衡产出缺口} \right|$$

$$通货膨胀偏离度 = \sum \left| \frac{实际通货膨胀 - 均衡通货膨胀}{均衡通货膨胀} \right|$$

产出缺口偏离度越小，说明实际产出缺口与均衡水平越接近，对应的货币政策也就越优；同理，通货膨胀偏离度越小，说明实际通货膨胀与均衡水平越接近，对应的货币政策也越优。

表7-3　各目标制下的可学习均衡解与二阶矩阵

政策反应类型	可学习均衡解 $\bar{\varphi}$	二阶矩阵 $M(\bar{\varphi})$
严格通货膨胀目标制	$\begin{pmatrix} 4 & 0 \\ 2.6998 & 2.1598 \end{pmatrix}$	$\begin{pmatrix} 0.0266 & 0.0014 \\ 0.0014 & 0.0254 \end{pmatrix}$
灵活通货膨胀目标制	$\begin{pmatrix} 3.125 & 0 \\ 2.1092 & 2.1598 \end{pmatrix}$	$\begin{pmatrix} 0.0269 & 0.0037 \\ 0.0037 & 0.0245 \end{pmatrix}$
混合名义收入目标制	$\begin{pmatrix} 2.5641 & 0 \\ 1.7306 & 2.1598 \end{pmatrix}$	$\begin{pmatrix} 0.0367 & -0.0012 \\ -0.0012 & 0.0254 \end{pmatrix}$
灵活产出缺口目标制	$\begin{pmatrix} 2.9175 & 0.4411 \\ 1.9692 & 2.4575 \end{pmatrix}$	$\begin{pmatrix} 0.0247 & -0.001 \\ -0.001 & 0.0328 \end{pmatrix}$
严格产出缺口目标制	$\begin{pmatrix} 3.384 & 1.0232 \\ 2.284 & 2.8505 \end{pmatrix}$	$\begin{pmatrix} 0.0245 & 0.003 \\ 0.003 & 0.023 \end{pmatrix}$

表7-3给出了由（7.6）式和（7.7）式构成的基本模型的理性预期均衡可学习解 $\bar{\varphi}$ 和对应二阶矩阵 $M(\bar{\varphi})$ 在各目标制下的最终结果[①]。图7-1至图7-5分别给出了各目标制下参数 φ_t 的实际走势与对应均衡水平的比较。其中，虚线表示 φ_t 的均衡值，实线表示 φ_t 的实际走势。各图从上至下依次为 $g = 0.01$、0.05、0.25 时的情形。从 φ_t 的均衡值大小来看，混合名义收入目标制下 φ_t 的均衡值最小，灵活通货膨胀目标制和灵活产出缺口目标

---

① 由于在部分目标制下模型存在多重均衡解，这里给出的可学习解是其中满足预期稳定性条件的均衡解，具体求解利用了 MATLAB 软件，相关理论可参考 Evans & Honkapohja（2001）、Giannitsarou（2005）等经典文献。

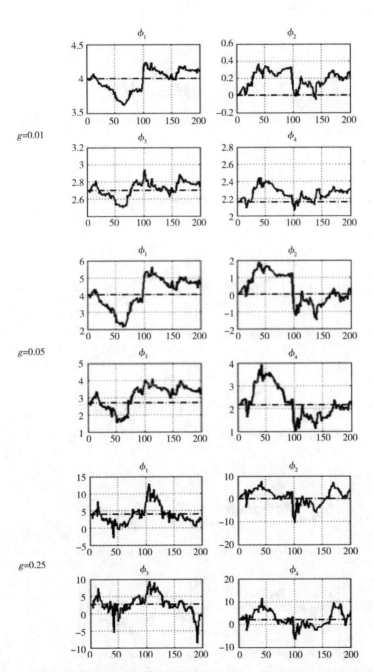

图 7-1　严格通货膨胀目标制下参数 φ_t 的实际走势与均衡值

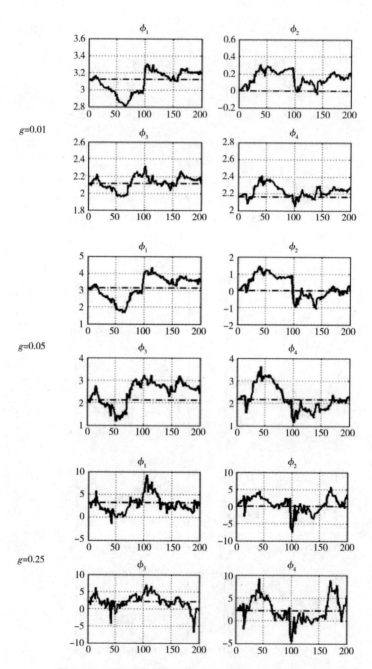

图 7－2　灵活通货膨胀目标制下参数 φ_t 的实际走势与均衡值

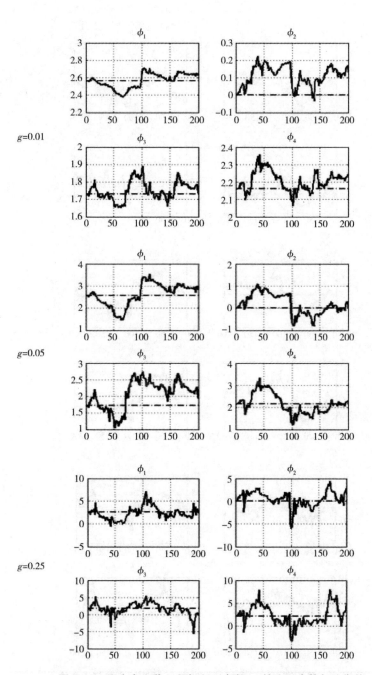

图7-3 混合名义收入目标制下参数 φ_t 的实际走势与均衡值

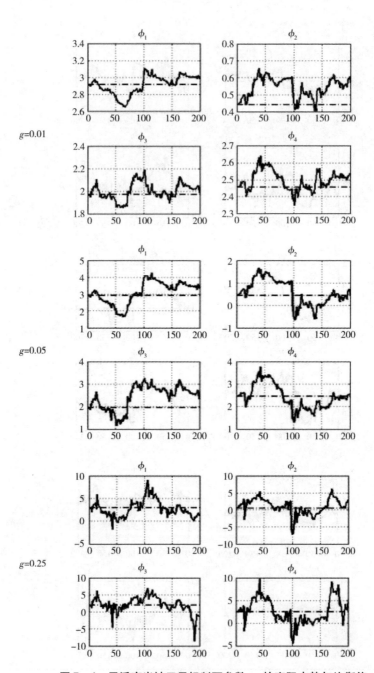

图 7 - 4　灵活产出缺口目标制下参数 φ_t 的实际走势与均衡值

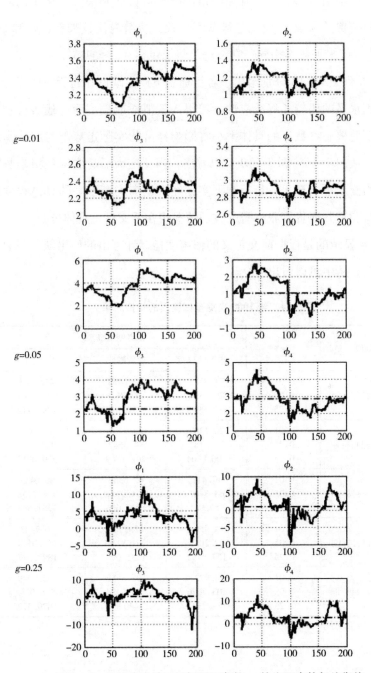

图7－5　严格产出缺口目标制下参数 φ_t 的实际走势与均衡值

251

制其次，而严格通货膨胀目标制和严格产出缺口目标制最大。从组间对比来看，对应位置的参数 φ_i 波动趋势基本一致；从组内比较来看，φ_1 和 φ_3、φ_2 和 φ_4 的数值水平各不相同，在波动趋势上也存在较大差异。

图 7-6 到图 7-10 分别给出了各目标制下产出缺口和通货膨胀实际值与对应均衡水平的比较。将适应性学习引入新凯恩斯模型后，代表公众预期理性程度的核心参数 g 的具体大小将影响经济的实际走势与对应均衡水平的关系。从图 7-6—图 7-10 可以看出，当 g 变大后，实际经济走势将越发偏离均衡水平。至于各目标制下实际经济偏离均衡水平的具体程度以及产出缺口和实际通货膨胀本身的波动情况将在下文进行具体分析。

表 7-4 显示的是根据前文定义的偏离度指标计算出的产出缺口与通货膨胀偏离度。从中可以看出：

表 7-4　经 1000 次重复试验后的模拟结果

政策类型	g	偏离度（%）		
		产出缺口	通货膨胀	Σ
严格通货膨胀目标制	0.01	21.2385	22.2878	43.5263
	0.05	79.4391	162.7696	242.2087
	0.25	364.0928	1026.619	1390.712
灵活通货膨胀目标制	0.01	20.1202	22.7981	42.9183
	0.05	71.3188	84.3682	155.687
	0.25	306.8904	302.1169	609.0073
混合名义收入目标制	0.01	17.411	62.6332	80.0442
	0.05	63.3407	374.9351	438.2758
	0.25	257.962	1023.606	1281.568
灵活产出缺口目标制	0.01	14.4504	62.2939	76.7443
	0.05	52.2033	391.8111	444.0144
	0.25	157.8792	1235.698	1393.577
严格产出缺口目标制	0.01	34.9727	100.8552	135.8279
	0.05	103.3056	423.6484	526.954
	0.25	188.7323	1440.64	1629.372

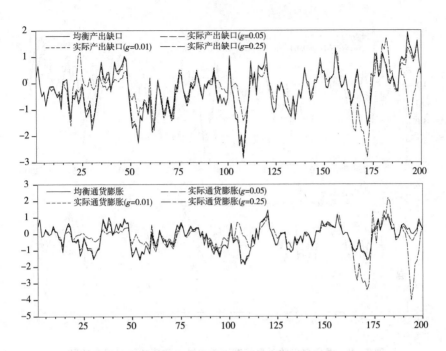

图 7-6　严格通货膨胀目标制下产出缺口和通货膨胀拟合效果

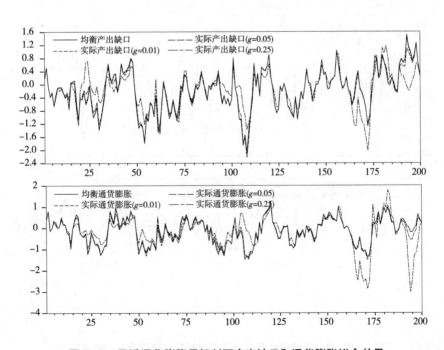

图 7-7　灵活通货膨胀目标制下产出缺口和通货膨胀拟合效果

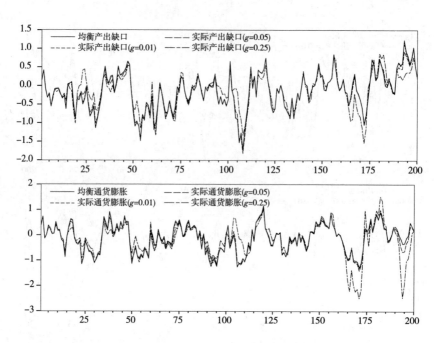

图7-8 混合名义收入目标制下产出缺口和通货膨胀拟合效果

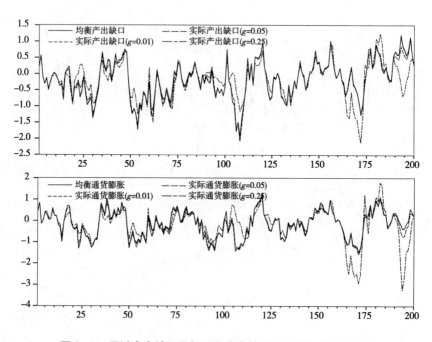

图7-9 灵活产出缺口目标制下产出缺口和通货膨胀拟合效果

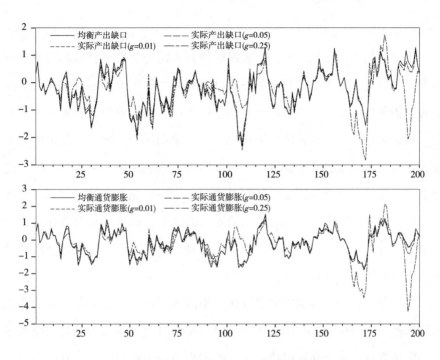

图 7–10　严格产出缺口目标制下产出缺口和通货膨胀拟合效果

第一，在各种目标制下，无论对于产出缺口还是通货膨胀，随着适应性学习中的关键常数 g 变大，经济偏离理性预期均衡水平的程度也随之变大。这表明参数 g 很好地刻画了公众预期的理性程度：在其他条件不变时，随着 g 增大，预期的理性成分逐渐降低，导致经济偏离理性预期均衡水平的程度也随之变大。

第二，从产出缺口来看，当中央银行执行灵活产出缺口目标制时，对应各层次的参数 g，实际产出缺口对理性预期均衡水平的偏离程度均是最小的。在前四类目标制中，随着利率反应函数中产出缺口预期的相对权重不断增大，实际产出缺口偏离度显著降低。但如果中央银行完全忽视应对经济中存在的通胀预期，而只关注产出缺口预期（即实行严格产出缺口目标制），却反而难以促进产出缺口在均衡水平运行，这表明过分重视产出目标将无法有效减小产出缺口偏离度。因此，如果中央银行给予通货膨胀足够的重视，努力为经济发展营造良好的货币环境，将会促使经济更好地在均衡水平附近运行[①]。

第三，从通货膨胀来看，中央银行执行灵活通货膨胀目标制的效果要显著优于其他目标制。严格通货膨胀目标制在 g 取 0.01 时效果略微优于灵活通货膨胀目标制，但当 g 取 0.05 或 0.25 时，效果则明显不如灵活通货膨胀目标制。由于目前我国经济社会正处于全面转型时期，经济市场化的相关规范还未完全确立，经济主体预期的理性程度可能不会太高，故从整体来看，实施严格通货膨胀目标制对我国来说很可能并非最佳选择。当利率对产出缺口预期完全反应时，更加重视通胀目标的制度可有效降低通货膨胀偏离度，这点可从混合名义收入目标制、灵活产出缺口目标制和严格产出缺口目标制的比较中得出。

综上分析，当前我国中央银行如采用灵活产出缺口目标制可最为有效地降低产出缺口偏离度；而采用灵活通货膨胀目标制可最为有效地降低通货膨胀偏离度。鉴于在某段特定时期内中央银行一般只能采用其中一种目标制[②]，为甄别究竟哪一种政策最优，本章假设相同的产出缺口和通货膨胀偏离度给中央银行带来的损失等价。由表 7-4 可知，不管公众预期的理性程度如何，实施灵活通货膨胀目标制产生的总偏离度最小，效果最优；而在给定这一最优政策后，进一步提高公众预期的理性程度将会更好地促进实际经济向均衡水平发展。

三、均值—标准差分析

在传统货币政策分析中，中央银行的效用损失函数通常被假定为如下形式：

---

① Orphanides & Williams（2004）的研究也表明，在公众不完美认知视角下，过分重视产出的货币政策产生的效果将不尽如人意。

② 另外，出于维护中央银行声誉的考虑和理论分析的便利性，本书限定一定时期内中央银行只能采用某一特定目标制。

$$V = Var(y_t) + \omega Var(\pi_t) \text{ ①} \qquad\qquad (7.24)$$

参数 ω 反映了中央银行对通货膨胀的相对重视程度。当 $\omega = 1$ 时，表明产出缺口和通货膨胀每变化 1% 给中央银行带来的效用损失相同。这一损失函数暗示中央银行希望维持经济中的产出缺口和通货膨胀波动最小化，此时随着自然产出水平的提高，经济中的实际产出也将增加，同时不会带来价格水平的过度波动。《中国人民银行法》明确规定我国的货币政策目标是"保持货币币值的稳定，并以此促进经济增长"。稳定币值是货币政策的直接目标，经济增长是其最终目标，把稳定币值作为促进经济增长的重要保证，其本质是要为经济增长提供稳定的货币金融环境。在偏离度分析中，我们也发现过分重视产出目标无法有效减小产出偏离度，相反如果中央银行给予通货膨胀足够的重视，将能有效降低产出缺口偏离度，促进经济更加平稳增长。但是，现实中出于各种考虑，中央银行往往希望得到较高的产出和较低的通货膨胀，即中央银行一般都希望能够在低通货膨胀的基础上进一步提高产出，有时甚至为提高产出而牺牲物价稳定。

考虑到产出缺口与通货膨胀的水平值以及波动率是中央银行的重要观测对象，进一步引入均值和标准差指标以分析各目标制下的货币政策效果，并比较偏离度分析与均值—标准差分析所得结论的异同。在分析前，我们首先假定中央银行更偏好产出缺口的（高均值、低波动）组合，同时也希望通货膨胀接近 0 且波动越小越好。

从表 7-5 可以看出：

第一，各目标制下的通货膨胀均值水平与常数 g 大致成反向关系，而产出缺口却表现出较强的非单调特征。与此相反的是，各目标制下的产出缺口标准差与常数 g 大致成反向关系，而通货膨胀却表现出较强的非单调特征。

---

① 关于中央银行效用损失函数的设定，请参见 Ball（1999）、Orphanides & Williams（2004）、Gaspar，Smets & Vestin（2010）、Walsh（2012）等人的研究。

表7-5 产出缺口与通货膨胀的均值和标准差情况

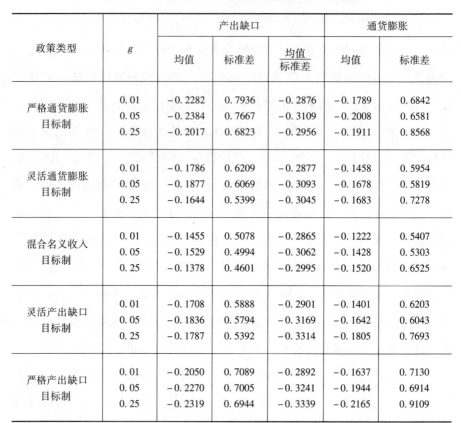

政策类型	g	产出缺口			通货膨胀	
		均值	标准差	均值/标准差	均值	标准差
严格通货膨胀目标制	0.01	-0.2282	0.7936	-0.2876	-0.1789	0.6842
	0.05	-0.2384	0.7667	-0.3109	-0.2008	0.6581
	0.25	-0.2017	0.6823	-0.2956	-0.1911	0.8568
灵活通货膨胀目标制	0.01	-0.1786	0.6209	-0.2877	-0.1458	0.5954
	0.05	-0.1877	0.6069	-0.3093	-0.1678	0.5819
	0.25	-0.1644	0.5399	-0.3045	-0.1683	0.7278
混合名义收入目标制	0.01	-0.1455	0.5078	-0.2865	-0.1222	0.5407
	0.05	-0.1529	0.4994	-0.3062	-0.1428	0.5303
	0.25	-0.1378	0.4601	-0.2995	-0.1520	0.6525
灵活产出缺口目标制	0.01	-0.1708	0.5888	-0.2901	-0.1401	0.6203
	0.05	-0.1836	0.5794	-0.3169	-0.1642	0.6043
	0.25	-0.1787	0.5392	-0.3314	-0.1805	0.7693
严格产出缺口目标制	0.01	-0.2050	0.7089	-0.2892	-0.1637	0.7130
	0.05	-0.2270	0.7005	-0.3241	-0.1944	0.6914
	0.25	-0.2319	0.6944	-0.3339	-0.2165	0.9109

第二，从产出缺口来看，均值与对应标准差之间的关系呈现出较强的非单调特征。为进一步分析，定义一个指标：$\dfrac{均值}{标准差}$，这一指标表示单位波动对应的均值水平。对产出缺口来说，这一指标值越大，对应的目标制越优。从这一指标判断，实行混合名义收入目标制最优，而偏重通胀目标的制度要优于偏重产出目标的制度。

第三，从通货膨胀来看，混合名义收入目标制无论在均值水平还是波动程度上都是最优的，因此中央银行可通过实施混合名义收入目标制以有效控制通货膨胀，而灵活通货膨胀目标制的效果稍逊于混合名义收入目标制，但相对其他三类目标制则明显占优。

综合来看，在均值—标准差分析中，混合名义收入目标制的政策效果最优，灵活通货膨胀目标制的效果总体来看是次优的。这一结论与偏离度分析得出的结果有所不同，但两种分析都验证了灵活通货膨胀目标制和混合名义收入目标制相对其他目标制来说都占优，而偏重或完全盯住产出的政策都是非有效的。此外，从预期确定性和稳定性条件来看，这两类目标制也都是有效的。因此，灵活通货膨胀目标制和混合名义收入目标制均可成为我国中央银行货币政策的有效实现形式。

以上分析表明，无论是中央银行的政策反应类型还是公众预期的理性程度都会对货币政策效果产生影响。从偏离度分析来看，最优货币政策是执行灵活通货膨胀目标制；而在均值—标准差分析中，混合名义收入目标制是最优的。中央银行无论是采用灵活通货膨胀目标制还是混合名义收入目标制，其要旨都是在兼顾产出的同时也要重视通货膨胀，从而使我国经济更加平稳、协调发展。本节的政策模拟所得出的只是定性结论，至于在实际操作中利率究竟应对产出和通货膨胀进行多大程度的反应还须作进一步深入研究。

第四节 结论及政策建议

本章在新凯恩斯主义模型框架内分析了我国最优货币政策选择问题。在模型预期项的处理上，通过引入适应性学习以替代传统的理性预期假设，这一做法不仅是对理性预期假设的适当放松，而且通过其中关键参数 g 的设定可以实现对预期理性程度的定量描述。通过利率反应函数中产出缺口预期和通胀预期权重的改变，本章将中央银行政策反应类型分为严格通货膨胀目标制、灵活通货膨胀目标制、混合名义收入目标制、灵活产出缺口目标制和严格产出缺口目标制五类，并进行了比较分析。当引入适应性学习后，由中央银行决定的政策参数将直接影响现实经济对理性预期均衡水平的偏离程度，因此中央银行采用何种货币政策以确保现实经济对均衡水平的偏离最小化应成为货币政策选择的重要考虑方向。在实证研究时，本章使用了偏离度、均值和标准差等指标多角度分析了货币政策效果。

本章的模拟研究得出了灵活通货膨胀目标制和混合名义收入目标制较其他目标制更优的结论。我国中央银行可考虑采用既重视产出因素也重视通胀因素的目标政策，以促进经济平稳增长。无论在何种目标制下，只要公众预期的理性程度越高，现实经济偏离理性预期均衡水平的程度就越小。因此，货币政策要取得最佳效果，不仅取决于中央银行货币政策工具的使用，同时也取决于社会公众的预期行为，而货币政策在引导公众预期方面应当有所作为。为提高经济运行质量，中央银行应着力降低公众预期中的参数 g，为此应增强自身声誉机制建设、进一步完善信息披露制度、拓宽与公众沟通的渠道并提高沟通频率，通过及时更新信息披露内容引导公众更新信息并迅速调整预期和决策。从长远角度来看，为提高我国居民的宏观预期水平，政府应着力提高教育质量、提升公众的市场意识，同时为保证信息披露的准确性，还须进一步构建科学的、多层次的宏观数据调查统计体系，努力提高数据的精确性、及时性和有效性。

在偏离度分析中，货币政策效果不仅取决于中央银行政策类型而且也受到公众预期的理性程度影响，因此其在用于分析货币政策调控优劣的同时也更加凸显了货币政策的预期引导功能，这是均值—标准差分析以及传统的最优货币政策分析框架所不具备的特点。然而，通过偏离度分析和均值—标准差分析所得到的结论存在一定的冲突，因此如何将评判最优货币政策的各种标准纳入一个统一的框架应成为未来货币政策分析的重要研究方向。此外，适应性学习中的关键参数 g 虽然可以定量描述预期的理性程度，但其本身却是外生给定的。事实上，随着货币政策预期引导功能的重要性日益凸显，g 的取值在分析货币政策效果时将产生十分重要的影响。因此，如何将适应性学习的关键参数 g 内生于一个统一的完整框架，从而更加全面、系统地评判货币政策优劣将成为适应性学习理论今后的重要发展方向之一。最后，从货币政策实践来看，如何测算当前我国公众宏观经济预期的整体理性程度，从而将其量化结果反映在参数 g 的取值上以便精确分析政策效果，值得深入研究。

参 考 文 献

中文文献

［1］［美］卡尔·瓦什：《货币理论与政策》，格致出版社 2012 年版。

［2］卞志村：《转型期中国货币政策操作规范》，载《世界经济》2007 年第 6 期。

［3］卞志村、孙俊：《中国货币政策目标制的选择——基于开放经济体的实证》，载《国际金融研究》2011 年第 8 期。

［4］卞志村：《泰勒规则的实证问题及在中国的检验》，载《金融研究》2006 年第 8 期。

［5］卞志村、孙慧智、曹媛媛：《金融形势指数与货币政策反应函数在中国的实证检验》，载《金融研究》2012 年第 8 期。

［6］卞志村、张义：《央行信息披露、实际干预与通胀预期管理》，载《经济研究》2012 年第 12 期。

［7］卞志村、宗旭姣：《公众学习行为视角下通胀预期形成的文献综述》，载《上海金融》2013 年第 7 期。

［8］卞志村、高洁超：《基于 NKPC 框架的我国通货膨胀动态机制分析》，载《国际金融研究》2013 年第 11 期。

［9］卞志村、宗旭姣：《公众学习、媒体信息披露与通胀预期形成》，载《金融评论》2014 年第 1 期。

［10］卞志村、高洁超：《适应性学习、宏观经济预期与中国最优货币政策》，载《经济研究》2014 年第 4 期。

［11］卞志村、孟士清：《扩大内需、需求结构调整与我国货币政策工具》，载《上海金融》2014 年第 4 期。

［12］陈彦斌：《中国新凯恩斯菲利普斯曲线研究》，载《经济研究》2008 年第 12 期。

［13］陈涤非：《通胀预期形成机理研究——基于 SVAR 模型的实证分析》，载《国际金融研究》2011 年第 3 期。

［14］陈平、李凯：《"适应性学习"下人民币汇率的货币模型》，载《经济评论》2010 年第 3 期。

［15］陈学彬：《非对称信息与政策信息披露对我国货币政策效应的影响分析》，载《经济研究》1997 年第 12 期。

［16］陈雨露、边卫红：《开放经济中的货币政策操作目标理论—纳入汇率因素的货币状况指数》，载《国际金融研究》2003 年第 10 期。

［17］戴国强、张建华：《中国金融状况指数对货币政策传导作用研究》，载《财经研究》2009 年第 7 期。

［18］刁节文、章虎：《基于金融形势指数对我国货币政策效果非线性的实证研究》，载《金融研究》2012 年第 4 期。

［19］段忠东：《房地产价格与通货膨胀、产出的关系——理论分析与基于中国数据的实证检验》，载《数量经济技术经济研究》2007 年第 12 期。

［20］范从来：《菲利普斯曲线与我国现阶段的货币政策目标》，载《管理世界》2000 年第 6 期。

［21］樊纲：《通货紧缩、有效降价与经济波动》，载《经济研究》2003 年第 7 期。

［22］巩师恩、范从来：《二元劳动力结构与通货膨胀动态形成机制——基于新凯恩斯菲利普斯曲线框架》，载《财经研究》2013 年第 3 期。

［23］耿强、张永杰、朱牡丹：《中国的通胀、通胀预期与人民币有效汇率——开放新凯恩斯混合菲利普斯曲线框架下的实证分析》，载《世界经济文汇》2009 年第 4 期。

［24］冀志斌、周先平：《中央银行沟通可以作为货币政策工具吗——基于中国数据的分析》，载《国际金融研究》2011 年第 2 期。

［25］郭凯、艾洪德、郑重：《通胀惯性、混合菲利普斯曲线与中国通胀动态特征》，载《国际金融研究》2013 年第 2 期。

［26］何启志、范从来：《中国通货膨胀的动态特征研究》，载《经济研究》2011 年第 7 期。

［27］黄益平、王勋、华秀萍：《中国通货膨胀的决定因素》，载《金融研究》2010 年第 6 期。

［28］江曙霞、江日初、吉鹏：《麦克勒姆规则及其中国货币政策检验》，载《金融研究》2008 年第 5 期。

［29］李相栋：《中央银行沟通及其在美联储应对 2007—2009 金融危机过程中的应用》，载《世界经济研究》2011 年第 3 期。

［30］李云峰、李仲飞：《中央银行沟通策略与效果的国际比较研究》，载《国际金融研究》2010 年第 8 期。

［31］李云峰：《西方中央银行沟通视角下的预期管理研究：渠道、手段及效果》，载《金融教育研究》2011 年第 4 期。

［32］李云峰：《中央银行沟通、实际干预与通货膨胀稳定》，载《国际金融研究》2012 年第 4 期。

［33］刘斌：《最优货币政策规则的选择及在我国的应用》，载《经济研究》2003 年第 9 期。

［34］吕越、盛斌：《开放条件下产出缺口型菲利普斯曲线的再验证——基于中国省际季度动态面板数据》，载《金融研究》2011 年第 10 期。

［35］李成、王彬、马文涛：《资产价格、汇率波动与最优利率规则》，

载《经济研究》2010年第3期。

　　[36] 李春吉、范从来、孟晓宏：《中国货币经济波动分析：基于垄断竞争动态一般均衡模型的估计》，载《世界经济》2010年第7期。

　　[37] 陆军、钟丹：《泰勒规则在中国的协整检验》，载《经济研究》2003年第8期。

　　[38] 彭兴韵：《中国物价总指数波动中的相对价格调整及其宏观调控含义》，载《财贸经济》2009年第6期。

　　[39] 彭芸：《浅议中央银行沟通策略的选择》，载《金融研究》2007年第4期。

　　[40] 王晓芳、毛彦军：《小型开放经济环境下的最优货币政策设计》，载《财贸研究》2011年第3期。

　　[41] 王建国：《泰勒规则与我国货币政策反应函数的实证研究》，载《数量经济技术经济研究》2006年第1期。

　　[42] 夏杰长：《以扩大消费需求为着力点调整我国总需求结构》，载《经济学动态》2012年第2期。

　　[43] 肖曼君、周平：《央行信息披露对通货膨胀预期及其偏差的影响——基于人民银行的信息披露指数分析》，载《财经理论与实践》2009年第9期。

　　[44] 肖争艳，陈彦斌：《中国通货膨胀预期研究：调查数据方法》，载《金融研究》2004年第11期。

　　[45] 谢平、罗雄：《泰勒规则及其在中国货币政策中的检验》，载《经济研究》2002年第3期。

　　[46] 徐亚平：《货币政策有效性与货币政策透明制度的兴起》，载《经济研究》2006年第8期。

　　[47] 徐亚平：《公众学习、预期引导与货币政策的有效性》，载《金融研究》2009年第1期。

　　[48] 徐亚平：《通胀预期形成的模型刻画及其与货币政策的关联性》，

载《金融研究》2010年第9期。

　　[49] 杨继生:《通胀预期、流动性过剩与中国通货膨胀的动态性质》,载《经济研究》2009年第1期。

　　[50] 杨小军:《中国新凯恩斯主义菲利普斯曲线的经验研究》,载《统计研究》2011年第2期。

　　[51] 闫力、刘克宫、张次兰:《通胀预期形成方式及中央银行的应对策略》,载《中国金融》2010年第3期。

　　[52] 姚余栋、谭海鸥:《加强通胀预期管理》,载《中国金融》2011年第2期。

　　[53] 曾利飞、徐剑刚、唐国兴:《开放经济下中国新凯恩斯混合菲利普斯曲线》,载《数量经济技术经济研究》2006年第3期。

　　[54] 郑挺国、王霞:《泰勒规则的实时分析及其在我国货币政策中的适用性》,载《金融研究》2011年第8期。

　　[55] 张屹山、张代强:《包含货币因素的利率规则及其在我国的实证检验》,载《经济研究》2008年第12期。

　　[56] 郑挺国、刘金全:《区制转移形式的"泰勒规则"及其在中国货币政策的应用》,载《经济研究》2010年第3期。

　　[57] 张蓓:《我国居民通货膨胀预期的性质及对通货膨胀的影响》,载《金融研究》2009年第9期。

　　[58] 张成思:《全球化与中国通货膨胀动态机制模型》,载《经济研究》2012年第6期。

　　[59] 张成思:《新凯恩斯菲利普斯曲线研究述评》,载《金融评论》2010年第5期。

　　[60] 张屹山、张代强:《前瞻性货币政策反应函数在我国货币政策中的检验》,载《经济研究》2007年第3期。

　　[61] 中国人民银行营业管理部课题组:《非线性泰勒规则在我国货币政策操作中的实证研究》,载《金融研究》2009年第12期。

参 考 文 献

英文文献

[1] Alesina, A., Blanchard, O., Gali, J., Giavazzi, F., Uhlig, H., 2001, "Defining a Macroeconomic Framework for the Euro Area", CEPR, London.

[2] Andrews, D. W. K., Ploberger, W., 1994, "Optimal Tests When a Nuisance Parameter is Present Only under the Alternative", *Econometrica*, Vol. 62, pp. 1383-1414.

[3] Assenmacher-Wesche, K., 2006, "Estimating Central Banks' Preferences from a Time-varying Empirical Reaction Function", *European Economic Review*, Vol. 50, No. 8, pp. 1951-1974.

[4] Bacon, D. W. K., Watts, D. G., 1971, "Estimating the Transition between Two Intersecting Straight Lines", *Biometrika*, Vol. 58, pp. 525-534.

[5] Barro, R. J., Gordon, D. B., 1983, "Rules, Discretion and Reputation in a Model of Monetary Policy", *Journal of Monetary Economics*, Vol. 12, No. 1, pp. 101-121.

[6] Bernanke, B., Gertler, M., 2000, "Monetary Policy and Asset Price Volatility", National Bureau of Economic Research.

[7] Bernanke, B. S., Gertler, M., 2001, "Should Central Banks Respond to Movements in Asset Prices?" *The American Economic Review*, Vol. 91, No. 2, pp. 253-257.

[8] Blanchard, O. J., Fischer, S., 1989, *Lectures on Macroeconomics*, The MIT Press.

[9] Borio, C., Lowe, P., 2002, "Asset Prices, Financial and Monetary Stability: Exploring the Nexus", BIS Working Paper, No. 114.

[10] Bullard, J. B., Schaling, E., 2002, "Why the Fed should Ignore the Stock Market", *Eview-Federal Reserve Bank of Saint Louis*, Vol. 84, No. 2, pp. 35-42.

267

［11］Bunzel,H. ,Enders,W. ,2010,"The Taylor Rule and 'Opportunistic' Monetary Policy", *Journal of Money*, *Credit and Banking*, Vol. 42, No. 5, pp. 931-949.

［12］Castelnuovo,2007,"Taylor Rules and Interest Rates Smoothing in the Euro Area", *The Manchester School*, No. 75, pp. 1-16.

［13］Castelnuovo,E. ,Greco,L. ,Raggi,D. ,2008, *Estimating regime-switching Taylor rules with trend inflation*, Suomen Pankki.

［14］Castro,V. ,2008,"Are Central Banks Following a Linear or Nonlinear (augmented) Taylor Rule", NIPE Working Paper, No. 19.

［15］Cecchetti,S. G. ,2000, *Asset Prices and Central Bank Policy*, Centre for Economic Policy Research.

［16］Chadha,J. S. ,Sarno,L. ,Valente,G. ,2003,"Monetary Policy rules, Asset Prices and Exchange Rates", IMF Staff Papers, Vol. 51, No. 3.

［17］Clarida,R. ,Gali,J. ,Gertler,M. ,2000,"Monetary Policy Rules and Macroeconomic Stability: Evidence and Some Theory", *Quarterly Journal of Economics*, Vol. 115, pp. 147-180.

［18］Clarida,R. ,Gali,J. ,Gertler,M. ,1998,"Monetary Policy Rules in Practice: Some International Evidence", *European Economic Review*, Vol. 42, No. 6, pp. 1033-1067.

［19］Edmund S. Phelps,1967,"Phillips Curves,Expectations of Inflationand Optimal Unemployment over Time", *Economica*, Vol. 34, pp. 254-281.

［20］Evans,Honkapohja,2001, *Learning and Expectaations in Macroeconomics*, Princeton University Press.

［21］Evans, Honkapohja, 2003a, "Adaptive Learning and Monetary Policy Design", *Journal of Money*, *Credit and Banking*, Vol. 35, No. 6, pp. 1045-1072.

［22］Evans,Honkapohja,2003b,"Expectations and the Stability Problem for Optimal Monetary Policies", *Reivew of Economics Studies*, Vol. 70, pp. 807-824.

[23] Evans, Honkapohja, 2003c, " Friedman's Money Supply Rules versus Optimal Interest Rate Policy" , *Scottish Journal of Political Economy* , Vol. 50 , pp. 550-566.

[24] Evans, Honkapohja, 2006 , " Monetary Policy, Expectations and Commit- ment" , *The Scandinavian Journal of Economics* , Vol. 108 , pp. 15-38.

[25] English, Nelson, Sack, 2003 , " Interpreting the Significance of the Lagged Interest Rate in Estimated Monetary Policy Rules" , *Journal of Macroeco- nomics* , pp. 1-16.

[26] Faust, J. , Rogers, J. , Wright, J. , 2001 , " An Empirical Comparison of Bundesbank and ECB Monetary Policy Rules" , FRB International Finance Dis- cussion Paper, No. 705.

[27] Fourçans, A. , Vranceanu, R. , 2004 , " The ECB Interest Rate Rule un- der the Duisenberg Presidency" , *European Journal of Political Economy* , Vol. 20 , No. 3 , pp. 579-595.

[28] Gaspar, Smets, Vestin, 2010 , " Inflation Expectations, Adaptive Learn- ing and Optimal monetary policy" , *Handbook of Monetary Economics* , Vol. 3 , pp. 1055-1095.

[29] Gali, J. , 2002 , " Monetary Policy in the Early Years of EMU" , *Econom- ic and Monetary Union and Economic Policy in Europe* , Vol. 41.

[30] Giannitsarou, 2005 , " Estability does not Imply Learnability" , *Macroeco- nomics Dynamics* , Vol. 9 , pp. 276-287.

[31] Goodhart, C. , Hofmann, B. , 2000 , " Asset Prices and the Conduct of Monetary Policy" , Sveriges Riksbank and Stockholm School of Economics confer- ence on Asset Markets and Monetary Policy, Stockholm, June.

[32] Hamilton, J. D. , 1989 , " A New Approach to the Economic Analysis of Non-stationary Time Series and the Business Cycle" , *Econometrica* , Vol. 57 , pp. 357-384.

［33］Hamilton，J. D. ，1985，"Uncovering Financial Market Expectations of Inflation"，*Journal of Political Economy*，Vol. 6，pp. 1224-1241.

［34］Scheibe，J. ，Vines，D. ，2005，"A Phillips Curve for China"，CAMA Working Paper Series.

［35］Jordi Gali，Mark Gertler，1999，"Inflation Dynamics：A Structural Econometric Analysis"，*Journal of Monetary Economics*，Vol. 44pp. 195-222.

［36］Jeremy Rudd，Karl Whelan，2007，"Modeling Inflation Dynamics：A Critical Review of Recent Research"，*Journal of Money，Credit and Banking*，Vol. 39，pp. 155-170.

［37］Judd，J. P. ，Rudebusch，G. D. ，1998，"Taylor's Rule and the Fed：1970-1997"，*Economic Review*，Vol. 3，pp. 3-16.

［38］Julio，J. ，Rotemberg，Michael Woodford，1998，"An Optimization-Based Econometric Framework for the Evaluation of Monetary Policy：Expanded Version"，NBER Technical Working Paper，No. 233.

［39］Katharine S. Neiss，Edward Nelson，2006，"Inflation Dynamics，Marginal Cost，and the Output Gap：Evidence from Three Countries"，*Journal of Money，Credit and Banking*，Vol. 37，pp. 1019-1045.

［40］Kevin D. Sheedy，2005，"Structural Inflation Persistence"，Working Paper.

［41］Kim，C. J. ，1994，"Dynamic Linear Models with Markov-Switching"，*Journal of Econometrics*，Vol. 60，pp. 1-22.

［42］Martin，C. ，Milas，C. ，2004，"Modelling Monetary Policy：Inflation Targeting in Practice"，*Economica*，Vol. 71，pp. 209-221.

［43］McCallum，1997，"Issues in the Design of Monetary Policy Rules"，NBER Working Paper，No. 6016.

［44］McCallum，Nelson，1999，"Norminal Income Targeting in an Open-Economy Optimizing Model"，*Journal of Monetary Economics*，Vol. 43，pp.

553-578.

[45] McCallum, Nelson, 2000, "Timeless Perspectives vs. Discretionary Monetary Policy in Forward-Looking Models", National Bureau of Economic Research, No. w7915.

[46] Friedman, M., 1968, "The Role of Monetary Policy", *American Economic Review*, Vol. 58, pp. 1-17.

[47] Montagnoli, A., Napolitano, O., 2005, "Financial Condition Index and Interest Rate Settings: A Comparative Analysis", Istituto di Studi Economici Working Paper, No. 8.

[48] Neumann, M. J. M., Hagen, J. von, 2002, "Does Inflation Targeting Matter?" Zentrum für Europäische Integrationsforschung, Bonn, Working Paper, No. B01.

[49] Orphanides, A., 2004, "Monetary Policy Rules, Macroeconomic Stability and Inflation: A View from the Trenches", *Journal of Money, Credit, and Banking*, Vol. 36, pp. 151-175.

[50] Orphanides, Williams, 2004, "Imperfect Knowledge, Inflation Expectations, and Monetary Policy", NBER Working Paper, pp. 1-35.

[51] Owyang, M., Ramey, G., 2004, "Regime Switching and Monetary Policy Measurement", *Journal of Monetary Economics*, Vol. 51, pp. 1577-1597.

[52] Paloviita, Marita, 2004, "Inflation Dynamics in the Euro Area and the Role of Expectations: Further Results", Bank of Finland Discussion Paper, No. 20.

[53] Peersman, G., Smets, F., 1999, "Uncertainty and the Taylor Rule in a Simple Model of the Euro-area Economy", Proceedings of the Federal Reserve Bank of San Francisco.

[54] Petersen, K., 2007, "Does the Federal Reserve Follow a Non-linear Taylor Rule", Department of Economics Working Paper Series, Working Paper.

［55］Poveda，Giannitsarou，2007，"Adaptive Learning in practice"，*Journal of Economics Dynamics and Control*，Vol. 31，pp. 2659-2697.

［56］Rudebusch，2002，"Term Structure Evidence on Interest-rate Smoothing and Monetary Policy Inertia"，*Journal of Monetary Economics*，Vol. 49，pp. 1161-1187.

［57］Smant，D. J. C.，2002，"Has the European Central Bank Followed a Bundesbank policy? Evidence from the Early Years"，*Kredit und Kapital*，Vol. 35，No. 3，pp. 327-343.

［58］Surico，P.，2007，"The Monetary Policy of the European Central Bank"，*The Scandinavian Journal of Economics*，Vol. 109，No. 1，pp. 115-135.

［59］Svensson，1999a，"Inflation Targeting as a Monetary Policy Rule"，*Journal of Monetary Economics*，Vol. 43，pp. 607-654.

［60］Svensson，1999b，"Price Level Targeting vs. Inflation Targeting"，*Journal of Money，Credit，and Banking*，Vol. 31，pp. 277-295.

［61］Svensson，Woodford，2003，"Implementing Optimal Policy through Inflation Forecast Targeting"，NBER Working Paper，pp. 19-92.

［62］Taylor，J. B.，1993，"Discretion Versus Policy Rules in Practice"，Carnegie-Rochester conference series on public policy，North-Holland，No. 39，pp. 195-214.

［63］Woodford，2003，"Optimal Monetary Policy Inertia"，*Review of Economics Studies*，Vol. 70，pp. 861-886.

［64］Welz，P.，Österholm，P.，2005，*Interest Rate Smoothing Versus Serially Correlated Errors in Taylor Rules：Testing the Tests*，Uppsala University，Department of Economics.

图 表 索 引

图索引

表索引

责任编辑:陈　登

图书在版编目(CIP)数据

公众学习、通胀预期形成与最优货币政策研究/卞志村 著.
　—北京:人民出版社,2015.10
ISBN 978－7－01－015359－9

Ⅰ.①公⋯　Ⅱ.①卞⋯　Ⅲ.①通胀预期-货币政策-研究-中国
　Ⅳ.①F822.5

中国版本图书馆 CIP 数据核字(2015)第 239750 号

公众学习、通胀预期形成与最优货币政策研究
GONGZHONG XUEXI TONGZHANG YUQI XINGCHENG YU ZUIYOU HUOBI ZHENGCE YANJIU

卞志村　著

人民出版社 出版发行
(100706　北京市东城区隆福寺街 99 号)

北京中科印刷有限公司印刷　新华书店经销

2015 年 10 月第 1 版　2015 年 10 月北京第 1 次印刷
开本:710 毫米×1000 毫米 1/16　印张:18
字数:240 千字

ISBN 978－7－01－015359－9　定价:39.00 元

邮购地址 100706　北京市东城区隆福寺街 99 号
人民东方图书销售中心　电话 (010)65250042　65289539